SCHÄFFER
POESCHEL

Rüdiger Freiherr von Fölkersamb/Oliver Kruse/Volker Wittberg (Hrsg.)

Finanzdienstleistungen für den Mittelstand

2009
Schäffer-Poeschel Verlag Stuttgart

Bibliografische Information der Deutschen Nationalbibliothek
Die Deutsche Nationalbibliothek verzeichnet diese Publikation in der Deutschen Nationalbibliografie; detaillierte bibliografische Daten sind im Internet über http://dnb.d-nb.de abrufbar.

Gedruckt auf chlorfrei gebleichtem, säurefreiem und alterungsbeständigem Papier

ISBN 978-3-7910-2866-8

www.schaeffer-poeschel.de
info@schaeffer-poeschel.de

Einbandgestaltung: Willy Löffelhardt, Melanie Weiß
Satz: pws Print und Werbeservice Stuttgart GmbH
Druck und Bindung: Kösel, Krugzell · www.koeselbuch.de

Printed in Germany
Juni 2009

Schäffer-Poeschel Verlag Stuttgart

Geleitwort

Die Volkswirtschaft der Bundesrepublik Deutschland ist geprägt vom mittelständischen Unternehmertum. Neben kleinen und mittleren Betrieben zählen zum Mittelstand auch größere Unternehmen. Ungeachtet der Rechtsform zeichnen sich mittelständische Betriebe durch einen engen Familienbezug aus. Solche Betriebe und insbesondere die unternehmergeführten Familienbetriebe bündeln Innovationskraft, Kreativität und schlanke Organisation mit schnellen Entscheidungswegen unter Wahrung des Kapitalstocks und der Traditionen.

Diesen mittelständischen Entscheidern ist das Handbuch gewidmet, das die Finanzierungsinstrumente von der praktischen Seite beleuchtet. Es schreiben Praktiker für Praktiker: von der Kreditaufnahme in ihrer klassischen Form bis hin zur alternativen Finanzierung von Objekten. Das Handbuch orientiert sich in seiner Gliederung an den wesentlichen finanzinduzierten Bilanzpositionen, mithin bis zum Bilanz entlastenden Instrument Leasing. Aber auch die Anlageformen und das Cash-Management kommen nicht zu kurz.

Gerade im Umfeld einer weltweiten Finanzkrise fokussiert dieses Buch klassische Finanzinstrumente, die für den konservativ agierenden Mittelstand den vertrauensvollen Dialog mit dem örtlichen Finanzdienstleister fördern. Nicht vom Kapitalmarkt getriebene »Produkte«, sondern die Anwendung verständlicher Instrumente sind Basis des zukünftigen Dialogs zwischen Finanzdienstleistern und Kunden.

Hans Michael Heitmüller
Vorsitzender des Vorstandes, Deutsche Leasing AG, Bad Homburg v. d. H.

Vorwort

Nie zuvor war die Orientierungslosigkeit im Umfeld von Finanzdienstleistungen größer als derzeit. Die Wirtschafts- und Finanzkrise hat sowohl auf der Anbieterseite als auch besonders auf der Kundenseite fundamentale Verwirrung gestiftet, die mitunter gerade in einigen Bereichen mittelständischer Unternehmen zu bedrohlichem Handlungsstillstand führt.

Der Umfang an bedürfnisspezifischen Produkten und Lösungen ist auch für mittelständische Unternehmen, die mehr als 99 Prozent der steuerpflichtigen Betriebe repräsentieren, mittlerweile beachtlich. Das Losgrößenproblem konnte vielmals durch innovatives Poolen von Anlagevermögen oder Krediten gelöst werden. Damit steigen einerseits die Möglichkeiten, die speziellen Bedürfnisse mittelständischer Unternehmen professionell zu erfüllen, andererseits wächst auch die Komplexität der Angebote im Finanzdienstleistungsbereich.

Der Anspruch dieses Buches liegt darin, zum einen angesichts der aktuellen Verunsicherung zahlreicher Marktteilnehmer, zum anderen hinsichtlich der Angebotsvielfalt einen Überblick über die bewährten und innovativen Finanzdienstleistungen für den Mittelstand zu geben.

Die verschiedenen Beiträge ausgewiesener Experten aus Praxis und Wissenschaft gliedern sich in vier Bereiche: Zunächst wird im ersten Teil eine Standortanalyse zum Verhältnis zwischen Mittelstand und Kreditinstituten vorgenommen. Im zweiten Hauptteil werden Instrumente zur Unterstützung des Finanzmanagements vorgestellt. Teil drei widmet sich den Finanzierungsinstrumenten. Teil vier beleuchtet entsprechend Anlageinstrumente. Jedes einzelne Kapitel endet mit einer Checkliste, die für den Leser die Anwendbarkeit des vorgestellten Instruments in seinem speziellen Kontext überprüfbar macht.

Ohne die engagierte Arbeit der Autoren wäre dieses Buch jedoch nicht möglich gewesen. Dafür gilt allen Verfassern unser besonderer Dank. Gleichzeitig bedanken wir uns für die gute Kooperation mit Herrn Frank Katzenmayer vom Schäffer Poeschel-Verlag.

Rüdiger Frhr. von Fölkersamb
Bad Homburg v.d.H.

Oliver Kruse
Villingen-Schwennigen

Volker Wittberg
Bielefeld

Inhaltsübersicht

Teil A
Mittelstand und die Banken – eine Standortanalyse

Anforderungen an Finanzierungsinstrumente aus Sicht des Mittelstandes – Es geht nicht nur um die Vergabe von Krediten

Rainer Otto

1 Einleitung

Der Mittelstand spielt in der deutschen Wirtschaft eine herausragende Rolle. Gerne wird ihm eine große Wachstums- und Anpassungsdynamik nachgesagt. Immer wieder gelingt es dem Mittelstand, sich mit diesen Tugenden flexibel den verändernden Marktgegebenheiten anzupassen. Dementsprechend wird dem Mittelstand auch in Konjunkturkrisen eine große Bedeutung beigemessen. Mit seiner kompromisslosen Kundenorientierung bietet er seinen Kunden bedürfnisspezifische Produkte und professionelle Dienstleistungen. Genau dies verlangt er auch von seinen Finanzierungspartnern.

Traditionell finanziert sich der Mittelstand durch Innenfinanzierung sowie kurz- und langfristige Kredite. Der Weg über den Kapitalmarkt wird eher gescheut. Alternative Finanzierungsformen werden speziell bei kleineren und mittleren Unternehmen oft nur verhalten angenommen.

Als besondere Herausforderung stellt sich die oft niedrige Eigenkapitalquote des Mittelstandes dar, welche unter der von zahlreichen Großkonzernen liegt. Nach einer Untersuchung der Creditreform Wirtschaftsforschung in 2008 verfügen drei Viertel des deutschen Mittelstandes über weniger als 30 Prozent Eigenkapitalquote. Bei einem Drittel der Unternehmen liegt die Quote sogar unter 10 Prozent, auch wenn sich diese in der generellen Wachstumsphase zwischen 2002 und 2008 deutlich gebessert hat. Privates Vermögen wird oft zur Absicherung von Finanzierungen herangezogen.

Moderne, flexible und kostengünstige Finanzierungsinstrumente, die den Bedarf des Mittelstandes treffen, sind heute vorhanden, müssen aber verstärkt etabliert werden.

Der folgende Beitrag setzt sich mit den besonderen Eigenschaften des Mittelstandes auseinander und bringt diese in Relation zu den von Hausbanken und Finanzierungspartnern angebotenen Leistungen. Es wird versucht, Anspruchsdenken der Mittelständler und Angebotsverhalten der Finanzierungspartner miteinander abzugleichen. Hierbei wird der Fokus auf die Geldaufnahmeseite gelegt. Sicherlich gelten die Ausführungen in gleichem Maße für die Anlageseite. Exemplarisch wird auf Beispiele aus der Wirtgen Group verwiesen.

Das Kerngeschäft der Wirtgen Group ist die Entwicklung und Herstellung von Maschinen und Anlagen für den Straßenbau. Ergänzend hierzu werden vielseitige Lösungen für die Aufbereitung von Mineralstoffen angeboten. Die Unternehmensgruppe erwirtschaftete 2008 mit ihren spezialisierten Werken und weltweit über 55 eigenen Vertriebs- und Servicegesellschaften einen konsolidierten Gesamtumsatz von 1,5 Milliarden Euro.

Die Wirtgen Group gehört aufgrund ihrer guten Kapitalausstattung und sehr restriktiven Ausschüttungspolitik zum kapitalstarken Teil des Mittelstandes. Zahlreiche mittelständische Kunden der Wirtgen Group sind allerdings nur durchschnittlich oder schwächer mit Eigenkapital ausgestattet. Das Spannungsfeld zwischen geringer Eigenkapitalquote und hoher Wachstums- und Anpassungsintensität öffnet sich damit auch im Umfeld der Wirtgen Group.

2 Besonderheiten des Mittelstandes

Der Mittelstand ist nicht durch betriebswirtschaftliche Kenngrößen zu definieren. Quantitative Kriterien wie Umsatz, Mitarbeiterzahl etc. werden in unterschiedlichen Ausprägungen z.B. vom Institut für Mittelstandsforschung IfM, der KfW oder auch der EU verwendet. Statt dieser quantitativen Beurteilung sind es vielmehr strukturelle und qualitative

Gegebenheiten, die den Mittelstand ausmachen. Ein fundamentales Element ist die Identität von Eigentum und Führung. Es kommt nicht zur Separation von Entscheidungskompetenz und Residualansprüchen.

Die Unternehmen sind geprägt durch flache Hierarchien und persönlichen Kontakt des Unternehmers zu Mitarbeitern, Kunden und Geschäftspartnern. Es entwickelt sich eine hohe emotionale Bindung dieser Anspruchsgruppen an das Unternehmen und den Eigner. Als Ergebnis besteht eine besonders hohe Loyalität und langfristige Betriebszugehörigkeit der Mitarbeiter. Das Verhältnis zu Kunden und Geschäftspartnern ist von Verlässlichkeit und Vertrauen geprägt.

Oft sind Mittelständler auf einen relativ kleinen Markt konzentriert. Trotz einer zunehmenden Internationalisierung bleiben die Hauptaktivitäten im Inland. Umsiedlungen ins Ausland kommen in der Regel nicht in Frage. Sprunginvestitionen werden sorgsam geplant und müssen langfristig finanziert werden.

Die Zielsetzungen des Mittelständlers sind langfristiger Natur. Sie werden in Kontinuität und Beharrlichkeit verfolgt, denn mittelständische Unternehmen denken langfristig und nicht in Quartalen. Externe Einflussnahme oder Abhängigkeiten sieht der Mittelständler als Bedrohung seiner Selbstständigkeit und seiner Existenz.

In diesem Sinne betrachtet sich die Wirtgen Group trotz des beachtlichen Wachstums der letzten Jahre und ihrer Größe als Mittelständler. Sie hat bewusst und erfolgreich die typischen Eigenschaften, das strategische Vorgehen und den Führungsstil eines Mittelständlers beibehalten. Berechenbarkeit, Kontinuität, Verlässlichkeit und Vertrauen gehören nach wie vor zu den Führungsprinzipien.

Aus den genannten Merkmalen ergeben sich die spezifischen Stärken von mittelständischen Unternehmen. Hierzu zählen insbesondere

- konsequente Markt- und Kundennähe,
- hohe Anpassungsflexibilität,
- starke Innovationskraft,
- Ausrichtung an langfristigen Strategien und
- starke Mitarbeiterbindung.

Diese Stärken bestimmen das Verhalten und die Wertewelt des Mittelstandes. Sie prägen damit nicht zuletzt auch den Umgang mit und den Anspruch an den Finanzierungspartner und die Auswahl der Finanzierungsprodukte.

3 Kundennähe im Mittelstand und Folgen für die Finanzierung

Der Mittelstand zeichnet sich durch eine konsequente Kundennähe aus. Kundennähe bedeutet dabei, die Bedürfnisse seiner Kunden zu kennen und maßgeschneiderte Lösungen anzubieten. Erfolgreiche Mittelständler entwickeln ihre Produkte dem Kunden in die Hand. Immer mehr hat sich dabei eine Orientierung am ganzheitlichen Kundenbedarf bzw. an Komplettlösungen durchgesetzt. So gehören zu einem guten und kundenorientierten Angebot heute das Produkt, die qualifizierte und maßgeschneiderte Anwendungsberatung, ein kompromissloser, schneller und zuverlässiger Service, ggf. komplementäre Produktergänzungen, sowie Finanzierungs- und Versicherungslösungen.

Diese Kundennähe verlangt der Mittelstand in aller Regel auch von seinen Banken und Finanzierungspartnern. Eine gute und enge Betreuung ist ebenso wichtig wie der ganzheitliche Ansatz. Der Finanzierungspartner des Mittelstandes muss somit ein Komplettanbieter sein. Dies gilt für die Produkte, die Beratung und die schnelle und flexible Betreuung in Sonderfällen.

Der Begriff der Hausbank bekommt in diesem Zusammenhang eine tiefere Bedeutung. Das Hausbankprinzip sollte nicht mit einem Einbankenprinzip gleichgesetzt werden. In dieser Konstellation kann es zu Abhängigkeiten führen, welche die gestalterische Freiheit der Geschäftsbeziehung und damit das unternehmerische Selbstverständnis auf beiden Seiten erheblich behindern. Eine Hausbank ist nicht nur die Bank, mit welcher der Unternehmer in der Regel seine Geschäfte betreibt, sondern der Partner, mit dem vertrauensvoll und konstruktiv gemeinsame Finanzierungskonzepte entwickelt werden. Der gleiche Anspruch gilt für jede Art von Finanzierungspartner.

Gerade im kleineren und mittleren Unternehmen unterstützt häufig der Steuerberater als Vertrauter in Finanzfragen. Hier müssen Banken und Finanzinstitute verlorenes Vertrauen zurückerobern und zusammen mit den mittelständischen Unternehmen eine neue Finanzierungsausrichtung, wenn nicht sogar eine neue Finanzierungskultur entwickeln.

Immer wichtiger wird die regionale Verteilung. Eine Bank ist nur dann eine echte Mittelstandsbank, wenn sie ihren Kunden auch internationale Lösungen anbietet und auch international die Kundennähe nicht verliert. Die zunehmende Globalisierung stellt besondere Anforderungen an den Finanzierungspartner und die Hausbank. Insbesondere kleinere Mittelständler benötigen bei ihrem Weg ins Ausland eine intensive und zuverlässige Betreuung.

Exportfinanzierung mit Akkreditiven, Forfaitierungen oder Hermes gedeckten Finanzierungen, aber auch Devisentermingeschäfte, Währungskredite oder Optionsstrategien müssen genauso angeboten werden wie die direkte Betreuung der internationalen Niederlassungen der Mittelständler.

Mit dem Anspruch an hervorragendem und maßgeschneidertem Kundenservice hat sich in den letzten Jahren ein Widerspruch aufgetan. Einer zunehmenden Komplexität auf Seiten der Unternehmen und deren Anforderungen sowie den deutlichen Veränderungen im regulatorischen Regelwerk des Kreditgeschäftes stehen ein anhaltender Kostendruck und der anhaltende Stellenabbau auf Bankenseite gegenüber. Dennoch, eine enge, offene und kundenorientierte Betreuung ist für den Mittelstand ein klarer Anspruch an seine Finanzierungspartner. Unternehmensbezogene Lösungen, die auf die Bedürfnisse des Unternehmens zugeschnitten sind, verlangen einen Finanzierungspartner, der kundennah ist, der sich in der Branche des Kunden auskennt und der sich in die besonderen Bedürfnisse seines Partners hineindenken kann. Hier bieten sich für beide Seiten positive Chancen.

Als gutes Beispiel aus der Wirtgen Group für den oben beschriebenen Ansatz lässt sich die Kooperation mit der Deutsche Leasing anführen. Mit dieser Kooperation ist die Wirtgen Group heute in der Lage, ihren Kunden im Rahmen ihrer kundenorientierten Komplettlösungen auch Finanzierungen anzubieten. Die gemeinsam entwickelten Produkte treffen exakt die Bedürfnisse der Wirtgen Group und ihrer Kunden. Die Leasing- und Mietangebote sind heute zu einem wichtigen Verkaufsbaustein geworden.

Die mittelständisch geprägten Wirtgen-Kunden werden mit dem Leasingangebot in die Lage versetzt, ohne Veränderung der Bilanzstruktur und ohne Belastung der Kreditlinien teure Investitionen durchzuführen. Als besonderer Vorteil wird von den Kunden die zeitliche Anpassung des mit dem Leasingvertrag verbundenen Cashflow-Abflusses an die Einnahmen empfunden. So gibt es z. B. Leasingmodelle mit einem sogenannten Winterausstand, um die im Bau ertragsschwachen Monate nicht mit Cashabflüssen zu belasten.

Kundennähe zeigt die Deutsche Leasing auch durch ihre zunehmende Internationalisierung. Sie folgt hiermit ihren Partnern aus dem Mittelstand, und damit auch der Wirtgen Group, auf die internationalen Märkte.

4 Anpassungsflexibilität und Finanzierungsanforderungen

Die herausragende Stärke des Mittelstandes ist die Anpassungsfähigkeit an sich verändernde Märkte und Bedarfe. Mit konsequenter Kundennähe, guten Marktkenntnissen, kurzen Informationswegen, schnellen Entscheidungsprozessen und dem unbeirrten Willen, die vorhandene Marktposition nicht aufzugeben, reagiert der Mittelständler äußerst flexibel und schnell auf das veränderte Umfeld. Oft ist es sogar der Mittelstand selbst, der diese Umgebung gestaltet und mit seinen Innovationen vorantreibt.

Dieses Umfeld kann durch neue Technologien geprägt sein, welche in die Märkte drängen, da sich das Kundenbewusstsein und der Kundenanspruch ändern. So spielen beispielsweise heute in der Baumaschinenindustrie ergonomisch durchdachte und ökologisch fokussierte Technologien eine zunehmende Rolle.

Wirtgen ist mit seiner Sparte Straßenfräsen heute mit deutlichem Abstand Weltmarktführer. Konsequent wurde das Thema Ergonomie und Energieeffizienz in der Wirtgen Group angegangen und in ihre Maschinenentwicklung übernommen. Die Fahrerstände der Wirtgen Maschinen sind heute nach modernsten ergonomischen Kriterien gestaltet, und die Energieeffizienz einer Wirtgen Straßenfräse ist bis zu 30 Prozent höher als die des Wettbewerbs.

Veränderungen von Märkten, zunehmender Kostendruck und Globalisierung kann auch den Aufbau oder die Akquisition von neuen Unternehmen oder von neuen Sparten bedeuten. Das Heben von Synergien und Abrundung des eigenen Profils sind dabei die Leitmotive.

In diesem Sinne hat die Wirtgen Group den Straßenfertigerhersteller Joseph Vögele AG und den Walzenhersteller Hamm AG übernommen und sich zum Komplettanbieter für alle Leistungen des Straßenneubaus und der Straßensanierung gemacht.

Wichtig zur Sicherstellung der notwendigen Anpassungsflexibilität ist die Analyse und realistische Einschätzung der eigenen Finanzierungsalternativen sowie die professionelle Vorbereitung der Mittelaufnahme.

Laut einer Umfrage der staatlichen Förderbank KfW aus 2008 streben immer noch 43 Prozent aller Unternehmen einen klassischen Kredit zur Investitionsfinanzierung an. Aber auch Alternativen wie Leasing, Factoring und Mezzanines Kapital gewinnen an Bedeutung. Bei kleineren Mittelständlern überwiegt der Kredit und teilweise der Rückgriff auf private Reserven.

Entscheidend bleibt allerdings, dass die Mittel rechtzeitig und zuverlässig zur Verfügung stehen. Lange Entscheidungsprozesse der Finanzinstitute hemmen im Bedarfsfall die Anpassungsdynamik. Eine breitere Mischung der unterschiedlichen Finanzierungsmethoden reduziert im Zweifelsfall die Abhängigkeit von einzelnen Banken und deren Entscheidungsprozessen.

Somit schließt sich der Kreis. Anpassungsprozesse sind oft langwierig und kostspielig. Der Erfolg tritt dagegen erst später ein. Oft besteht Planungsunsicherheit bezüglich des Erfolges der Anpassungsmaßnahmen. Hier ist der jeweilige Finanzierungspartner gefordert. Der Mittelständler erwartet Verständnis und Unterstützung für die betriebliche Entwicklung, ohne dass er seine Unabhängigkeit und Selbstständigkeit in Gefahr sieht. Mit fachkundigem Know-how, guten Branchenkenntnissen und maßgeschneiderten Lösungen muss der Finanzdienstleister den Mittelstand bei seinen Anpassungsprozessen konsequent und ohne Zeitverzögerung begleiten. Diesen Prozess muss der Mittelständler durch kontinuierliche Information und rechtzeitige Einbeziehung des Finanzierungspartners aktiv unterstützen.

Zur Anpassungsflexibilität passt, soweit bei der Grundfinanzierung nicht hinreichend Mittel reserviert wurden, neben dem Leasing das Factoring. Beim Factoring werden die Kundenforderungen an den Factor verkauft. Je nach Vereinbarung übernimmt dieser sogar das Risiko. Das Instrument kann daher auch für das Risikomanagement verwendet werden. Soweit der Prozess vorbereitet ist und die organisatorischen Grundlagen bestehen, kann sich der Mittelständler mit Hilfe des Factorings schnell und kostengünstig Mittel beschaffen.

Aber auch hier gilt: Um die finanziellen Spielräume zur Sicherung der Anpassungsflexibilität von Unternehmen zu gewährleisten, müssen Finanzierungspartner und Unternehmen eng zusammenarbeiten.

Die Finanzierung ihrer Anpassungsflexibilität hat die Wirtgen Group unabhängig von ihrer guten Eigenkapitalausstattung durch drei Bausteine gelöst:

- Auswahl und langfristige Zusammenarbeit mit Hausbanken und Finanzierungspartnern,
- permanente Information an die Hausbanken und Finanzierungspartner und
- bewusst eingeplante Bedarfe und Reserve bei der Finanzdisposition.

Dadurch werden in der Wirtgen Group kleinere bis mittelgroße Anpassungen durch die vorhandenen Linien, Factoring und Leasing abgedeckt. Bedingt durch die gute Kommunikation und die Auswahl der Finanzierungspartner sind größere Anpassungsinvestitionen schnell und zuverlässig finanzierbar.

5 Innovationskraft und deren Finanzierung

Eine der unumstrittenen Stärken des Mittelstands ist seine Innovationskraft. Als Spezialisten in ihrem Geschäftsfeld prägen die Mittelständler oft ihr Segment. Mit immer neuen Innovationen treiben sie dieses voran. Innovationen bieten aber nicht nur Chancen. Hochqualifizierte Entwicklungsteams, hohe Vorlaufkosten, Aufbau von neuen Produktionsstätten oder Produktionslinien sowie kostspielige Markteinführungen sind dabei nur einige Stichworte für die Vielzahl der Risiken. Die Innovationsfinanzierung wird hiermit fließend zur Investitionsfinanzierung.

Innovation geht häufig über gezielte Einzelprojekte hinaus. Sie basiert auf hervorragender Kenntnis der eigenen Produkte und der permanenten Analyse ihrer Stärken und Schwächen. Der enge Kontakt zum Kunden und dessen Bedarf bzw. auch das sich verändernde Bedarfsgefüge sind weitere Treiber für Innovationen. Auch der unablässige Blick auf technologische Entwicklungen z. B. im Bereich notwendiger Zulieferkomponenten wie Elektronik oder Antriebstechnologien, ist Voraussetzung dafür.

Innovation basiert damit in aller Regel auf einem breiten und soliden Fundament und kann in gewissem Rahmen unabhängig von der immer wieder erscheinenden Brillanz von überragenden Erfindern systematisch vorangetrieben werden. Diese Basis wird ermöglicht durch unternehmerisches Können und hoch motivierte, qualifizierte Mitarbeiter in allen Unternehmensbereichen, ebenso durch die entsprechenden technischen und personellen

Voraussetzungen in den Konstruktions- und Entwicklungsbereichen sowie der Produktion. Diese generelle Grundlage für Innovation ist kostspielig und risikoreich wie die projektbezogene Innovation.

Innovationskosten und speziell hieraus resultierende Finanzierungsspitzen sind damit sorgsam zu planen und in den allgemeinen Finanzierungsbedarf mit einzubauen. Rechtzeitige Sicherung und Bereitstellung der finanziellen Mittel sind hier ein Muss. Gerade in Zeiten einer Wirtschaftskrise ist es eine Kernnotwendigkeit, die zukunftsorientierten Elemente der Unternehmensentwicklung zu sichern und nicht durch einen plötzlich übervorsichtigen Finanzierungspartner zu gefährden oder zu verzögern. Gut informierte Finanzierungspartner begleiten die Unternehmen kompetent und zuverlässig bei ihren Innovations- und Investitionsfinanzierungen.

Für kleinere bis mittelgroße Mittelständler bietet die KfW heute Förderprogramme, deren Bedingungen und Konditionen sowie die dokumentarischen Voraussetzungen im Vorfeld zu prüfen und ggf. zu beantragen sind. Leider sind die Grenzen für die mögliche Förderung durch die KfW in den letzten Jahren nicht mehr verändert worden, sodass größere Mittelständler und speziell auch solche, die mehrere kleinere, weitestgehend in unterschiedlichen Segmenten tätigen Unternehmen unter einem Gruppendach vereinigen, nicht in den Genuss dieser Förderung kommen können. Insgesamt bietet das Instrument für kleinere und mittlere Unternehmen, soweit sie die administrativen Voraussetzungen schaffen können und wollen, eine Eigenkapital schonende Finanzierungsmöglichkeit.

Für junge, innovative Unternehmen speziell in Wachstums- und Hochtechnologiebranchen bietet das Venture Capital eine mögliche Alternative. Es wird Kapital suchenden Unternehmen längerfristig als haftendes bzw. wirtschaftliches Eigenkapital gegen Gewährung von Gesellschafteranteilen zur Verfügung gestellt. Am Ende des Finanzierungszeitraumes, der sich in der Regel zwischen drei und sieben Jahren bewegt, werden die Gesellschafteranteile mit Gewinn zurückgeführt.

6 Langfristige Ausrichtung des Mittelstandes

Der Mittelstand hat sich in der Vergangenheit als ausgesprochen krisenfest erwiesen. Die oben beschriebenen Tugenden wie Anpassungsflexibilität und Innovationskraft sind nur ein Grund dafür. Das Denken und die Unternehmensausrichtung sind von Kontinuität und Stetigkeit geprägt. Der kurzfristige, temporäre Erfolg fällt hinter der langfristigen Erfolgsstrategie zurück. Die dauerhafte Existenz und die langfristige Entwicklung bestimmen das Handeln. Bei vielen kleineren und mittleren Unternehmen ist das private Vermögen stark mit dem betrieblichen Vermögen, z. B. durch gegebene Garantien, verknüpft.

Langfristiges Denken bestimmt auch den Umgang mit den Mitarbeitern. Im Mittelstand herrscht ein hohes Bewusstsein für den Wert des »human capitals«. Prägend ist auch hier der Unternehmer. Mitarbeitern, Kunden und Geschäftspartnern sind die Unternehmensziele und die Geschäftspolitik durch persönlichen Kontakt vertraut. In diesem Klima wachsen Vertrauen und Verlässlichkeit. Flache und flexible Hierarchien sowie das wechselseitige persönliche Kennen fördern Mitarbeiter in ganz besonderer Art. Kreativität, hohe Motivation, Mitverantwortung und hohe Loyalität sind das Ergebnis. Die Unternehmensführung kann sich auf die operativen Aufgaben konzentrieren.

Diesen hohen Anspruch an Vertrauen und Kontinuität hat der Mittelständler auch an seinen Finanzierungspartner und an dessen Finanzierungsprodukte. Professionelle Kundenberater mit ausreichender Branchenkenntnis und Zeit für eine intensive, individuelle und einfühlsame Kundenbetreuung sowie Verständnis für das unternehmerische Denken und Handeln sind gern gesehene Partner. Transparenz über die bankinternen Ratingprozesse und über das kundenspezifische Ratingergebnis bieten eine Plattform für konstruktive Unternehmensanalyse.

Dem Anspruch auf Dauerhaftigkeit und langfristigen Bestand des Unternehmens müssen auch die Finanzierungsinstrumente gerecht werden. Dementsprechend ist zusammen mit dem passenden Finanzierungspartner eine langfristige Portfoliostrategie unter Berücksichtigung der Gesellschafterinteressen sowie der Entnahme- und Ausschüttungspolitik zu entwickeln. Die darin enthaltene Finanzierungsstruktur muss den langfristigen Bedürfnissen des Unternehmens genügen und gleichzeitig die notwendige Anpassungsflexibilität abdecken. Das Portfolio und die Zusammenarbeit mit den Finanzierungspartnern müssen auf Dauer angelegt und so robust sein, dass es auch im rauheren Fahrwasser einer schwachen Konjunktur oder einer notwendigen, kostspieligen Umorganisation des Unternehmens die Finanzierung sicherstellt.

Gerne werden von Banken hier syndizierte Kredite für die Basisfinanzierung empfohlen. Die Finanzinstitute sehen dabei die anderen teilnehmenden Banken ebenfalls längerfristig gebunden, was zu einer besseren Risikoverteilung führen kann. Die Flexibilität des Mittelständlers bei der Auswahl der Finanzierungspartner würde allerdings einschränkt.

Immer mehr rücken in den letzten Jahren speziell bei größeren Mittelständlern sogenannte Mezzanine-Finanzierungen in den Mittelpunkt. Mit ihrem nachrangigen Charakter stärkt das Mezzanine-Kapital das Eigenkapital und damit die Unternehmensbonität ohne allerdings die unternehmerische Entscheidungsgewalt und -freiheit zu beeinträchtigen. Einen Schritt weiter gehen Private-Equity-Modelle, bei denen auch Mitspracherechte an den neuen Partner abgegeben werden müssen.

Der langfristigen Ausrichtung der Finanzierung trägt die Wirtgen Group mit ihrer restriktiven Ausschüttungspolitik, der Thesaurierung von Gewinnen zur Eigenkapitalstärkung, Nutzung der Innenfinanzierung und der auf Dauer angelegten vertrauensvollen Zusammenarbeit mit den Finanzierungspartnern Rechnung.

7 Schlussfolgerung

Der Mittelstand mit seiner konsequenten Markt- und Kundennähe überträgt diese Grundphilosophie auf sein Anspruchsdenken gegenüber seinem Finanzierungspartner. Seine hohe Anpassungsflexibilität, seine starke Innovationskraft und die langfristige Ausrichtung runden den Bedarf nach einer maßgeschneiderten Betreuung und der Entwicklung individueller Produkte ab.

Der Hausbank in dem erweiterten Sinn, eben nicht nur als Kreditgeber und Abwickler, kommt als echter und fairer Partner eine besondere Rolle zu. In dieser Funktion wird das Finanzinstitut in die Strategien und Planungen des Unternehmens rechtzeitig mit einbezogen. Mit sach- und kundengerechten Empfehlungen wird das Finanzinstitut zum echten Partner.

Manche Bank hat hier in den letzten Jahren und speziell in der Bankenkrise 2008/09 Vertrauen verspielt und den Mittelstand eher abgeschreckt und zum vorsichtigen Umgang mit der Hausbank veranlasst. Ohne dieses Vertrauen ist eine optimale Finanzierung aber nicht möglich. Der Mittelständler muss die Produkte verstehen. Er muss seinem Berater vertrauen, dass dieser die beste Lösung entwickelt und dass die Bereitstellung und Abwicklung pünktlich, zuverlässig und reibungslos abläuft.

Der mittelständische Unternehmer muss seine Einstellung zum Finanzmanagement ebenfalls verändern. Er selbst muss künftig den Finanzbereich zur Sicherung seiner Existenz stärker in den Fokus rücken. Abgestimmt mit dem Wertekatalog des Unternehmens entwirft der Mittelständler ein Finanzierungsportfolio aus mehreren unabhängigen Finanzierungsinstrumenten und mehreren Finanzierungspartnern.

Speziell der kleinere Mittelstand ist gut beraten, wenn er ähnlich wie Großunternehmen und größere Mittelständler den Finanzbereich neben Beschaffung, Produktion und Absatz als Kernprozess begreift. Dies bedeutet, dass das innerbetriebliche Berichtswesen und die Planungs- und Steuerungsinstrumente auszubauen sind. Diese müssen mit den Finanzierungspartnern regelmäßig, rechtzeitig und ausführlich besprochen werden. Es gilt der Grundsatz, sich um seine Finanziers genauso intensiv und regelmäßig zu kümmern wie um seine Mitarbeiter, Kunden und Zulieferer.

Erfolgreiche Finanzpolitik der Zukunft wird sich daran festmachen, inwieweit Mittelstand und Finanzinstitute sich aufeinander zubewegen und sich als gleichwertige Partner auf eine vertrauensvolle, langfristige Zusammenarbeit einlassen.

Checkliste

1. Was sind meine Ansprüche und Ziele an Finanzierungspartner?
   1.1. Will ich eine Einzellösung eines Finanzierungspartners? Wenn ja, weiter bei Ziffer 3.
   1.2. Will ich eine generelle Lösung für alle Finanzfragen? Wenn ja, weiter bei Ziffer 2 ff.

2. Habe ich den richtigen Finanzierungspartner?
- Bietet der Finanzierungspartner eine optimale Beratung?
  - Partnerschaftlicher Umgang
  - Know-how
  - Branchenkenntnisse
  - Konstruktive Unternehmens- und Bedarfsanalyse
- Ist die Zusammenarbeit auf Dauer angelegt?
  - Kontinuität
  - Verlässlichkeit
- Ist er am richtigen Ort, ggf. auch international präsent?

3. Bietet mein Finanzierungspartner die benötigten Produkte?
- Definition meines Finanzierungsportfolios
- Abgleich mit den angebotenen Produkten
- Konditionen
- Abwicklungsqualität und Erfahrung
- Know-how zu staatlichen Förderungen

4. Wie fördere ich die Zusammenarbeit mit meinem Finanzierungspartner?
- Regelmäßige Informationen
- Information über Sonderereignisse und Anpassungsnotwendigkeiten
- Rechtzeitige Einbindung bei kostenintensiven Innovationen und größeren Investitionen

5. Habe ich meine Finanzdisposition zukunftsorientiert aufgebaut?
- Konzentration auf wenige (aber nicht einen) Finanzpartner
- Ausgewogener Produktmix zwischen unterschiedlichen Finanzinstrumenten
- Eingeplante Reserven
- Aktionsplan bei Anpassungsbedarf
- Innovationsbedingte Sonderaufwendungen
- Investitionsplanung und Finanzierung
- Effektives Risikomanagement (Kursrisiken etc?)

Der Mittelstand aus Sicht der Finanzdienstleistungsbranche – Eine Kundengruppe im Fokus

Werner Netzel

1 Mittelstand: ein Begriff mit vielen Definitionen

Für den Begriff »Mittelstand« finden sich in der Fachliteratur zahlreiche Definitionen. Eine allgemeingültige Beschreibung bzw. eine gesetzliche Vorgabe fehlen. Im allgemeinen Sprachgebrauch werden unter dem Begriff Mittelstand die Angehörigen der Freien Berufe sowie kleine und mittlere Unternehmen subsumiert. Die geläufigste Abgrenzung mittelständischer Unternehmen gegenüber Großunternehmen geht auf das Institut für Mittelstandsforschung in Bonn (IfM) zurück. Es grenzt die Unternehmen nach quantitativen Kriterien wie den Jahresumsatz und die Anzahl der im Unternehmen beschäftigten Mitarbeiter voneinander ab. Das IfM rechnet Unternehmen bis zu einem Jahresumsatz von maximal 50 Millionen Euro und bis zu 500 Mitarbeitern zu den kleineren und mittleren Unternehmen. Oberhalb dieser Grenzen werden die Unternehmen als Großunternehmen eingestuft.

2 Mittelstandsgeschäft hat große Bedeutung für Finanzdienstleister

Das Geschäft mit mittelständischen Unternehmen stellt für viele Banken eine wichtige Ertragsbasis dar. Im Vergleich mit dem Großkundengeschäft oder dem Kapitalmarktgeschäft liefert es stabilere Erträge, wie sich erst kürzlich in der Finanzmarktkrise sehr deutlich zeigte. Das Wesen des Mittelstandsgeschäfts der Finanzdienstleister sind gefestigte, über viele Jahre gewachsene Beziehungen zwischen den mittelständischen Kunden und ihren Finanzdienstleistern. Diese Geschäftsbeziehungen finden überwiegend vor Ort statt. Insbesondere die Sparkassen sowie Volks- und Raiffeisenbanken, deren eigenes Geschäftsmodell gerade auf einer ausgeprägten lokalen Verankerung in den Regionen beruht, können auf eine lange Tradition als verlässlicher Begleiter des Mittelstands zurückblicken.

Die gewachsenen geschäftlichen Beziehungen zwischen mittelständischen Unternehmen und Banken in der Region haben einen unmittelbaren Nutzen für beide Seiten. Für mittelständische Unternehmen ist der klassische Bankkredit nach wie vor die Hauptfinanzierungsquelle für Investitionen im Unternehmen. Durch die enge räumliche Zusammenarbeit vor Ort – man ist als Unternehmer in der gleichen Region tätig – kann der Finanzdienstleister das Geschäftsmodell seines mittelständischen Kunden wesentlich besser verstehen. Diese tiefere Kenntnis führt dazu, dass die Bank bzw. Sparkasse die mit einer Finanzierung verbundenen Risiken zuverlässiger einschätzen kann. Demzufolge ist dieser Finanzdienstleister eher bereit, einen Mittelständler in seinem Wachstum nachhaltig zu begleiten.

3 Versorgung mit Finanzierungsmitteln ist Kernaufgabe der Finanzdienstleister

Die ausreichende und zu dem jeweiligen Investitionsvorhaben passende Finanzierung ist eine wichtige Voraussetzung dafür, dass der Mittelstand die geplanten Investitionen realisieren kann. Für die überwiegende Mehrheit der mittelständischen Unternehmen bleibt hierbei die Kreditfinanzierung über die Hausbank die wichtigste Finanzierungsquelle. Kernaufgabe der Finanzdienstleister ist, dem Mittelstand einen zuverlässigen Zugang zu Finanzierungsmitteln zu verschaffen.

Mit zunehmendem Wachstum und stärkerer internationaler Orientierung werden mittlere und größere Mittelständler anspruchsvoller hinsichtlich der Produktangebote ihrer Finanzdienstleister. Sie suchen zunehmend nach Alternativen zum klassischen Hausbankkredit und fragen vermehrt alternative Finanzierungsinstrumente wie z. B. Kapitalmarktfinanzierungen aber auch Beteiligungs- oder Mezzanine-Kapital zur Eigenkapitalbildung nach. Ausgehend von der Einführung neuer Eigenkapitalvorschriften für die Kreditwirtschaft (Basel II) und der gewachsenen Bedeutung des Ratings der Unternehmen durch die Finanzdienstleister gewinnt die Eigenkapitalausstattung der Unternehmen an Bedeutung. Banken und Sparkassen können den Mittelständlern den Zugang zu eigenkapitalstärkenden Finanzierungsmitteln erleichtern bzw. überhaupt erst öffnen.

Eine weitere wichtige Funktion der Kreditwirtschaft hinsichtlich der Finanzierung des Mittelstands besteht in der Bereitstellung bzw. der Durchleitung öffentlicher Fördermittel und Bürgschaften. Insbesondere für Existenzgründer und Unternehmen, die sich in einer starken Wachstumsphase befinden, ist der Zugang zu Fördermitteln häufig entscheidend für den Erfolg. Die Rolle der Finanzdienstleister ist hier, den jungen und im Wachstum befindlichen Unternehmen den Zugang zu vergünstigten Finanzierungen bzw. öffentlichen Bürgschaften zu verschaffen. Im Vordergrund stehen zielgruppenspezifische und umfassende Beratungsleistungen durch Banken und Sparkassen sowie die bedürfnisgerechte Bündelung von Produkten und Dienstleistungen, insbesondere die passgenaue Zusammenstellung öffentlicher Förderkredite und bankeigener Finanzierungsbestandteile. Finanzdienstleister bilden hier eine wichtige Schnittstelle zwischen den mittelständischen Unternehmen und den öffentlichen Förderinstituten des Bundes und der Länder, die nicht über ein eigenes Vertriebsnetz verfügen.

4 Begleitung mittelständischer Unternehmen ins Ausland

Die Begleitung der Unternehmen bei der Erschließung von Auslandsmärkten ist ein weiteres wichtiges Feld, in dem Finanzdienstleister mittelständische Unternehmen unterstützen können. Waren früher unternehmerische Aktivitäten jenseits der Landesgrenzen aufgrund der hohen Kosten der Markterschließung den Großunternehmen vorbehalten, so haben in den vergangenen Jahren auch mittlere und kleinere Unternehmen Auslandsmärkte für sich erschließen können. Nach einer Erhebung der Kreditanstalt für Wiederaufbau (KfW)[1] erwirtschaftete im Jahr 2007 fast jedes vierte mittelständische Unternehmen Umsätze im Ausland. Selbst Kleinstunternehmen mit weniger als fünf Beschäftigten sind der Studie zu Folge in der Lage, die Kosten der Markterschließung aufzubringen und im Ausland zu wachsen. Der Export eigener Produkte oder erstellter Dienstleistungen bzw. die Erbringung von Aufträgen vor Ort ist dabei die wichtigste Form der Erschließung von Auslandsmärkten.

Die Initiative Finanzstandort Deutschland (IfD)[2] hat die herausgehobene Rolle auslandsaktiver Unternehmen für Wachstum und Beschäftigung betont. Hiernach war das Wachstum der vergangenen Jahre stark exportgetrieben. Jeder vierte Arbeitsplatz ist mittlerweile

1 Quelle: KfW-Mittelstandspanel 2008.

2 Quelle: IfD, Internationalisierung des Mittelstands, Bericht 4, 2008.

vom Export abhängig. Außerdem wird festgestellt, dass Unternehmen mit Auslandsengagement innovativer und wettbewerbsfähiger sind und darüber hinaus auch stärker wachsen als vergleichbare Unternehmen, die den Schritt ins Ausland bislang nicht gewagt haben.

Die oben genannte Untersuchung der KfW[3] bestätigt diese Erkenntnisse. Die Studie hat ergeben, dass sich auslandsaktive Unternehmen deutlich von Unternehmen unterscheiden, die nicht im Ausland tätig sind. Es wird ihnen eine höhere Produktivität und eine höhere Innovationstätigkeit bescheinigt. Sie weisen zudem ein höheres Beschäftigungswachstum auf. Insbesondere dieser Punkt unterstreicht die volkswirtschaftliche Bedeutung des auslandsaktiven Mittelstands. Die Verfasser der KfW-Studie kommen des Weiteren zu der Erkenntnis, dass die Internationalisierung der Unternehmen signifikant mit der Eigenkapitalausstattung zusammenhängt. Demnach liegt die durchschnittliche Eigenkapitalausstattung mittelständischer Unternehmen ohne Auslandsumsätze bei 21 Prozent, bei den auslandsaktiven Mittelständlern hingegen bei 26 Prozent.

Aus diesen Untersuchungen lassen sich die Anforderungen an die Rolle der Finanzdienstleister ableiten. In erster Linie sind Sparkassen und Banken gefordert, zielgruppenadäquate, auf die individuellen Bedürfnisse der Mittelständler zugeschnittene Beratungs- und Informationsangebote zu entwickeln. Insbesondere in der Frage nach einem Auslandsengagement können Finanzdienstleister mittelständische Unternehmen individuell und umfassend beraten. Hierbei geht es um Unterstützung bei der Auswahl geeigneter Absatzmärkte, die Bereitstellung von Information über Länderrisiken, Handelsusancen bis hin zur Vermittlung von Kontakten zu ausländischen Handelspartnern. Hier können Finanzdienstleister die eigene Präsenz im Ausland nutzen bzw. auf internationale Netzwerke zurückgreifen. Ist die Entscheidung für ein Auslandsengagement gefallen, können Finanzdienstleister die Unternehmen unterstützen, indem sie die für die Markterschließung erforderlichen Mittel bereitstellen, die mit dem Weg ins Ausland verbundenen Risiken – insbesondere Währungs- und Bonitätsrisiken – absichern.

5 Mittelständler erwarten ganzheitliche Betrachtung ihrer Bedürfnissituation

Mittelständische Unternehmen unterscheiden sich in Bezug auf ihr Produktnutzungsverhalten sowie ihr Anforderungsprofil an ihren Finanzdienstleister von Großunternehmen. Mit durchschnittlich drei Bankverbindungen unterhalten mittelständische Firmenkunden weniger Geschäftsbeziehungen zu Finanzdienstleistern als Großunternehmen, die im Schnitt mit fünf und mehr Banken zusammenarbeiten. Für den Mittelständler ist es entscheidend, einen zuverlässigen Finanzpartner an seiner Seite zu haben, der das Unternehmen kennt und es kontinuierlich in allen Entwicklungsphasen begleitet. Mittelständische Unternehmen erwarten von ihrer Bank oder Sparkasse, dass diese sie sowohl qualitativ hochwertig als auch umfassend beraten. Zudem wünschen sich Firmenkunden, dass ihr Finanzdienstleister sie aktiv anspricht und dabei mit innovativen Lösungen auf sie zukommt. In diesem Zusammenhang gewinnt die ganzheitliche Betrachtung der Bedürfnissituation der Unternehmen an Bedeutung. Dabei geht es nicht nur darum, Kredite oder Anlagen des Unternehmens gemeinsam zu betrachten, sondern das Unternehmen in seinem Wachstum und bei der Er-

3 Quelle: KfW-Mittelstandspanel 2008.

reichung seiner betrieblichen Ziele in allen Phasen der Unternehmensentwicklung zu unterstützen.

6 Ganzheitliche Beratungsansätze im Mittelstandsgeschäft erfolgreich

Ganzheitlich ausgerichtete Betreuungskonzepte, wie sie z. B. die Sparkassen-Finanzgruppe mit dem Sparkassen-Finanzkonzept Firmenkunden oder der genossenschaftliche Finanzverbund mit dem Finanzplan Mittelstand einsetzen, haben sich als sehr erfolgreich in der Beratungspraxis bewährt. Kernpunkt dieser ganzheitlichen Beratungsansätze ist die systematische Analyse der Kundensituation sowie die Betrachtung der Bedürfnisse des Unternehmens in seiner Gänze, nicht isolierter Einzelbedürfnisse, wie beispielsweise die Bereitstellung einer Finanzierung für die Verwirklichung eines Investitionsvorhabens. Mit Hilfe strukturierter Beratungsinstrumente nimmt der Kundenberater der Bank oder Sparkasse gemeinsam mit dem Firmenkunden die für eine bedarfsgerechte Beratung erforderlichen Informationen lückenlos auf. Hieraus werden anschließend gemeinsam mit dem Unternehmer bzw. dem Manager passgenaue Lösungen für das Unternehmen entwickelt. Die in diesen Gesprächen verwendeten strukturierten Beratungshilfen sorgen für die notwendige Transparenz, die gerade Unternehmen mit komplexen Ansprüchen erwarten, um die Lösungsvorschläge Schritt für Schritt nachvollziehen zu können.

7 Systematische Erfassung des Bedarfs mit dem Sparkassen-Finanzkonzept

Die umfassende Beratung mit dem Sparkassen-Finanzkonzept startet üblicherweise mit einem Grundsatzgespräch. Kernbestandteil dieses Gesprächs ist der Finanzcheck. Er dient der systematischen Bestandsaufnahme der finanziellen Situation des Unternehmers. Der aktuelle Finanzstatus des Kunden wird anhand von sechs Bedarfsbündeln erhoben. Angefangen mit dem Bedarfsfeld »Service & Liquidität«, in das z. B. alle Dienstleistungen rund um das Geschäftsgirokonto und den Zahlungsverkehr fallen, über die Fragen der Absicherung betrieblicher Risiken, der Begleitung betrieblicher Investitionen bis hin zur Begleitung des Unternehmens ins Ausland oder der Übergabe an die nächste Generation werden so alle relevanten betrieblichen Bedürfnisse thematisiert. Ergänzend zum Status werden wichtige betriebliche Ziele und Wünsche erhoben. Ergebnis des Grundsatzgesprächs ist ein umfassender Fahrplan für die weitere Beratung und Begleitung des Unternehmens durch die Sparkasse.

Im Anschluss an dieses Grundsatzgespräch werden die ermittelten Bedürfnisse in detaillierten Analysen vertieft. Diese Detailanalysen dienen bei konkreten Anfragen und Vorhaben der Unternehmen, zum Beispiel der Finanzierung einer anstehenden Investition, als systematische Gesprächsunterstützung, um letztlich die für das Unternehmen am besten passende Produktlösung zu erarbeiten.

8 Musterkundenportfolios unterstützen bei der Auswahl passender Produktlösungen

Für die Adressierung wichtiger Kundenbedürfnisse sowie die Auswahl der dazu passenden Produktlösungen setzen die Institute der Sparkassen-Finanzgruppe seit neuestem ein modernes Analyseinstrument zur Ermittlung von Bedarfslücken, das sogenannte Musterkundenportfolio, ein. Mit Hilfe dieses voll in die IT-Anwendungsumgebung integrierten Tools kann sich der Kundenberater der Sparkasse in kurzer Zeit einen Überblick über die relevanten Bedarfsfelder sowie die hierzu passenden Bankprodukte verschaffen. Die Bedarfsfelder sowie die Produktvorschläge werden individuell für jedes Unternehmen aufgrund seiner spezifischen Situation, z. B. Unternehmensgröße, Branchenschwerpunkt oder Anzahl der Mitarbeiter ermittelt. So gelingt es dem Kundenberater der Sparkasse, alle wichtigen Themen aus Kundensicht anzusprechen sowie frühzeitig und mit konkreten Angeboten auf die Unternehmen zuzukommen. Auf wichtige Produktfragen kann sich der Kundenberater der Sparkasse optimal vorbereiten und dazu bereits im Vorfeld des Kundengesprächs Produktexperten kontaktieren. Bei Bedarf kann der Spezialist unmittelbar in das Kundengespräch eingebunden werden. Zudem können für den Unternehmer nützliche Informationen wie z. B. Produktbroschüren, Modellrechnungen oder Performancevergleiche passgenau zusammengestellt werden.

9 Rating-Kommunikation und betriebswirtschaftliche Beratung sind feste Bestandteile der ganzheitlichen Beratung

Neben der bedürfnisorientierten Beratung des Kunden ist betriebswirtschaftliche Begleitung fester Bestandteil der ganzheitlichen Beratung, wie sie z. B. mit dem Sparkassen-Finanzkonzept Firmenkunden durch die Institute der Sparkassen-Finanzgruppe angeboten wird. Im Rahmen eines Unternehmerjahresgesprächs, das den Charakter eines Strategiegesprächs tragen soll und in der Regel einmal im Jahr stattfindet, wird die wirtschaftliche Situation des Unternehmens umfassend analysiert.

Innerhalb des Jahresgesprächs haben das Rating und die Rating-Kommunikation ihren festen Platz. Als Rating wird die Bewertung der Kreditwürdigkeit von Unternehmen durch Finanzdienstleister bezeichnet. Aufbauend auf einer umfassenden betriebswirtschaftlichen Analyse des Unternehmens besprechen Kundenberater und Unternehmer die ermittelte Rating-Note. Für die Erstellung der Rating-Note werden in erster Linie die Jahresabschlussunterlagen sowie qualitative Informationen zum Unternehmen bzw. zum Unternehmer analysiert. Beispielsweise werden hier die Unternehmensstrategie, die individuelle Markt- und Wettbewerbsposition oder auch die Produkt- und Dienstleistungspalette des Unternehmens betrachtet.

In dem Rating-Verfahren wird jeder Rating-Note eine Ausfallwahrscheinlichkeit in Prozentpunkten zugeordnet. Diese Kennziffer gibt an, wie viel Prozent der Kreditnehmer einer Rating-Klasse innerhalb von zwölf Monaten zu einem Kreditausfall wurden. Die individuelle Rating-Note sowie die erwartete Ausfallwahrscheinlichkeit haben Auswirkungen auf die Ermittlung der Kreditkonditionen. Vereinfacht gesagt: Gute Rating-Noten bedeuten niedrige Risikoaufschläge und damit günstige Konditionen für das Unternehmen.

10 Stärken-Potenzial-Profil macht das Rating transparent und verständlich

Mittelständische Unternehmer fordern in Bezug auf das Rating zunehmend Transparenz und weiterführende Informationen ein. Sie wollen einerseits die Bewertung ihres Unternehmens verstehen, andererseits wollen sie wissen, wie sie diese Einschätzung, die sich unmittelbar auf die Konditionen auswirkt, verbessern können.

Um diese Transparenz zu erreichen, setzen die Institute der Sparkassen-Finanzgruppe im Rahmen der ganzheitlichen Beratung das Stärken-Potenzial-Profil ein. Das Stärken-Potenzial-Profil ist eine EDV-Anwendung. Sie erklärt sehr anschaulich das individuelle Rating-Ergebnis des Unternehmens. Das Stärken-Potenzial-Profil hilft so dem Firmenkundenberater, das Rating-Ergebnis, das sich aus vielen verschiedenen Faktoren, Gewichtungen und Berechnungen zusammensetzt, nachvollziehbar und für den Unternehmer befriedigend zu erklären. In Form eines übersichtlichen und anschaulichen Tachometers wird für unterschiedliche betriebswirtschaftliche Kennziffern, die in das Rating einfließen – z. B. die Cashflow-Kennzahl – gezeigt, ob sich das Unternehmen im grünen Bereich (Stärke), im gelben Bereich (neutral) oder im roten Bereich (Handlungsbedarf) befindet. Darüber hinaus werden die Situation und die Entwicklung des Unternehmens mit anderen in der Branche verglichen und Unterschiede erläutert. Die ausführliche Situationsbeschreibung und die konkreten Hinweise auf Verbesserungsmöglichkeiten im Stärken-Potenzial-Profil sind für die Unternehmen wesentlich aussagekräftiger und hilfreicher als eine einzelne abstrakte Rating-Note.

Zusammen mit den Hinweisen aus dem Stärken-Potenzial-Profil lassen sich aus dem ermittelten Rating anschließend viele Erkenntnisse für die betriebswirtschaftliche Beratung und Begleitung des Unternehmens ableiten. Sie werden mit dem Unternehmer besprochen und bilden die Grundlage für Verbesserungen. Gemeinsam mit dem Unternehmer werden Maßnahmen zur Optimierung der Unternehmenssituation sowie ein Umsetzungsplan für die identifizierten betriebswirtschaftlichen Handlungsfelder erarbeitet. Diese Maßnahmen könnten sich beispielsweise auf Schritte zur Kostensenkung oder zur Ausweitung des Kundenkreises beziehen. Rating in diesem Sinne verstanden und gelebt, ist nicht nur ein Instrument zur Bonitätsbewertung, sondern bietet für mittelständische Firmenkunden eine Hilfe zur Unternehmensführung. Diese Hilfe nehmen zahlreiche mittelständische Unternehmen dankbar an.

11 Risikobewertung zahlt sich aus: für das Unternehmen und die Bank

Das Unternehmerjahresgespräch einschließlich der enthaltenen Rating-Kommunikation trägt wesentlich zur Vertrauensbildung bei. Sowohl für den Unternehmer als auch für den Finanzdienstleister wird an dieser Stelle Transparenz über wichtige Informationen hergestellt. So gelingt es, ein gemeinsames Verständnis für ein Vorgehen und die erforderlichen Maßnahmen zu erzielen. Somit kann die angestrebte partnerschaftliche Zusammenarbeit erreicht werden.

Von diesem Vorgehen profitieren beide Seiten. Banken und Sparkassen haben erkannt, dass wirtschaftlicher Erfolg des Kunden zugleich der Erfolg der Sparkasse ist. Als wichtiger

Finanzierungspartner des Mittelstandes gelingt es Ihnen, Risiken frühzeitig zu erkennen, sie zuverlässiger einzuschätzen und rechtzeitig gemeinsam mit dem Kunden Maßnahmen einzuleiten, bevor es zu Krisen kommt.

Der Mittelstand profitiert von der ganzheitlichen Betrachtung seiner Bedürfnissituation. Durch die umfassende Betreuung aus einer Hand erreicht der Mittelstand eine bessere Kapitalausstattung sowie stärker auf seine eigenen Bedürfnisse ausgerichtete Finanzierungsangebote. Diese führen zu einer besseren Ergebnissituation, die sich letztlich in günstigen Finanzierungskonditionen niederschlagen.

12 Sparkassen-Finanzgruppe: wichtigster Partner des Mittelstands

Wenn es um die Beratung und die Finanzierung der mittelständischen Wirtschaft in Deutschland geht, dann sind die Unternehmen der Sparkassen-Finanzgruppe der wichtigste Partner des Mittelstands. Sparkassen und Landesbanken – selbst als mittelständische Unternehmen organisiert – sind ein zuverlässiger Partner, der die Sprache der Mittelständler spricht und ihre individuellen Bedürfnisse versteht.

Sparkassen und Landesbanken verkörpern ebenso wie viele mittelständische Betriebe Unternehmertum vor Ort und für die Regionen. Mit ihrem Engagement versetzen die Institute der Sparkassen-Finanzgruppe die kleinen und mittleren Unternehmen in die Lage, die anstehenden Herausforderungen, die der globale Wettbewerb stellt, erfolgreich und eigenverantwortlich zu meistern. Damit schaffen sie Vertrauen, eine entscheidende Voraussetzung, die kleine und mittlere Betriebe in einer globalisierten Welt – insbesondere in Krisensituationen – entlastet.

Die mittelständische Wirtschaft weiß: Sie kann sich auf die vertrauensvolle, langfristig angelegte Partnerschaft mit Sparkassen und Landesbanken verlassen. Dies ist Aufgabe und Herausforderung zugleich für die Unternehmen der Sparkassen-Finanzgruppe. Sie stellen sich dieser Verantwortung bereitwillig und bieten mit ihrem Selbstverständnis Lösungen für weitere Herausforderungen, die sich aus der weiteren Globalisierung unserer Volkswirtschaften ergeben.

Auskunft, Information und Beratung im Bankgeschäft

Dieter Krimphove

1 Einleitung

Anlässlich der anhaltenden Finanzkrise, von der unzählige Bankkunden, gerade auch aus dem Segment der klein- und mittelständischen Unternehmen betroffen sind, stellt sich die Frage, inwieweit Banken und Anlageberater ihren Pflichten nach Information, Aufklärung und Beratung ordnungsgemäß nachgekommen sind. Insbesondere, welchen finanziellen Ausgleich ein Kunde im Fall der Verletzung dieser Pflichten erwarten darf. Dabei bezieht sich die Problematik nicht nur auf die Beratung im Umgang mit Kapitalanlagen. Vielmehr ergibt sich die Frage nach einer ordnungsgemäßen Kundenberatung und nach der Rechtsfolge fehlerhafter Beratung bei jedem »alltäglichen« Bankgeschäft: sei es die Kontoeröffnung, die Gewährung eines Kredits seitens der Bank, die Verabredung einer Einzugsermächtigung, die Kontoregulierung mittels eines Kontokorrents oder eines Lastschriftverfahrens.

Der Beitrag beschreibt die Anforderungen, die an eine ordnungsgemäße und umfassende Kundenberatung seitens der Bank und Kreditinstitute zu stellen sind, und schildert die juristischen Voraussetzungen, unter denen ein falsch- bzw. unvollständig beratener Kunde seinen Schaden begrenzen und ausgleichen kann. Da sich nachfolgender Beitrag vorwiegend an kleine und mittelständische Unternehmen richtet, enthält der Beitrag typische Beispiele aus der Geschäftstätigkeit dieser Unternehmensgruppe.

2 Haftungsregelungen bei Beratungsverschulden

Eine Haftung der Bank bzw. des Anlageberaters tritt nur ein, wenn das Gesetz hierfür ausdrücklich eine Anspruchsgrundlage vorsieht. Im Falle des Anlageberatungsrechtes hat die Rechtsprechung ein eigenes Haftungssystem mit sehr spezifischen Haftungsanforderungen entwickelt. Als vertragliche Haftungstatbestände kommen in Betracht:

1. Haftung bei der schuldhaften Verletzung der Aufklärung als Nebenpflicht:
Auskunfts- und Beratungspflichten können sich für die Bank als eine Nebenpflicht aus einem Bankvertrag ergeben. Dies ist dann der Fall, wenn die vertragliche Beziehung zwischen Bank und Kunden (Bankvertrag) nicht ohne die Information des Kunden sinnvoll durchgeführt werden kann (schon RG JW 1911, 809; Rollinger 1990, S. 26). Als Bankvertrag kommt grundsätzlich jedes Anlagegeschäft, insbesondere das Anlagenerwerbsgeschäft, in Betracht.

2. Haftung bei schuldhafter Pflichtverletzung des Beratungsvertrages:
In der Praxis der Anlagenberatung ist häufig ein selbstständiger Beratungsvertrag die Grundlage zivilrechtlicher Haftung der Bank. Bei einem Beratervertrag verpflichtet sich nämlich der Berater zur Auskunfterteilung und Beratung. Die Rechtsprechung ist sehr großzügig in der Annahme eines Beratervertrages. (BGH Z 74, 103; BGH WM 1979, 548; BGH WM 1982, 1201; BGH WM 1985, 381):

- Die Vereinbarung über ein vom Beratungsempfänger zu zahlendes Entgelt ist nicht Voraussetzung des Zustandekommens des Beratungsvertrages (BGH ZIP 1983, 433; BGH ZIP 1984, 1080; BGH ZIP 1985, 450).
- Der Abschluss eines Beratervertrages ist zudem grundsätzlich formfrei.

Nach der Rechtsprechung kommt ein Beratungsvertrag inhaltlich bereits dann zustande,

- wenn *die Auskunft für den Kunden für den Anlageberater offensichtlich von erheblicher Bedeutung ist und der Kunde sie zur Grundlage seiner Vermögensdisposition machen will.*
- Ferner nimmt die Rechtsprechung einen Beratervertrag schon dadurch an, *dass sich der Beratende (die beratende Bank) als sachkundig bezeichnet oder ein eigenes wirtschaftliches Interesse verfolgt.*

Bereits nach diesen Grundsätzen tritt eine Haftung des Beraters in der Praxis sehr rasch ein.

3. Haftung bereits im vorvertraglichen Beratungsverhältnis:
Die Haftung der Bank greift sogar bereits dann ein, wenn der Bank- bzw. der Beratervertrag noch nicht zustande gekommen ist. § 311 Abs. 2 BGB schützt den Kunden auch im »vorvertraglichen« Stadium der Geschäftsanbahnung bzw. der Aufnahme von Vertragsverhandlungen oder jene Geschäftskontakte, die den Abschluss eines Vertrages vorbereiten (vgl. BGH ZIP 1989, 558).

4. Die außervertraglichen oder gesetzlichen Schadenersatzansprüche
Neben der vertraglichen Haftung ergeben sich im Einzelfall noch Schadenersatzpflichten der beratenden Bank, wenn diese eine unerlaubte Handlung begeht. Hier kommen folgende Tatbestände in Betracht: § 263 Strafgesetzbuch (StGB) Betrug; § 264 a StGB Kapitalanlagebetrug; § 26 BörsG Verleitung zu Börsenspekulationsgeschäften; § 266 StGB Untreue; § 44 BörsG i.V.m. §§ 13f. Verkaufsprospekt-Gesetz (VerkprospG); §§ 127, 121 Investmentgesetz (InvG), i.V.m. § 823 Abs. 2 BGB.

3 Inhalt und Umfang der Beratungspflicht

Entscheidend für die Frage, ob dem Kunden ein Schadensersatzanspruch zusteht, ist die Feststellung, was die von der beratenden Bank zu erfüllenden Anforderungen hinsichtlich einer ordnungsgemäßen Anlageberatung sind bzw. in welchem Maß die Bank den Kunden zu beraten hat. Dies hängt entscheidend von zwei Faktoren ab (BGH NJW RR 1986, 205 ff. 206):

- der Beratungsbedürftigkeit des Kunden und
- der Art des Bankgeschäftes, seiner Gefährlichkeit und Komplexität.

3.1 Die Informationsbedürftigkeit des Bankkunden

Ein unkundiger Kunde ist *aufklärungsbedürftig* und benötigt weit mehr Aufklärung als ein in Anlagegeschäften Erfahrener (BGH NJW 1982, 2816; NJW 1994, 1330, 1332). Unerfahrene Kunden sind auf die Erfahrung und das Wissen des Anlageberaters/Anlagevermittlers angewiesen, um eine sachgerechte Anlageentscheidung treffen zu können (BGH NJW 1991, 1108 (Penny Stocks); BGH NJW 1981, 1440 (Warenterminoptionen)). Dazu müssen sie die Eigenschaften und die Risiken des betreffenden Anlagegeschäftes kennen (siehe OLG Braunschweig WM 1994, 59, 61; BGH ZIP 1992, 314 ff.).

- Kunden, die mit den Eigenschaften und Risiken des Geschäftes bereits voll vertraut sind, werden folgerichtig als nicht-aufklärungsbedürftig erachtet (BGH WM 1994, 223 = NJW 1995, 321).
- Bei Kunden, die auf Seiten der Prospektherausgabe mitgewirkt haben, setzt die Rechtsprechung die Vertrautheit mit den Gegebenheiten des Anlageobjektes voraus (OLG Düsseldorf WM 1990, 1959).
- Kunden, die sich gegenüber der Bank als Branchenkenner und Kenner der Anlage ausgeben, verwirken ihren Anspruch auf eine intensive Beratung (BGH WM 1980, 284; OLG Düsseldorf WM 1990, 1959; OLG Köln WM 1995, 697).

Entscheidend sind immer die Umstände des Einzelfalles (OLG Frankfurt, WM 1980, 95).

- So können auch Kaufleute im Sinne des HGB im Einzelfall aufklärungsbedürftig sein. Dies ist u.a. dann der Fall, wenn das vorzunehmende Bankgeschäft aus dem Rahmen ihrer üblichen Geschäftstätigkeit fällt (BGH NJW 1981, 1440; BGH NJW 1982, 41).
- Gleiches gilt, wenn der Kunde durch entsprechende Fragen zu erkennen gibt, dass er mit dem Bankvorgang nicht ausreichend vertraut ist und eine diesbezügliche Beratung wünscht (BGH Z 70, 356).
- Ein im Anlagegeschäft unerfahrener Vollkaufmann ist aufzuklären, wenn ihm die Anlagekenntnis fehlt und jene nicht zu seiner üblichen Branchen- und Geschäftskenntnis gehört (BGH WM 1981, 552 = NJW 1981, 1440 für Warenterminoptionen).
- Gleiches gilt für im Anlagegeschäft unerfahrene Versicherungsvertreter (BGH WM 1991, 127, 129 f.).
- Eine Beratungspflicht selbst gegenüber einem Vollkaufmann besteht insbesondere, wenn sich das Anlagegeschäft als überaus komplex darstellt. Dies kann insbesondere bei Waren- oder Börsentermingeschäften, oder bei neuen, unbekannten Produkten wie etwa den derzeit zahlreich auftretenden unterschiedlichen Zertifikaten der Fall sein. (Vgl. Krimphove, Zertifikathandel in Deutschland, in: Finanz-Betrieb 2006, S. 255 ff., m.w.H.)

3.2 Die Ermittlung des Aufklärungsbedarfes (»know your customer«)

Um seine Pflicht zur ordnungsgemäßen Kundenaufklärung i.o.S. ordnungsgemäß durchführen zu können, muss der Berater seinen Kunden und dessen Wissensstand erst kennen. Denn der Umfang und der Inhalt der Beratungspflicht bemessen sich nach dem individuellen Aufklärungsbedarf des Kunden. Es gilt der aus dem US amerikanischen Recht bekannte Grundsatz: *»know your customer«*. Diesen Grundsatz hat die deutsche Rechtsprechung übernommen (BGH NJW RR 1992, 531). Sie misst dem Erfordernis der Kundenkenntnis so viel Bedeutung zu, dass allein der Fehler der Ermittlung des Kenntnisstandes des Kunden einen Schadenersatzanspruch auslöst (BGH WM 1980, 284; OLG Düsseldorf ZIP 1990, 1396; BGH Z 70, 356). In der Praxis führt allerdings die Fehleinschätzung des konkreten Aufklärungsbedarfs des Kunden zu Haftungsansprüchen.

Die Banken kommen ihrer Pflicht zur Ermittlung des Wissenstandes des Kunden dadurch nach, dass sie im Kundengespräch eingehend die Erfahrungen des Bankkunden eruieren und nach einem entwickelten Kundenerfassungsbogen abfragen (Einzelheiten zu diesem Fragebogen und zum Grundsatz know your customer vgl. Krimphove/Regel, Erfolgreiche Anlageberatung, S. 16 ff., m.w.H.).

3.3 Der Gegenstand des Bankgeschäfts als Maßstab des Umfangs der Kundeninformation

Die Intensität der Beratungs- und Aufklärungspflicht richtet sich – neben dem jeweiligen Wissenstand des Bankkunden – auch nach den Eigenheiten der jeweiligen Anlagearten selbst, deren typischen Gefahren und der Komplexität (OLG Celle WM 1988, 1329; OLG Frankfurt WM 1980 95). Das grundsätzliche Ziel der Kundeninformation ist es nämlich, den Kunden vor Schaden zu schützen, den er beim Abschluss risikoreicher Geschäfte erleidet und den er aus Unerfahrenheit selbst nicht oder nicht vollständig überschauen kann (BGH NJW 1994, 997; BGH ZIP 1989, 558, BGH WM 1988, 41).

Die Beratungspflicht ist also die Pflicht, den Kunden über alle erkennbar entscheidungserheblichen Umstände umfassend zu informieren (BGH WM 1987, 1329 ff. 1331), um ihm so die Möglichkeit zu bieten, die Risiken des Geschäftes selbst einzuschätzen (BGH Z 80, 80; BGH WM 1987, 531). Dabei ist die Bank im Rahmen der Vermittlung von Kapitalanlagen zur inhaltlich richtigen und vollständigen Information über alle tatsächlichen Umstände verpflichtet, die für den Interessenten als Grundlage seiner Kapitalanlageentscheidung von besonderer Bedeutung sind.« (BGH ZIP 1988, 1464; BGH NJW 1982, 1095; BGH Z 74, 103; OLG Oldenburg WM 1987, 169).

3.3.1 Aufklärungspflichten bei »gewöhnlichen« Bankgeschäften

Die Anforderungen an das Aufklärungs- und Beratungsgespräch der Banken im Rahmen allgemeiner Bankgeschäfte (Zahlungsanweisung/Lastschriftverfahren, finanzierter Abzahlungsverkauf, Scheck- und Wechselgeschäfte etc.) sind sehr strikt (vgl. Krimphove, Anlageberatung, S. 16 ff.).

- Die Bank muss einen Kreditnehmer z. B. auf die Nachteile und Risiken einer *außergewöhnlichen Kreditart* (hier Idealkredit) aufmerksam machen (BGH WM 1991, 179 ff., 181).
- Bei *Umschuldung* des Bankkunden hat die Bank – auch entgegen ihrer eigenen Interessenlage – den Kunden auf eine ggf. bestehende Unwirtschaftlichkeit der Umschuldung hinzuweisen (BGH WM 1988, 189 ff., OLG Hamm ZIP 1983, 552 f., 553; OLG Düsseldorf WM 1988, 1690).
- Geht der Kunde einen sog. *»finanzierten Abzahlungskauf«* ein, bei dem die Bank den Kaufpreis als ein Darlehen des Kunden an den Verkäufer auszahlt, muss die finanzierende Bank den Kunden ausdrücklich auf dessen Risiko hinweisen, das von ihr an den Verkäufer ausgezahlte Geld – trotz Probleme bei der Kaufvertragserfüllung (mangelhafte Ware etc.) – an die Bank zurückzahlen zu müssen (BGH Z 2, 33 ff., 243 ff., 295 ff.)
- Die Bank trifft sogar die Pflicht, bei Kenntnis der unmittelbar bevorstehenden *Insolvenz des Zahlungsempfängers* ihren Kunden hierüber zu informieren. Sie darf den Zahlungsauftrag des Kunden erst nach entsprechender Rücksprache mit dem Kunden ausführen.
- Eine Auskunftspflicht trifft die Bank sogar im Rahmen von so alltäglichen und so einfach abzuwickelnden Geschäften wie die *Eröffnung eines Sparkontos durch ein Sparbuch.* Hier hat die Bank nicht nur die Pflicht, ihren Kunden darauf hinzuweisen, dass sie mit befreiender Wirkung grundsätzlich an jeden Inhaber des Sparbuchs zahlen darf (§ 808 Abs. 1 BGB). Die Bank muss zudem deutlich und ausdrücklich darauf verweisen, dass das Sparbuch bzw. der ihm zugrunde liegende Sparvertrag eine bestimmte Kündigungsfrist hat, bei deren Unterschreiten der Kündigende Abschlagszinsen hinzunehmen hat.

Das Fehlen eines Hinweises auf die abzuziehenden Zinsen im Fall der vorzeitigen Kündigung löst einen Schadenersatzanspruch aus. Dieser ist nicht sogleich in Geld abzugleichen. Der schadenersatzrechtliche Grundsatz der Naturalrestitution nach § 249 Abs. 1 BGB fordert von der Bank, den geschädigten Bankkunden so zu stellen, wie er ohne den Beratungsfehler stünde. Erst wenn dies nicht möglich ist, entsteht ein Schadenersatzanspruch in Geld.
Dies bedeutet für den Fall einer Nichtaufklärung über Abschlagszinsen, den Kunden den Zinsabzug zu erlassen.

Das Aufklärungsverschulden bewirkt daher die Streichung aller Restriktionen, über die der Kunde ordnungsgemäß aufzuklären war.

Zu der Aufklärungspflicht zählt nicht nur die Bekanntgabe von Tatsachen. Die Aufklärungspflicht schließt ebenfalls die fachgerechte Bewertung dieser Tatsachen sowie die Mitteilung der aus ihnen zu ziehenden Schlussfolgerungen ein (OLG Karlsruhe, WM 1988, 411, 412). Das bloße Überlassen schriftlichen Informationsmaterials an den Kunden genügt daher zur Erfüllung ihrer Pflicht nicht. Die Bank ist vielmehr zu einer verständlichen Erörterung dieser Unterlagen verpflichtet. Hieraus ergibt sich die Pflicht, alle im Prospekt und dem sonstigen Werbematerial enthaltenen Widersprüche dem Kunden zu erläutern (BGH ZIP 1983, 433).

3.3.2 Spekulationsgeschäfte

Gegenüber den Aufklärungspflichten bei den geschilderten Bankgeschäften ergeben sich für den Inhalt und Umfang von Auskunftspflichten von Anlagegeschäften im Spekulationsbereich Besonderheiten: Spekulationsgeschäften, insbesondere Devisen- und Termingeschäften insbesondere Geschäften in Zertifikaten, ist zu eigen, dass sie ein hohes – kaum vom Kunden oder seiner Bank zu steuerndes und nur schwer zu prognostizierendes – Risiko für den Kunden beinhalten. Dieser Umstand ist auch dem Rat suchenden Kunden bekannt. Die Anforderungen an die Beratung hinsichtlich der *Prognose der Entwicklung von Gewinnchancen* der spekulativen Anlage sind daher gering anzusetzen (OLG-Frankfurt WM 1995, 245 ff., 247). Anderenfalls wäre die beratende Bank im Rahmen der Beratung von Anlagegeschäften zu hohen und für sie kaum übersehbaren Risiken ausgesetzt.

Diesem Umstand hat die Rechtsprechung Rechnung getragen (BGH WM 1985, 81; BGH WM 1987, 531; OLG Köln WM 1989, 402; OLG Karlsruhe WM 1988, 411). Sie hat die hohen Anforderungen, wie sie an die Beratungs- und Informationspflicht allgemeiner Bankgeschäfte zu stellen waren, für Spekulationsgeschäfte stark herabgesetzt. Zutreffend formuliert der Bundesgerichtshof (BGH WM 1987, 531):

»Eine Haftung kann sinnvoller Weise nur für die Richtigkeit und Vollständigkeit der Informationen und allenfalls für deren sorgfältige Auswertung gegeben sein, nicht aber dafür, ob eine etwa gegebene Anlageempfehlung sich im Nachhinein als richtig oder nicht richtig herausgestellt oder dafür, dass eine bestimmte Anlageempfehlung nicht gegeben wurde.«

Dies bedeutet: Für Ratschläge und Prognosen über die Gewinnentwicklung der Anlage – sofern die Information fachgerecht ermittelt und mitgeteilt wurde – haftet der Anlageberater nicht (BGH WM 1971, 987).

3.3.3 Fachgerechte Ermittlung und Auswertung der Informationen

Die Ermittlung und die Auswertung der Informationen, auf die der Anlageberater seine Beratung stützt, müssen fachgerecht sein. Dazu muss der Anlageberater
- über ausreichendes Wissen und aktuelle Fachkenntnis hinsichtlich des Produktes sowie der Ermittlung und Einschätzung von Risiken verfügen,
- stets auf dem neuesten Stand der Entwicklung sein und
- sich dazu aller zugänglichen Medien bedienen.

Dabei reicht es nicht aus, dass sich der Anlageberater lediglich einen groben Überblick über das Geschehen am Kapitalmarkt verschafft (auch: BGH WM 82, 90 ff., BGH Z 74, 103, 111).Von der anlageberatenden Bank verlangt die Rechtsprechung sogar die eigene Bonitätsprüfung des Emittenten (BGH NJW 1993, 2433 – sog. Bond-Urteil). Um seiner Ermittlungspflicht zu genügen, darf der Berater sich nicht ausschließlich auf Jahresabschlüsse und Börsenzulassungsprospekte verlassen. Denn diese gewähren keine aktuelle Information hinsichtlich der Bonität (BGH NJW 1993, 2433).

Ebenfalls genügt nicht, dass er sich ausschließlich mittels »unspezifischer Quellen« – z. B.: Blick in die Tageszeitung – informiert, wobei die in- und ausländische Wirtschaftspresse eine wichtige Informationsquelle ist. Die erforderlichen Fertigkeiten erwirbt der Anlageberater insbesondere durch entsprechende Aus- und Weiterbildung, Anlageberatungs-Seminare, kontinuierliche Beobachtung des Marktes sowie durch ständige Lektüre von Fachzeitschriften, Börsenbriefen und Wertpapieranalysen. Der Berater muss alle ihm zur Verfügung stehenden, fachbezogenen Quellen ausschöpfen, bis er sich ein fundiertes, zuverlässiges Bild von der Anlage, ihren Risiken und dem allgemeinen Marktgeschehen verschafft hat (BGH NJW 1982, 2833, 2835; BGH NJW 1978, 997 ff., 998). Als Informationsmedien kommen insbesondere in Betracht: aktuelle Fachzeitschriften, externe Informationsdienste wie Reuters-Nachrichtenticker oder Bloomberg, Unternehmensdatenbanken, bankinterner Research, internet-basierte Börseninformationen sowie Abfragen bei seiner Zentralbank oder übergeordneten Wertpapierberatungseinheit. Informiert sich der Anlageberater nicht ausreichend, ist ein Schadenersatzprozess vorprogrammiert. Der Anlageberater kann sich nicht darauf berufen, er habe das nötige Fachwissen zur Analyse eines bestimmten Produktes nicht gehabt oder ihm stünden an seinem Arbeitsplatz nicht die oben bezeichneten Informationsmedien zur Verfügung.

3.3.4 Haftung für Informationen von Dritten

Die Produktrecherche kann u. U. sehr zeitaufwendig oder, wie oben beschrieben, dem örtlichen Anlageberater nur schwer möglich sein, er muss dann jedoch diese Information bei der übergeordneten Zentrale, der Researchabteilung oder Dritten einholen.

Inwieweit der Berater für die Richtigkeit dieser Drittinformation haftet, ist ein in der Praxis besonders dringliches Problem. Hierzu hat die Rechtsprechung folgende Grundsätze festgelegt:
- Das anlageberatende Institut kann sich grundsätzlich auf ihm gelieferte Testate von Steuerberatungs-, Wirtschaftsprüfungsgesellschaften verlassen (BGH NJW 1982, 2833 ff., 2835).
- Etwas anderes gilt, wenn der Anlageberater die Unzuverlässigkeit der Information kennt oder davon ausgehen muss. Dies ist etwa bei wiederholten Fehlern der Informationswie-

dergabe oder -ermittlung bzw. beim Verdacht der Parteilichkeit der Informationswiedergabe der Fall.

- Dies ist auch der Fall, wenn Zweifel an der Richtigkeit oder Aktualität der im Testat enthaltenen Information bestehen oder bestehen müssten, z. B. wenn Downratings, Brancheninformationen, Negativmeldungen der Wirtschaftspresse, usw. der Korrektheit und Aktualität des Testats entgegenstehen. Testate von Wirtschaftsprüfern bieten hier keine Verlässlichkeit hinsichtlich der Ermittlung der Schuldnerbonität (für eine Vielzahl von Entscheidungen: BGH NJW 1993, 2433).
- Auf Bankauskünfte kann der Berater i.d.R. seine Beratung stützen.
- Bei der Verwendung von Publikationen der Börseninformationsdienste muss der Berater dagegen kritischer sein (BGH Z 70, 356 ff. (Börsendienst)). Hier empfiehlt sich die Absicherung der empfangenen Information durch weitere eigene oder dritte Quellen.

4 Sonderfrage Anlageberatung/Anlagevermittlung

Die Anforderungen an die Beratung im Rahmen der Geschäftsvermittlung sind grundsätzlich geringer anzusehen als bei der Anlagenberatung (BGH WM 1993, 1238). Den Anlageberater treffen neben den Aufklärungs- und Informationspflichten der Anlagevermittlung (BGH WM 1987, 531; siehe oben) im Fall der Anlageberatung zusätzliche Beratungspflichten. Diese ergeben sich aus dem Beratungsvertrag (dazu siehe oben). Der Anlageberater schuldet im Rahmen dieses Vertrages nicht nur eine Aufklärung des Kunden, sondern eine auf dessen persönlichen Verhältnisse bezogene Beratung über die Eigenschaften, die Risiken und den Nutzen der Anlage, die für den Anleger individuell bedeutsam sein können (BGH NJW 1993, 2433). Der Anlageberater haftet folglich sowohl für die Verletzung von Auskunftspflichten die sich für einen Anlagevermittler ergeben, als auch für die Nichtbeachtung der (zusätzlicher) Pflichten, die ihm bei der Anlageberatung obliegen. Die Anlageberatung muss dem Kunden ein vollständiges Verständnis nicht nur über die Anlage selbst, sondern auch über deren wirtschaftlichen Nutzen für den Kunden vermitteln. Der Anlageberater genügt seiner Pflicht nur dann, wenn er mit dem Kunden in einem persönlichen, speziell auf dessen Erkenntnisfähigkeit zugeschnittenen Beratungsgespräch die Vor- und Nachteile des Geschäftes abwägt. Aus diesem Grunde kann sich ein Anlageberater zum Ausschluss seiner Haftung nicht etwa darauf berufen, der Kunde habe aus den erteilten Informationen die richtigen Schlussfolgerungen selbst ziehen können.

5 Sonderfrage Nachträgliche Informationspflichten, Erkundigungs- und Überwachungspflichten

Es bestehen grundsätzlich keine nachträglichen Hinweis- oder Beratungs- bzw. Überwachungspflichten der Bank. Eine derartige Pflicht ergibt sich weder aus dem Beratungsverhältnis noch aus einem Depot-, geschweige denn aus einem Bankvertrag. Hat die Bank den Vertrag fehlerfrei erfüllt, erlischt er; § 362 BGB. Es gibt mithin keine fortdauernde Beratungspflicht nach Anlageerwerb (OLG Karlsruhe WM 1992, 577; OLG Frankfurt WM 1994, 234). So besteht keine Pflicht

- nach Anlageerwerb, über die schwindende Bonität des Emittenten zu unterrichten (LG Hamburg WM 1994, 2014 – zu einer Bond-Anleihe; OLG Köln WM 1989, 402 – zu Puma-Aktien) oder
- Kupons bei ihrer Einlösung zu kontrollieren (AG München, WM 1993, 1035).
- Der Bank obliegt auch keine Pflicht zum Hinweis auf Kündigungsmöglichkeit einer im Tafelgeschäft erworbenen Anleihe (auch nicht *beim* Anlageerwerb, vgl. LG Ellwangen WM 1992, 53).
- Ebenfalls ist die anlageberatende Bank nicht verpflichtet, den Kunden bei vorzeitiger Kündigung von Anleihen zu benachrichtigen (OLG Köln WM 1985, 1414).
- Sie trifft ferner keine Pflicht, noch nicht erledigte Kundenaufträge ständig daraufhin zu überprüfen, ob sie aufgrund der aktuellen Börsenentwicklung zu einem bestimmten Zeitpunkt noch Gewinn versprechend sind oder nicht (OLG Frankfurt WM 1994, 234).

Etwas anderes kann allenfalls dann gelten, wenn eine solche Pflicht zwischen der Bank und dem Kunden vereinbart worden ist. Eine derartige Vereinbarung zur Vermögensbetreuung ist in der Praxis eher selten. Sie dürfte mit hohen Kosten verbunden sein. Die Rechtsprechung bejaht solche zeitlich nachwirkenden Überwachungs- und Informationspflichten lediglich im Fall eines zwischen dem Kunden und der beratenden Bank separat abgeschlossenen Vermögensverwaltungs- oder Depotüberwachungsvertrag (BGH ZIP 1994, 693 = WM 1994, 834).

6 Grenzen der Anlageberatungs- und Aufklärungspflicht

Die Aufklärungspflicht und die Beratungspflicht gilt nicht unbegrenzt: Neben den rechtlichen Grenzen der Informationserteilung, etwa dem Verbot der Weitergabe von Insiderinformation oder Datenschutz- oder Bankgeheimnissen bzw. den Beratungsverboten in Rechts- und Steuerangelegenheiten, tritt eine faktische Grenze der Beratungspflicht gegenüber dem Kunden – insbesondere durch dessen Verzicht auf die Beratung – ein.

6.1 Beratungsverzicht des Kunden

Die Beratungspflicht ist kein Selbstzweck. Sie entfällt notwendigerweise, wenn der Kunde der Bank unmissverständlich signalisiert, dass er keine Beratung wünscht und/oder auf eine Informations- bzw. Beratungsleistung verzichtet. In einem solchen Fall entfällt nicht nur die Verpflichtung zur Beratung und Kundenaufklärung. Der Verzichtende verliert auch seine Rechte auf Schadenersatzleistung, sollte er bei dem getätigten Geschäft Verluste erleiden.

Der Bankkunde kann ausdrücklich auf die Durchführung von Aufklärung und Beratung verzichten, im Einzelfall ist aber auch die Annahme eines Beratungsverzichtes durch schlüssiges (konkludentes) Verhalten möglich: So verliert ein Kunde, der sich gegenüber der Bank als Branchenkenner ausgibt, seinen Anspruch auf intensive Beratung (OLG Düsseldorf ZIP 1990, 1396). Zum Beratungsverzicht beim Direktbanking verweisen wir auf frühere Ausführungen.

- Der Berater darf allerdings den Verzicht auf die Beratung nicht provozieren. Dies wäre etwa der Fall, wenn der Anlageberater den Kunden unter Hinweis auf dessen ohnehin beschränktes Aufnahmevermögen, mit den Worten: »muss ich Ihnen denn das noch mal erklären«, oder »das werden Sie doch wohl jetzt verstanden haben«, veranlasst, auf eine weitere Beratung zu verzichten.

- Auch der dringliche Hinweis auf die dem Berater zur Verfügung stehende knappe Zeit darf nicht den Verzicht des Kunden auf eine ausführliche Beratung herausfordern.

Aus beweisrechtlichen Gründen empfiehlt es sich zwingend, den Verzicht des Kunden auf (weitere) Beratung zu dokumentieren. Dies kann entweder durch die Aufnahme eines vom Kunden unterschriebenen Vermerkes (etwa im Beratungsprotokoll) oder durch die Hinzuziehung von Zeugen (etwa Mitarbeiter oder/und Auszubildende der Bank) geschehen. Eine solche Absicherung vermeidet möglicherweise auftretende »Beweisschwierigkeiten« der Bank in einem Prozess.

6.2 Haftungsausschluss und Haftungsbeschränkung

Trotz einer fehlerhaften und schuldhaften Anlageberatung können daraus resultierende Schadenersatzansprüche des Anlegers ausgeschlossen oder in ihrem Umfang zum Teil erheblich reduziert sein. Tatbestände eines solchen »Haftungsausschlusses« bzw. einer »Haftungsbeschränkung« sind: die Verjährung des Anspruches, der Ausschluss der Haftung durch einen Vertrag oder AGB und/oder ein Mitverschulden des Kunden.

6.2.1 Verjährung

Entscheidend für die Geltendmachung von Schadenersatzansprüchen ist die Frage nach deren Verjährung: Der Anspruchsberechtigte kann sich trotz Bestehen des Anspruches nicht mehr auf ihn berufen, wenn die Zeit abgelaufen ist, in der der Anspruch verjährt. Die »Verjährung« ist, juristisch gesehen, eine »Einrede«, d.h. der Haftende muss im Prozess die Einrede der Verjährung selbst geltend machen. Vergisst er dies, bleibt die tatsächlich bestehende Möglichkeit des Haftungsausschlusses vom Gericht unbeachtet. Die zeitliche Grenze einer Haftung bestimmen daher die Verjährungsfristen. Diese sind – je nach Art des Anspruches – sehr unterschiedlich (vgl. Abbildung 1).

Art des Anspruchs	Verjährungsfrist	Norm	Fristberechnung
Schadenersatz vertragliche/ deliktische Ansprüche bei: falscher od. fehlender Information (zu den Haftungstatbeständen siehe Kapitel 1)	3 Jahre	§ 37 a WpHG	Fristberechnung je nach Besonderheit des einzelnen Anspruchs
Allgemeine Prospekthaftung	1 Jahr spätestens 3 Jahre	§ 127 Abs. 5 InvG	Fristbeginn: nach Kenntnis des Bankkunden über Unrichtigkeit der Prospektmangels 3 Jahre nach Abschluss des Kaufvertrages
Gesetzliche Prospekthaftung (§ 44 BörsG i.V.m. § 13 VerkprospG)	1 Jahr spätestens 3 Jahren	§ 46 BörsG	Fristbeginn: 1 Jahr: ab Kenntnis der Prospektmängel 3 Jahre ab der Veröffentlichung des Prospektes

Abb 1: Verjährungsfristen

6.2.2 Der Haftungsausschluss

Banken und Kreditinstitute sind bemüht, ihre Haftung für ein Aufklärungs- und Beratungsverschulden auszuschließen oder einzuschränken. Dieses erscheint entweder durch einzelvertragliche Abrede mit dem einzelnen Kunden oder durch allgemeine Geschäftsbedingungen denkbar.

6.2.2.1 Der vertragliche Haftungsausschluss

Typisch für den einzelvertraglichen Haftungsausschluss bei Auskünften und Beratungen sind die Formulierungen *»unverbindlich«* oder *»ohne (unser) Obligo«*. Da es sich hierbei um eine »einzelvertragliche« Haftungsfreizeichnung handelt, ist diese in weiten Grenzen des § 276 BGB zulässig (BGH Z 20, 164; BGH Z 38, 183; BGH WM 1974, 273; BGH). Nur die Vereinbarung einer Haftungsfreizeichnung wegen vorsätzlich fehlerhafter Aufklärung und Beratung ist ausgeschlossen.

Besonderheiten gelten dabei jedoch für informierende Bankinhaber sowie für Organe des Kreditinstitutes und leitende Angestellte in vergleichbarer Stellung. Diese Personen genießen – auf Grund ihrer besonderen Kompetenz – einen großen Vertrauensvorschuss beim Kunden. Der Haftungsausschluss wegen grober Fahrlässigkeit ist für den Bankinhaber oder die Organe und berufenen Vertreter der Bank nach Sicht der Rechtsprechung ausgeschlossen (WM 1972, 585; BGH WM 1973, 165; BGH WM 171, 818); für leitende Angestellte, die eine dem Bankleiter bzw. den Organen vergleichbare Funktion ausüben (Canaris, Bankvertragsrecht Rn. 1280 Nr. 10 Abs. 2 Satz 2)).

Die praktische Schwierigkeit der einzelvertraglichen Haftungsfreistellung besteht darin, dass sie vor Abschluss des Bank- bzw. Beratervertrages nur mit Einvernehmen des Kunden eingeführt werden kann. Der Kunde ist somit nicht verpflichtet, einen einseitigen Haftungsausschluss der Bank zu akzeptieren. Er wird sich unter Umständen ein anderes Kreditinstitut suchen, wenn er darauf hingewiesen wird, dass eine Haftung der Bank für eine Falschberatung ausgeschlossen sein soll. Der Anlageberater sollte das Risiko des Verlustes des Kunden bei einem Vorschlag des Haftungsausschlusses stets sorgfältig abwägen, mit dem Risiko eines Schadenersatzanspruches bei fehlerhafter Beratung.

6.2.2.2 Die Haftungsfreizeichnung durch Allgemeine Geschäftsbedingungen (AGB)

Der vertragliche Ausschluss von Schadenersatz ist in der Bankpraxis selten. Häufiger kommt dagegen der Haftungsausschluss durch die AGB der Kreditinstitute vor. Die Verwendung der AGB zur Haftungsfreistellung der Kreditinstitute bei Aufklärungs- und Beratungsverschulden ist rechtlich problematisch: Allgemeine Geschäftsbedingungen sind für eine Vielzahl von Verträgen vorformulierte Vertragsbedingungen. Im Unterschied zu der einzelvertraglichen Haftungsfreistellung braucht bei ihnen keine vertragliche Einigung über die Geltung zwischen dem Kunden und der Bank erreicht werden. Der Verwender der AGB (Bank) legt vielmehr von sich aus die Bedingungen fest und stellt sie einseitig dem Kunden (§ 305 Abs. 1 BGB). Entsprechend umfassender als bei der einzelvertraglichen Haftungsfreizeichnung ist daher der Schutz, den der Gesetzgeber und die Rechtsprechung dem Kunden bei der Haftungsfreizeichnung durch AGB einräumen.

6.2.2.3 Wirksame Einbeziehung der AGB

Allgemeine Geschäftsbedingungen sind nur dann gültig, wenn sie wirksam in den Vertrag einbezogen wurden. Dazu bedarf es – vor Abschluss des Vertrages – eines ausdrücklichen oder durch einen Aushang vermittelten Hinweises auf die AGB und der Möglichkeit des Kunden, von ihnen Kenntnis zu nehmen (§ 305 Abs. 1 BGB). Oftmals kommt eine Kenntnisnahmemöglichkeit des Kunden zu kurz. Der Haftungsausschluss hat dann keine rechtliche Wirkung (BGH Z 3, 203; BGH Z 9, 3; BGH Z 12, 142; BGH Z 18, 99).

Der Hinweis muss vor oder unmittelbar bei dem Vertragsabschluss erfolgen. Nicht ausreichend ist die Praxis, den Kunden nach erfolgreich getätigtem Geschäft die AGB auszuhändigen und erst dann auf diese hinzuweisen.

- In Banken und Sparkassen gilt eine Vielzahl von AGB. Der Berater darf den Kunden bei der »Wahl«, welche der AGB jetzt für das Geschäft gelten, nicht alleine lassen. Er muss die einschlägigen AGB ausdrücklich bezeichnen. Anderenfalls fehlt dem Kunden grundsätzlich die Möglichkeit der ausreichenden Kenntnisnahme der einschlägigen AGB.
- Ändern sich in der Laufzeit des Geschäftes die AGB inhaltlich, so ist der Kunde auch hierauf hinzuweisen. Es empfiehlt sich hierzu ein Hinweis
  - auf die regelmäßig vom Kunden abzuholenden Kontoauszüge,
  - eine ins Auge fallende Bekanntmachung (etwa übergroßer, und/oder farbiger Plakataushang in der Schalterhalle),
  - die Mitteilung in einem gesonderten Brief oder – aus Beweisgründen im Einzelfall sogar – mit einem Einschreiben mit Rückschein.

Selbst bei ordnungsgemäßer Kenntnisnahme des Kunden von den AGB der Kreditinstitute besteht die Gefahr, dass der Kunde durch die einseitige Haftungsfreistellung vom Vertragsabschluss absehen wird. Wie auch beim Haftungsausschluss durch den Einzelvertrag (siehe oben) sollte der Berater damit rechnen, dass der Kunde nach Kenntnis der AGB auf den Abschluss des Geschäftes verzichtet. Auch hier muss der Anlageberater das Risiko des Verlustes des Kunden sorgfältig mit dem Risiko abwägen, im Falle der fehlerhaften Beratung und Informationserteilung – mangels Einbeziehung der gültigen AGBs – Schadenersatz zu leisten.

Sind die Allgemeinen Geschäftsbedingungen wirksam in den Vertrag einbezogen worden, so stehen ihrer Gültigkeit weiterhin inhaltliche Schranken entgegen:

- Wie sich auch – bei dem vertraglichen Haftungsausschluss – die Mitglieder der Organe der Bank sowie leitende Angestellte *nicht* auf ihre Haftungsfreizeichnung wegen Vorsatz und grober Fahrlässigkeit berufen können (siehe oben), so ist diesem Personenkreis die Berufung auf einen in AGB festgelegten Haftungsausschluss grundsätzlich verwehrt.
- Insbesondere der Gesichtspunkt des Organisationsverschuldens kann die Möglichkeit der Bank, sich auf ihre Haftungsfreizeichnung zu berufen, in der Praxis nahezu ausschließen. Ein Organisationsverschulden liegt u. U.. bereits dann vor, wenn die Bank keinen bzw. keinen ausgebildeten Anlageberater dem Kunden zur Verfügung stellt bzw. stellen kann. Darüber hinaus bestehen inhaltliche Grenzen der AGB. Die Bank darf den Kunden nicht einseitig und übermäßig durch die AGB benachteiligen (§§ 307 ff. BGB; insbes. 308, Nr. 1; 4, 7, 8, BGB; § 309 Nr. 1, 2, 7 und 8 (Haftungsausschluss oder -reduktion), 9, 11, 12 BGB).

6.2.3 Mitverschulden des Kunden

Ein Mitverschulden des Kunden ist bei der Festsetzung der Schadenshöhe gemäß § 254 BGB auf diese anzurechnen. Diese Rechtsbestimmung trägt dem Gedanken der persönlichen Eigenverantwortlichkeit für schadenverhütendes Verhalten Rechnung. Die Anerkennung eines Mitverschuldens unterliegt nach der Rechtsprechung sehr engen Grenzen. So ist ein Geschädigter – selbst bei seiner Zugehörigkeit zur selben Branche – nicht mitschuldig, falls er die Angaben eines Anlageberaters nicht auf deren Richtigkeit überprüft hat und der Berater auf den zeitigen Abschluss des Geschäftes drängt (BGH Z 74, 103). Andererseits liegt ein Mitverschulden insbesondere dann vor, wenn der Kunde:

- warnende oder differenzierende Hinweise des Verkäufers oder eines Dritten ausschlägt oder unbeachtet lässt (OLG Braunschweig WM 1994, 59 (Polly Peck); BGH NJW 1979, 1595.),
- den Umstand missachtet, dass ein Vermittler von Kapitalanlagen eigene, die Auskunft beeinflussende, wirtschaftliche Interessen verfolgt und daher erkennbar auch wirbt (BGH NJW 1982, 1095),
- ein von Dritten angetragenes Beratungsgespräch sucht, ohne die Risiken selbst oder im Beratungsgespräch prüfen zu lassen (BGH WM 1987, 1546) oder angebotene Informationen strikt ablehnt (vgl. Krimphove, Anlageberatung S. 80).
- Ebenfalls ist der Haftungsbeitrag um das Mitverschulden jenes Kunden zu mindern, der seiner beratenden Bank – trotz ihm bekannter Verdachtsmomente – blindlings vertraut (BGH NJW 1973, S. 456, 458).
- Von besonderer Bedeutung in der Anlageberatungspraxis ist die Fallgruppe des mitschuldigen Anlegers, der den Berater nicht darauf hinweist, dass:
  - er zu seiner Entscheidungsfindung noch weitere Informationen benötigt und/oder
  - er die ihm im Beratungsgespräch gegebenen Informationen teilweise oder vollständig nicht versteht (vgl. Krimphove, Anlageberatung S. 80).
- Auch diese Sachverhalte bilden einen Grund, Schadenersatzansprüche des Kunden um dessen eigenen Verschuldensbeitrag zu mindern.
- Die Möglichkeit, den Schadensbetrag des Kunden zu mindern, ergibt sich ebenfalls, wenn der Kunde seinerseits nicht bemüht ist, das Ausmaß des bereits entstandenen Schadens nach Möglichkeit gering zu halten (Schadensminderungspflicht). Dies ist insbesondere der Fall, wenn die Bank den Kunden von dem drohenden Wertverfall seiner Anlage unterrichtet, der Kunde mit dieser Anlage aber noch weiterspekulieren möchte und sich daher von dieser nicht trennen will (OLG Celle, WM 1993, 191).

7 Darlegungs- und Beweislast

Insbesondere Laien ist der Umstand bekannt, dass »Recht haben« nicht bedeutet »Recht zu bekommen«. Oft scheitert die Geltendmachung berechtigter Schadenersatzansprüche an Beweisfragen. Das Kapitel der Darlegung und Beweislastverteilung zählt zu den schwierigsten im Recht der Anlageberatung.

7.1 Grundsätze

Bei der Darlegungs- und Beweislast gelten folgende Grundsätze:
- Derjenige, der sich auf das Vorliegen eines bestimmten tatsächlichen Umstandes beruft, hat diesen Umstand dem Gericht darzulegen und, falls der Prozessgegner widerspricht, auch zu beweisen.
- Gelingt ihm dies, hat der Prozessgegner alle für ihn sprechenden Umstände (z. B.: Tatsachen zur Widerlegung der vom Kläger behaupteten Umstände, neue Tatsachen, die ein Gegenrecht oder eine Einrede des Beklagten begründen) darzulegen bzw. beim Bestreiten auch zu beweisen.

Macht also der Kunde einen Schadensersatzanspruch wegen Informationspflichtverletzung geltend, hat zunächst der Kunde selbst alle Voraussetzungen, die einen Anspruch begründen könnten, darzulegen und ggf. auch zu beweisen.
- Gelingt dem Kläger der Nachweis des Verschuldens oder seines Schadens nicht, verliert er den Prozess.
- Hat er die für ihn sprechende Tatsache ausreichend dargelegt und erforderlichenfalls auch zur Überzeugung des Gerichts bewiesen, obliegt es dem Beklagten (i.d.R. der beratenden Bank), die vorgetragenen Umstände des Klägers zu entkräften bzw. die für sie sprechenden Tatsachen darzulegen und ggf. zu beweisen. Gelingt der beklagten Bank dieser Nachweis nicht, verliert sie den Prozess.

Können die Parteien das Gericht durch ihre Beweise nicht überzeugen, ergeht eine sogenannte »*Beweislastentscheidung*«, d. h. die Partei, die – nach den obigen Grundsätzen den Beweis zu liefern hat (Beweislast) – verliert den Prozess.

Um die Erfolgsaussichten eines Schadenersatzprozesses bei vermeintlicher Falschberatung richtig beurteilen zu können, ist also stets danach zu fragen, wen – im aktuellen Stadium des Prozesses – die Beweislast trifft.

7.2 Beweis der Ursächlichkeit zwischen Falschberatung und dem Schaden

Von dem obigen Grundsatz der Beweislastverteilung macht die Rechtsprechung eine Ausnahme, wenn es darum geht, nachzuweisen, dass gerade die Pflichtverletzung (= fehlerhafte, unvollständige Information) zu genau dem eingetretenen Schaden geführt hat (»*Kausalität*«).

Bleibt es bei dem oben vorangestellten Grundsatz, müsste der Kunden seine ursprünglichen Entscheidungsmotive darlegen und den Beweis erbringen, dass eine pflichtgemäße Beratung zu seiner nicht schadenbegründenden Entscheidung geführt hätte. Ein solcher Beweis ist zumindest einem banktechnisch unerfahrenen Kunden kaum möglich und daher dem Kunden nicht zuzumuten. Denn von dem Kunden kann nicht erwartet werden, dass er die ursächliche Verbindung zwischen einer fehlerhaften Beratung und dem konkret eingetretenen Schaden nachweist. Aus diesem Grunde hat die Rechtsprechung in den vergangenen Jahren vielfältig nach Möglichkeiten gesucht, dem Kunden den Beweis der Schadenskausalität zu erleichtern. Mit den Mitteln einer Annahme der Schadensursächlichkeit auf Grund einer »*allgemeiner Lebenserfahrung*« bei der Anlageberatung (BGH Z 47, 207; BGH WM 1962, 1110), der Beweislastumkehr bei Bestehen einer »*tatsächlichen Vermutung*« (BGH WM 1987, 1455), bis hin zu einer »*generellen Beweislastumkehr*« (BGH Z 61, 118) haben deutsche Obergerichte die grundsätzlich bestehende Beweispflicht des Klägers zu seinen Gunsten – und zu Lasten der Bank – reduziert. Heute vermutet die Rechtsprechung die

Ursächlichkeit der fehlerhaften Beratung für den eingetretenen Schaden. Sie geht also davon aus, dass der Kunde – wäre ihm die Information richtig und vollständig erteilt worden – auf den Erwerb der Anlage verzichtet hätte und es nie zu dem konkreten Schaden gekommen wäre (BGH Z 124, 151). Dies bedeutet: Der Anlagekunde muss letztlich nur den Verstoß des Anlagevermittlers/-beraters gegen die Aufklärungs- bzw. Beratungspflicht beweisen. Dass dieser Verstoß ursächlich den Schaden herbeigeführt hat, unterstellt das Gericht. Will der Anlageberater den Prozess nicht verlieren, trifft ihn dann die Notwendigkeit darzulegen und notfalls auch u.a. zu beweisen, dass ein Schaden auch bei richtigem Aufklärungsverhalten entstanden wäre (BGH WM 1984, 221,222; BGH WM 1992, 1935, 1937). Durch den Beweis einer solchen Behauptung kann er dann die obige Vermutung der Schadenskausalität – zu seinen Gunsten – widerlegen (OLG Köln NJW-RR 1995, 112).

7.3 Typische Beweislast des Beraters

Für alle Umstände, die ein Mitverschulden des Kunden begründen, ist der Berater darlegungs- und beweispflichtig. Denn auf diese Umstände beruft sich die beklagte Bank als ihr »Gegenrecht«.

- In der gleichen Weise hat der Berater darzulegen und beim Bestreiten durch den klagenden Kunden zu beweisen, dass der Kunde auf eine ausführliche Beratung verzichtet hat.
- Sie hat auch darzulegen, dass der Anspruch durch Zeitablauf verjährt ist oder
- dass ihre Haftung wirksam ausgeschlossen ist.

Liegen zwischen dem Beratungsgespräch und dem Prozess mehrere Jahre, gestaltet sich ein solcher Nachweis oft schwierig. Eine frühzeitige Berücksichtigung dieser Beweissituation – d.h. bereits beim Beratungs- und Aufklärungsgespräch – erspart Komplikationen in einem möglichen Prozess.

8 Zusammenfassung

Das Recht des Kunden, gegenüber der Bank Informationspflichten geltend zu machen beziehungsweise im Fall einer Falsch- oder Schlechtberatung von ihr Schadenersatz zu verlangen, hat gerade im Zusammenhang mit der Bankenkrise enorm an Bedeutung gewonnen. Das deutsche Recht – insbesondere die Rechtsprechung – ist für diese aktuelle Situation und die in ihr vorkommenden Rechtsfälle gut vorbereitet: Ergingen bisher Entscheidungen insbesondere zu Sachverhalten einer mangelhaften Beratung bei Anlagegeschäften, so können die hierzu entwickelten Grundsätze auch auf die Informationsverpflichtung der Bank bei den sogenannten alltäglichen Bankgeschäften (Kontoeröffnung, Abschluss eines Darlehns-/Kreditvertrags, Einzugsermächtigungen beziehungsweise Zahlungsanweisungen etc.) übernommen werden. Dies führt zu einem umfangreichen Kunden-Schutzsystem vor Falschberatung.

Die Frage, ob tatsächlich ein Schadensersatzanspruch des Kunden gegen seine Bank gegeben ist, ist immer eine Frage des Einzelfalls. Dieser ist zwar mit dem oben getätigten Ausführungen und den angebotenen Rechtsprechungshinweisen eindeutig zu beantworten, jedoch treten bei der Geltendmachung von Schadensersatzansprüchen im Einzelfall häufig Beweisprobleme auf. Auch spielen für die richterliche Entscheidung insbesondere die Fragen des Mitverschuldens und/oder der konkreten Informationsbedürftigkeit des Bankkunden eine erhebliche Rolle.

Die Kenntnis des Kundeninformationsrechts und des Anlageberatungsrechts – wie es oben wiedergegeben ist – und seine Vergegenwärtigung vor jedem neuen Bankgeschäft erleichtert erheblich die spätere Regulation von Information- und Beratungsverschulden. Auf der anderen Seite ermöglicht die Kenntnis der oben dargestellten Rechtslage eine vertrauensvolle Zusammenarbeit zwischen Bank und Kunden bei einem immer komplexer werdenden Angebot von Finanzierungsinstrumenten.

Checkliste: Durchführung der Anlageberatung für kleine und mittelständische Unternehmen

Das Bundesministerium für Ernährung, Landwirtschaft und Verbraucherschutz hat am 16.3.2009 eine Checkliste und einen Entwurf zu einem Beratungsprotokoll im Internet veröffentlicht. Beide Dokumente sind durchaus empfehlenswert. Sie richten sich allerdings vorwiegend an private Spekulanten und Kleinanleger. Sie berücksichtigen jedoch nicht hinreichend die typischen Interessen mittelständischer Unternehmer an einer geeigneten Unternehmensfinanzierung. Aus diesem Grund ergänzt der Beitrag die durchaus empfehlenswerten Dokumente zu der nachfolgenden, sich an den Bedürfnissen kleiner und mittelständische Unternehmen orientierenden Checkliste. Diese vermittelt nunmehr erstmalig speziell kleinen und mittelständischen Unternehmen – unter Berücksichtigung der Rechtsprechung – Tipps zur Vorbereitung eines Anlageberatungsgespräches, zu dessen Durchführung, ordnungsgemäßen Dokumentation und zur Durchsetzung von möglichen Schadensersatzansprüchen.

1. Vorbereitung des Anlagegesprächs

- Überprüfen Sie welchem Zweck die Anlage dienen soll. Mittelständische Unternehmen können z. B.:
  - durch Zinsen oder den Weiterverkauf der Anlage Unternehmensgewinne erzielen (Gewinnerzielungsabsicht),
  - das aktuell für den Geschäftsbetrieb nicht benötigte Kapital in einer Anlage »parken« (Spar- Rücklagenbildungsabsicht),
  - die Anlage zur Sicherung von eigenen Krediten einsetzen, um die eigene Finanzierung des Unternehmens etwa durch Verpfändung oder Sicherungszession der Anlage zu erleichtern (Finanzierungsabsicht),
  - eine Anlageform schaffen, um diese im Fall der Erbschaft einem Erbberechtigten gesondert vom Unternehmensvermögen bzw. anstatt einer Unternehmensbeteiligung zuweisen zu können (Erbschaftsausgleichsabsicht),
  - ethische Aspekte (Anlage nicht in Rüstungsunternehmen) und kaufmännische Gesichtspunkte (Anlage in das Unternehmen eines Geschäftspartners) berücksichtigen etc.
- Prüfen Sie im Vorfeld, ob sich ihre Absichten tatsächlich, wie rechtlich realisieren lassen. Hier ist gegebenenfalls eine »kurze« Beratung durch einen Rechtskundigen nötig, um Fehlinvestitionen zu vermeiden.

- Überprüfen Sie ferner, welches Kapital zum Erwerb der Anlage zur Verfügung steht, ob dieses Kapital sofort liquide ist oder erst durch langfristige/kostenaufwendige Geschäfte beschafft werden muss.

2. Anlageberatungsgespräch

- Vermeiden Sie jeglichen Zeitdruck bei der Vorbereitung ihrer Anlageentscheidung und planen Sie einen umfangreichen Zeitrahmen zur Durchführung des Anlageberatungsgespräches ein.
- Verzichten Sie in keinem Fall – z. B. aus Zeitgründen – auf eine ausgiebige und vollständige Beratung.
- Ein solch riskanter Beratungsverzicht erscheint nur dann gerechtfertigt, wenn Sie über ausgiebige, einschlägige Erfahrungen und Kenntnisse im Umgang mit diesem Anlageprodukt haben.
  Machen Sie dem Anlageberater deutlich, dass Sie mit der Anlageform nicht vertraut sind und daher eingehende Informationen wünschen.
- Schildern Sie dem Anlageberater Ihre Kenntnisse über und Erfahrungen mit Anlagen:
  - Welche Anlagen haben Sie bisher erworben (z. B.: Tages-, Termin-, Festgeld, Sparbuch, Sparbrief, Sparpläne mit Zinsstaffel/Prämie, Bausparverträge, Bundeswertpapiere, Unternehmensanleihen, Länderanleihen, Fremdwährungsanleihen, Offene/geschlossene Immobilienfonds, Rentenfonds, Aktien und Mischfonds, Aktien, Basket-, Bonus-, Express-, Discount-, Power-, Rohstoff-, Hebel-, kapitalgarantierte Zertifikate),
  - in welcher Kapitalhöhe (x Prozent des Unternehmenskapitals, des Privatvermögens) und
  - zu welchem Zweck (Gewinnerzielung, Spar-Rücklagenbildung, Erbschaftsregelung, Steuerersparnis etc., siehe dazu oben)?
- Welche Anlageform möchten Sie zur Realisierung des Anlagezweckes jetzt wählen? Weshalb?
- Sind Sie bereit, höhere Risiken einzugehen, um höhere Gewinne zu erzielen? Soll das Kapital möglichst sicher angelegt werden?
  Hier bestehen zahlreiche Alternativen: Die Zahlung der Anlageerträge (Zinsen, Dividenden) und die Rückzahlung des Anlagebetrages
  - ist in der gesamten Laufzeit der Anlage – bis zur Fälligkeit der Rückzahlung der Anlage – gesichert.
  - muss nur zum Laufzeitende gesichert sein (d. h. bei einer vorzeitigen Rückzahlung oder einem vorzeitigen Verkauf der Anlage können Verluste eintreten),
  - kann zum Ende der Laufzeit/während der Laufzeit geringer ausfallen (Aktien, Unternehmensbeteiligungen) oder ganz ausfallen (etwa: Termingeschäfte/Optionen),
  - unterschreitet einen von der Anlage unabhängigen Wert (Basiswert) eine bestimmte Grenze verfällt die Anlage und ihre Erträge vollständig (Zertifikate).
- Wie zahlungsfähig ist das Unternehmen bei dem Sie anlegen (besteht ein Unternehmens-Rating) und wie wird sich seine Zahlungsfähigkeit in Zukunft verändern?
- Wie lange ist das Kapital in dieser Anlageform gebunden ?
  - Kann diese Anlage kurzfristig in Geld aufgelöst werden? Mit welchen Verlusten?
  - Ist die Anlage am Markt selbstständig handelbar, sodass sie frei verkauft werden kann? Wenn ja, mit welchen Verlusten?
- Welche Art von Erträgen sollte die Anlage erbringen?
  - regelmäßige Auszahlung von Zinsen und Dividenden der Anlage,

- regelmäßige Rückzahlung der Anlage,
- einmalige Rückzahlung der Anlage
- sofortige/automatische Neuanlage der Erträge beziehungsweise der ausgezahlten Anlage.

Es ist Aufgabe des Anlageberaters, Sie über alle diesbezüglichen Risiken vollständig, korrekt und richtig aufzuklären. Ein Blick in die Zukunft ist ihm nicht möglich, allerdings muss er Prognoseentscheidungen sehr gut begründen.

- Diskutieren Sie mit dem Anlageberater ausgiebig die Anlageberatungsziele und die Möglichkeit ihrer Realisation mit der gewählten Anlageform.
- Fragen Sie – im eigenen Interesse – nach, sobald Sie eine Information nicht verstanden haben.
  (Die Verwendung von unverständlichen, meist englischen Begriffen und Produktbeschreibungen wie etwa Performance, Russian Depositary Index, DWS GO Easy Relax Bric Turob Certificat, u. a. sollte Sie misstrauisch machen. Kann ein Anlageberater Ihnen diese Begriffe nicht verständlich erklären – mit anderen Worten kann er Ihnen nicht klarmachen, was er Ihnen verkaufen will – sollten Sie unbedingt vom Kauf einer solchen Anlage absehen.)
- Lassen Sie sich von Ihrem Anlageberater mindestens vier weitere Anlagealternativen aufzählen und erklären. Vergleichen Sie diese Anlageformen im Hinblick auf die Realisierung Ihres Anlagezieles.
- Überprüfen Sie, durch schlichte Nachfrage, ob die Anlage aus der Bank oder Sparkasse des Anlageberaters stammt, bei der er angestellt ist.
- Fragen Sie den Anlageberater bei jeder Anlage welche Vergütung oder Provision der Abschluss der jeweiligen Anlageform einbringt.

3. Dokumentation

- Führen Sie während des Beratungsgesprächs ein Beratungsprotokoll und lassen Sie dieses vom Anlageberater unterschreiben.
  Dieses Protokoll dient nicht nur dem Nachweis, ob der Anlageberater Sie vollständig und richtig aufgeklärt hat bzw. der Erleichterung eines Beweises in einem Zivilprozess, sondern auch der Dokumentation der Verkaufsverhandlungen und damit als Gedächtnisstütze für beide Parteien. Ein zuverlässiger Anlageberater wird daher keine Bedenken haben, ein solches Protokoll zu unterschreiben.
- Aus den gleichen Gründen können Sie zum Beratungsgespräch andere Personen als Zeugen mitbringen.
  Achten Sie darauf, dass diese Personen von Ihnen persönlich und finanziell unabhängig sind, sodass deren Aussage in einem möglichen Gerichtsverfahren als glaubwürdig zu werten ist.
  Auszubildende, abhängig beschäftigte Arbeitnehmer, insbesondere solche die nichts mit der Finanzierung Ihres Unternehmens zu tun haben, oder der Ehepartner beziehungsweise Ihre Kinder eignen sich als Zeugen grundsätzlich nicht.

4. Durchsetzung möglicher Ansprüche

- Sollten Sie den Eindruck haben, Ihnen stünde ein Schadensersatzanspruch gegen den Anlageberater beziehungsweise das von ihm vertretene Bankhaus zu, weil sie falsch beraten worden sind, prüfen Sie zunächst, ob dieser vermeintliche Anspruch nicht bereits verjährt ist. (Verjährung der Schadensersatzansprüche drei Jahre ab Ende des Jahres in dem die falsche Beratung stattgefunden hat und in dem der Anleger vom Beratungsfehler wusste bzw. den Beratungsfehler – bei der ihm zumutbaren Sorgfalt – hätte erkennen können.)

- Um einen Schadensersatzanspruch führen zu können, benötigen Sie einen Rechtsanwalt nur dann, wenn Ihre Schadensbegehren über 5.000 Euro liegt. Oftmals empfiehlt sich – aufgrund der rechtlichen Schwierigkeit des Einzelfalls – auch bei Schadenersatzklagen von 5.000 Euro und weniger einen fachkundigen Rat einzuholen.

Literatur

Canaris, C.-W. u. a.: Handelsgesetzbuch, Großkommentar, Bd. 5, Bankvertragsrecht, 4. Aufl. Berlin, 2005.

Krimphove. D.: »Zertifikathandel in Deutschland«, in: Finanzbetrieb, 2006, S. 255 ff.

Krimphove, D./Regel, D. M.: Erfolgreiche Anlageberatung – Produktwissen und Aufklärungspflichten bei Aktien, Anleihen, Investmentfonds und Derivate, Stuttgart, 2002.

Krimphove, D.: Anlageberatung. Das System der zivilrechtlichen Haftung von Kreditinstituten, Frankfurt a. M. 1996.

Rollinger, N.: Aufklärungspflichten bei Börsentermingeschäften, Göttingen 1990.

Mezzanine-Finanzierung – eine Alternative zum Bankkredit

Andrea Martens

1 Einleitung

Kaum ein anderes Finanzierungsinstrument hat in den vergangenen Jahren hierzulande einen solchen Siegeszug erlebt wie die Mezzanine-Mittel, die ihren Namen einer Zwischenposition zwischen Eigen- und Fremdkapital verdanken. Seit die HypoVereinsbank (HVB) gemeinsam mit der Schweizer Capital Efficiency Group (CEG) als erster deutscher Anbieter ein kapitalmarktfähiges Mezzanine-Programm auf den Markt brachte, erlebten verbriefte Genussrechte einen wahren Boom. Unter dem Namen Preps (Preferred Pooled Shares) ging das HVB/CEG-Programm 2004 an den Start und rief zahlreiche Nachahmer auf den Plan. Bis zum Frühjahr 2007 folgten sieben weitere Geschäftsbanken. Das Volumen der ausgereichten Mezzanine-Tranchen belief sich bis Mitte 2007 auf rund 4,4 Milliarden Euro, über 700 Unternehmen wurden mit dem Kapital finanziert.

Im Mittelstand, so warben die Anbieter, sollte das Instrument die traditionell dünnen Eigenkapitalquoten stärken und den Unternehmen damit auch einen besseren Zugang zu Fremdkapital verschaffen. Da die Banken bereits im Vorfeld von Basel II bei der Kreditvergabe höhere Anforderungen an die Eigenkapitalausstattung stellten, wurde Mezzanine als neuer Königsweg in der Mittelstandsfinanzierung gepriesen. Betrachtet man jedoch die Nutzungsquoten, so wird schnell klar, dass die tatsächliche Bedeutung mezzaniner Finanzierungen für mittelständische Unternehmen hinter dem Boom des Instruments deutlich zurückblieb. So belief sich die Summe der ausgereichten Tranchen verbriefter Mezzanine-Mittel im Jahr 2006 bereits auf über 1,6 Milliarden Euro. Die Mittelstandsstudie »MIND 2006 – Aufschwung aus eigener Kraft« des Deutschen Sparkassen- und Giroverbandes ergab jedoch, dass im selben Zeitraum lediglich 0,9 Prozent der rund 1,3 Millionen analysierten Unternehmen mit einem Umsatz ab 100.000 Euro p.a. Mezzanine-Kapital nutzten.

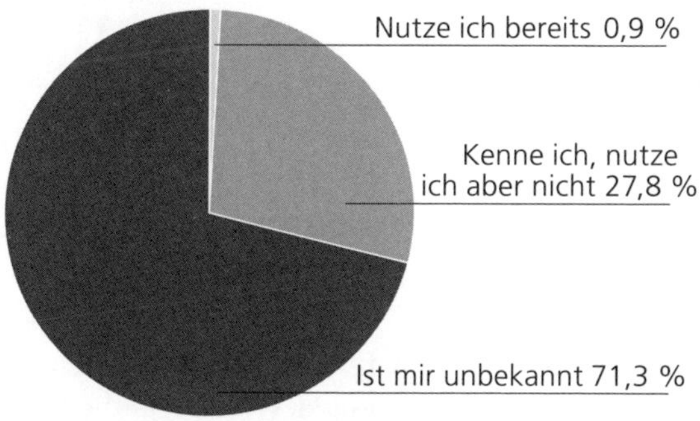

Quelle: Deutscher Sparkassen- und Giroverband (DSGV): Studie MIND 2006, Aufschwung aus eigener Kraft

Abb. 1: Nutzung von Mezzanine-Kapital

Die Zurückhaltung deutscher Mittelständler gegenüber dem – vermeintlich – neuen Finanzierungsinstrument kann zum Teil sicher durch das über Jahrzehnte gewachsene Vertrauen in die Hausbankbeziehung und eine traditionelle Präferenz klassischer Bankdarlehen erklärt werden. Vor allem jedoch ist die Ursache in den Besonderheiten des Produkts und seinen Angebotsformen zu suchen. Mezzanine mag ein neuer Begriff sein, die zugrunde liegenden Finanzierungsinstrumente – allen voran Nachrangdarlehen, Genussrechte und stille Beteiligungen – existieren jedoch bereits seit Jahrzehnten. Bis zum Jahr 2004 waren diese Instrumente in Deutschland allerdings nur maßgeschneidert für Unternehmen mit Jahresumsätzen jenseits der 50-Millionen-Euro-Grenze, mit ausgezeichneten Bonitäten und stabilen Cashflows verfügbar.

Erst das Vordringen standardisierter, verbriefter Mezzanine-Programme ab 2004 verringerte die Zinssätze erheblich, da die Banken die ausgereichten Genussrechte bündelten und am Kapitalmarkt platzierten. Infolge des hohen Wettbewerbs unter den Anbietern waren Konditionen von unter sechs Prozent sowie geforderte Bonitäten im Non-Investmentgrade-Bereich keine Seltenheit. Es blieben jedoch die hohen Losgrößen für einzelne Finanzierungen von mindestens einer Million Euro, ebenso der geforderte Mindestumsatz der zu finanzierenden Unternehmen von zehn Millionen Euro p.a., Mittelständler mit geringeren Umsatzgrößen und kleinerem Finanzierungsbedarf konnten folglich auch von standardisierten Mezzanine-Programmen nicht profitieren.

Entgegen vielen Behauptungen in Finanzpresse und Fachliteratur sind Mezzanine-Instrumente keinesfalls als generelles Patentrezept gegen die traditionell niedrigen Eigenkapitalquoten im deutschen Mittelstand zu betrachten. Zwar ist es richtig, dass die hybriden Finanzierungen die Eigenkapitalbasis stärken können. Sie stehen jedoch nur Unternehmen offen, die bereits über eine gesunde Ausstattung mit Eigenmitteln verfügen. Für Mittelständler mit stabilem Cashflow und guten Wachstumsperspektiven kann Mezzanine aber auch in Zeiten der Finanzkrise und trotz des Zusammenbruchs des Verbriefungsmarktes eine höchst attraktive Alternative darstellen.

Das vorliegende Kapitel beschreibt die Funktionsweise von Mezzanine-Finanzierungen und stellt die verschiedenen Instrumente dar. Weiterhin werden die Vor- und Nachteile und des Mezzanine beleuchtet. Die Kriterien und Anforderungen, denen mittelständische Unternehmen gerecht werden müssen, um Mezzanine-Mittel zu erhalten, werden ebenso beschrieben wie aktuelle Marktentwicklungen.

2 So funktioniert Mezzanine

2.1 Definition und Abgrenzung des Begriffs

Der Begriff Mezzanine kommt vom italienischen »mezzanino« und bezeichnet in seiner Ursprungsbedeutung ein Zwischengeschoss zwischen zwei Etagen eines Gebäudes. In der Unternehmensfinanzierung nehmen Mezzanine-Instrumente eine Position zwischen Eigen- und Fremdkapital ein und vereinen je nach Ausgestaltung des Vertrages die Vorteile dieser Finanzierungsmittel. Im Idealfall profitieren Unternehmen von Mezzanine einerseits über eine Stärkung ihrer Eigenkapitalquote. Gleichzeitig können sie die Finanzierungskosten steuerlich geltend machen, weil der Fiskus die hybriden Instrumente als Fremdkapital einstuft. Um zu erkennen, welche Voraussetzungen eine Mezzanine-Finanzierung erfüllen muss, damit diese Idealkombination erreicht wird, ist es wichtig, die typischen Eigenschaften von Eigen- und Fremdkapital zu beleuchten.

Eigenkapital haftet im Insolvenzfall voll, steht unbefristet zur Verfügung, wird gewinnabhängig vergütet und nicht getilgt. Fremdkapital hingegen haftet nicht, steht nur zeitlich begrenzt zur Verfügung, wird getilgt und nicht gewinnabhängig vergütet. Die Bereitstellung und die Kosten sind abhängig von der Bonität und zumeist auch von Sicherheiten. Die Eigenschaften von Eigen- und Fremdkapital werden bei Mezzanine-Finanzierungen sozusagen nachgebildet und teilweise verknüpft. Je nach Bedürfnis des zu finanzierenden Unternehmens kann dies auf unterschiedliche Art geschehen. Gewisse charakteristische Kennzeichen weisen jedoch alle Mezzanine-Instrumente auf. Dazu gehören die Nachrangigkeit, eine flexibel gestaltete und meist endfällige Vergütung, die langfristige Überlassung des Kapitals und der Verzicht auf Sicherheiten. Zudem ist es typisch, dass – anders als etwa bei Private-Equity-Finanzierungen – nicht in die Eigentumsstruktur des Unternehmens eingegriffen wird.

2.2 Die typischen Merkmale einer Mezzanine-Finanzierung

2.2.1 Nachrangigkeit

Das wichtigste Kennzeichen jeder Mezzanine-Finanzierung ist die Nachrangigkeit. Diese führt dazu, dass der Geber des Mezzanine-Kapitals im Falle einer Firmeninsolvenz erst nach den Fremdkapitalgebern und anderen Gläubigern bedient wird. Die Nachrangigkeit begründet im Wesentlichen auch die Anerkennung von Mezzanine-Mitteln als wirtschaftliches Eigenkapital. Zu unterscheiden ist zwischen einem einfachen und einem qualifizierten Rangrücktritt. Während der einfache Rangrücktritt innerhalb der Laufzeit jederzeit zurückgenommen werden kann, ist der qualifizierte Rangrücktritt absolut verbindlich. Im Insolvenzfall wird der Mezzanine-Finanzierer somit lediglich vor den Gesellschaftern, also an vorletzter Stelle bedient. Damit Mezzanine-Mittel in den Ratingprozessen der Banken oder Ratingagenturen als wirtschaftliches Eigenkapital eingestuft wird, ist immer ein qualifizierter Rangrücktritt erforderlich.

2.2.2 Flexible Vergütung

Aufgrund der Nähe zum Eigenkapital und des damit verbundenen hohen Verlustrisikos verlangen Mezzanine-Anbieter eine Vergütung, die über den Zinssätzen für Fremdkapital liegt. Allerdings fällt die Verzinsung niedriger aus als die Renditen, die Eigenkapitalgeber erwarten. Die Vergütung kann vollkommen flexibel gestaltet werden. Üblich ist meist eine feste Verzinsung zusammen mit einem variablen Anteil, der zuweilen an den Unternehmenserfolg gekoppelt ist. Die Zinsen können während oder – wie in den meisten Fällen – am Ende der Laufzeit gezahlt werden. Der Vorteil der endfälligen Variante besteht darin, dass der Cashflow während der Laufzeit nicht belastet wird, sodass dem Unternehmen ein größerer finanzieller Freiraum bleibt. Möglich ist zudem ein sogenannter Equity Kicker, bei dem der Kapitalgeber am Ende der Finanzierung das Recht hat, Gesellschaftsanteile zu einem vorher bestimmten Preis zu erwerben (Option). Er kann sich auch einen Teil der zur Verfügung gestellten Mezzanine-Mittel über Unternehmensanteile zurückzahlen lassen (Wandlung). Da gerade im Mittelstand meist keine Veränderungen der Eigentumsstrukturen gewünscht sind, werden in der Regel eher Non-Equity-Kicker in Mezzanine-Finanzierungen aufgenommen. Dabei erhält der Kapitalgeber zum Schluss der Laufzeit keine Firmenanteile, sondern eine zusätzliche Vergütung, die vom Unternehmenserfolg abhängt.

2.2.3 Längerfristige Überlassung des Kapitals

Mezzanine-Kapital wird üblicherweise für fünf bis acht Jahre zur Verfügung gestellt. Damit gilt die Finanzierung als längerfristig. Die Rückzahlung des Kapitals findet immer erst am Ende der Laufzeit statt. Während des Vertrages sind Tilgungen in der Regel ausgeschlossen.

Da Mezzanine-Mittel endfällig sind, weist das Kapital eine gewisse Nachhaltigkeit auf, die zur Einstufung als wirtschaftliches Eigenkapital beiträgt.

2.2.4 Verzicht auf Sicherheiten

Als Folge der Nachrangigkeit sind bei Mezzanine-Finanzierungen keine Sicherheiten zu stellen. Dieser Aspekt rückt das Finanzierungsinstrument noch weiter in die Nähe des Eigenkapitals. Für die finanzierten Unternehmen besteht der große Vorteil darin, dass Aktiva geschont werden und sich ein größerer finanzieller Spielraum ergibt, der beispielsweise eine zusätzliche Aufnahme von Fremdkapital erlaubt.

2.2.5 Stabile Eigentumsstrukturen

Bei Mittelständlern ist häufig eine Abneigung gegenüber Eigenkapitalfinanzierungen durch neue Gesellschafter festzustellen. Andererseits ist der Finanzierungsbedarf gerade in Wachstumsphasen oder bei Nachfolgeregelungen so hoch, dass er über eine Fremdkapitalfinanzierung nicht gedeckt werden kann. Anbieter von Mezzanine-Kapital erhalten im Unterschied zu Private-Equity-Finanzierern in der Regel keine Unternehmensanteile und auch keine oder nur sehr geringe Mitbestimmungsrechte. Die Eigentums- und Stimmrechtsverhältnisse bleiben also stabil.

2.3 Position zwischen Eigen- und Fremdkapital

Der größte Vorteil einer Mezzanine-Finanzierung ist die Stärkung der Eigenkapitalquote, denn nur auf diese Art werden – falls nötig – weitere Fremdkapitalfinanzierungen möglich. Damit die hybriden Finanzmittel bei einer Bonitätsprüfung der Banken jedoch als wirtschaftliches Eigenkapital anerkannt werden, müssen über die bereits beschriebenen Kriterien hinaus weitere Anforderungen unbedingt erfüllt sein. Neben dem Verzicht auf Sicherheiten, der Nachrangigkeit sowie der Langfristigkeit kommt es darauf an, dass der Kapitalgeber keine Möglichkeit zur ordentlichen Kündigung des Finanzierungsvertrages hat. Außerordentliche Kündigungsrechte sind dann unschädlich, wenn sie für den Fall einer Verletzung von Informationspflichten eingeräumt werden. Rechte, die dem Mezzanine-Finanzierer erlauben, den Vertrag aufgrund einer Verschlechterung der Wirtschaftslage des Unternehmens zu kündigen, verhindern jedoch eine Einstufung als wirtschaftliches Eigenkapital. Weitere Anforderungen, die Banken für die Anerkennung als Eigenmittel an Mezzanine-Finanzierungen stellen, sind von Institut zu Institut unterschiedlich. Auf diesem Gebiet herrscht bislang noch wenig Transparenz. Gut ist es oft, in den Vertrag eine hohe erfolgsbezogene Vergütung aufzunehmen. Zwingend erforderlich ist dieses Kriterium jedoch nicht.

Bei der Gestaltung einer Mezzanine-Finanzierung ist darauf zu achten, dass die Mittel nicht zum bilanziellen Eigenkapital gezählt werden. So sollte beispielsweise bei Genussrechten, die völlig flexibel gestaltbar sind, sowie bei der atypisch stillen Beteiligung eine Verlustbeteiligung des Kapitalgebers in voller Höhe ausgeschlossen werden. Zählen die hybriden Finanzmittel zum bilanziellen Eigenkapital, sind die Finanzierungskosten steuerlich nicht mehr abzugsfähig. Unternehmen tun gut daran, sich bei ihren Banken zu erkundigen, unter welchen Bedingungen Mezzanine-Finanzierungen als bilanzielles Eigenkapital eingestuft werden, da auch diese Bewertung von Kreditinstitut zu Kreditinstitut variiert.

Sofern Mezzanine-Mittel lediglich als wirtschaftliches Eigenkapital gewertet werden, dürfen die Finanzierungskosten steuerlich bei der Gewerbe-, Körperschafts- oder Einkommensteuer anteilig abgezogen werden. Der steuerliche Abzug verbilligt Mezzanine-Mittel als Finanzierungsinstrument effektiv natürlich erheblich.

2.4 Die wichtigsten Formen der Mezzanine-Finanzierung

In der Finanzierungslandschaft wird zwischen Mezzanine im engeren und im weiteren Sinn unterschieden. Da der Begriff lediglich die Zwischenstellung finanzieller Mittel zwischen Eigen- und Fremdkapital bezeichnet, können nach einem weiter gefassten Verständnis alle Finanzinstrumente als Mezzanine eingestuft werden, die nicht zum vorrangigen und voll besicherten Fremdkapital gehören und ebenso wenig zu den stimmberechtigten Eigenmitteln. So wären im Grunde auch Verkäuferdarlehen oder Gewinnschuldverschreibungen als Mezzanine-Kapital zu werten. Diese Instrumente weisen jedoch nicht alle typischen Kriterien für echte Mezzanine-Finanzierungen auf und spielen in der Praxis darüber hinaus kaum eine Rolle. Die typischen und am häufigsten finanzierten Mezzanine-Formen sind Nachrangdarlehen, stille Beteiligungen sowie Genussrechte. Diese Instrumente sind zu unterteilen in das sogenannte Equity Mezzanine, das eine größere Nähe zum Eigenkapital aufweist, und das Debt Mezzanine, das mehr Kriterien des klassischen Fremdkapitals zeigt. So zählen Nachrangdarlehen und typisch stille Beteiligungen zum Debt Mezzanine, atypisch stille Beteiligungen und Genussrechte zum Equity Mezzanine.

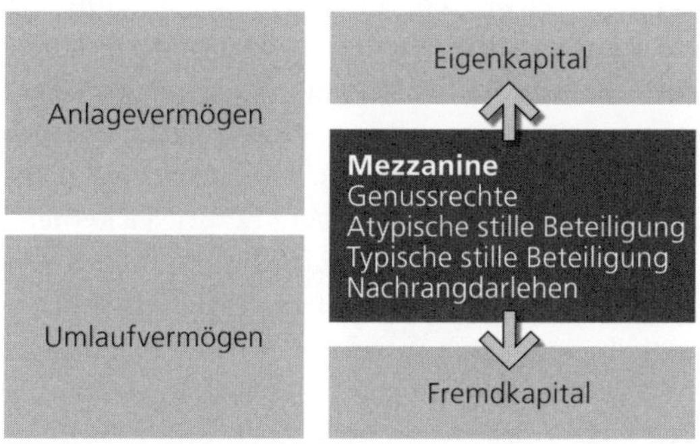

Quelle: Eigene Darstellung

Abb. 2: Einordnung von Mezzanine-Kapital

2.4.1 Nachrangdarlehen

Von allen Mezzanine-Finanzierungen kommt das Nachrangdarlehen einer Fremdfinanzierung am nächsten. Es unterscheidet sich von dieser im Grunde nur durch den Rangrücktritt sowie den Verzicht auf Sicherheiten. Durch das höhere Risiko des Kapitalgebers wird im Vergleich zum normalen Darlehen ein höherer Zinssatz fällig, der in der Regel bei neun bis 17 Prozent liegt. Üblich sind fixe Zinszahlungen, die zuweilen mit variablen Zusatzvergütungen gekoppelt werden. Eine Verlustbeteiligung des Finanzierers besteht bei diesem Instrument nicht. In der Bilanz sind Nachrangdarlehen als Verbindlichkeit zu buchen. Unternehmen können jedoch die Möglichkeit nutzen, im Anhang darauf hinzuweisen, dass das Kapital im Insolvenzfall nachrangig bedient wird.

2.4.2 Typisch stille Beteiligungen

Ein stiller Gesellschafter leistet eine Einlage an das zu finanzierende Unternehmen, hat jedoch keinerlei Mitspracherechte und tritt nach außen hin nicht in Erscheinung. Er ist am Gewinn und je nach Vereinbarung auch am Verlust der Firma beteiligt. Der Gesellschafter erhält eine feste Verzinsung für das eingebrachte Kapital sowie eine gewinnabhängige Komponente. Die Einlage muss in der Bilanz als Fremdkapital ausgewiesen werden, sofern der Gesellschafter nicht für Verluste der Gesellschaft aufkommt. Allerdings können je nach Wunsch des Kapitalnehmers auch anders lautende Regelungen getroffen werden, die zu einem Ausweis der Mezzanine-Mittel als bilanzielles Eigenkapital führen. Die Rendite beläuft sich meist auf zehn bis 18 Prozent, kann aber bis zu 25 Prozent betragen, sofern ein Equity Kicker in den Finanzierungsvertrag aufgenommen wird.

2.4.3 Atypisch stille Beteiligungen

Der atypisch stille Gesellschafter ist je nach Ausgestaltung des Vertrages nicht nur am Gewinn und Verlust, sondern auch am Vermögen des Unternehmens beteiligt, einschließlich des Anlagevermögens und der stillen Reserven. Der Gesellschafter trägt bei entsprechender Vertragsgestaltung auch das unternehmerische Risiko, denn er kann vertraglich für Verluste über die Höhe seiner Einlage hinaus haftbar gemacht werden. Im Gegenzug bekommt er gewisse Mitsprache- und Kontrollrechte. Eine atypisch stille Beteiligung darf in der Bilanz als Eigenkapital ausgewiesen werden, wenn der Kapitalgeber für Verluste des Unternehmens in voller Höhe aufkommt. Darauf sollte jedoch möglichst verzichtet werden, da die Finanzierungsanteile andernfalls nicht steuerlich absetzbar sind. Die Kosten für eine atypisch stille Beteiligung liegen zwischen zwölf und 18 Prozent, gekoppelt mit einem Equity Kicker erhält der Kapitalgeber bis zu 25 Prozent.

2.4.4 Genussrechte

Diese mezzanine Finanzierungsvariante verbrieft Vermögens-, nicht aber Stimm- und Mitwirkungsrechte an einem Unternehmen. Der Inhaber eines Genussrechts erhält einen gewissen Anteil am Reingewinn und/oder am Liquidationserlös einer Firma. Genussscheine sind mit Urkunden verbriefte Genussrechte. Je nach Ausgestaltung des Genussrechts werden die mezzaninen Mittel in der Bilanz entweder als Fremd- oder als Eigenkapital gewertet, wobei der Ausweis als Fremdkapital vorzuziehen ist. Für die Ausgestaltung von Genussrechten bestehen gesetzlich so gut wie keine Vorschriften, sodass dieses Instrument äußerst flexibel auf die Bedürfnisse des zu finanzierenden Unternehmens zugeschnitten werden kann. Die Kosten für die Finanzierung liegen bei zwölf bis 18 Prozent. Wird ein Equity Kicker vereinbart, können um die 25 Prozent anfallen.

	Nachrang-darlehen	Typische stille Beteiligung	Atypische stille Beteiligung	Genussschein
Vergütung	Fix und variabel	Fix und variabel	Fix und variabel	Fix und variabel
Rendite	Zwischen 9 und 17 Prozent	Zwischen 10 und 18 Prozent	Zwischen 12 und 18 Prozent; mit Equity-Kicker bis zu 25 Prozent	Zwischen 12 und 18 Prozent, ggf. inklusive Equity-Kicker
Haftung im Insolvenzfall	Nein, aber Rangrücktritt gegenüber anderen Gläubigern	Nein, aber Rangrücktritt gegenüber anderen Gläubigern	Abhängig von der Gestaltung	Nein, aber ggf. Rangrücktritt gegenüber anderen Gläubigern
Bilanzielles Eigenkapital	Nein	Abhängig von der Gestaltung	Abhängig von der Gestaltung	Abhängig von der Gestaltung
Wirtschaftliches Eigenkapital	Ja	Ja	Ja	Meist ja
Teilnahme an Verlustbeteiligung	Nein	Vertraglicher Ausschluss möglich, sonst ja	Meist ja	Meist ja

Abb. 3: Merkmale von Mezzanine-Instrumenten

2.5 Mehr als eine Frage des Geschmacks: Individuelles Hybridkapital oder Standard-Mezzanine

Individuelle Mezzanine-Instrumente sind, wie bereits geschildert, nicht neu und als Finanzierungsprodukte von den großen verbrieften Standard-Programmen der Geschäftsbanken auch keineswegs vom Markt verdrängt worden. Der große Vorteil der individuellen Nachrangdarlehen, Genussrechte oder stillen Beteiligungen besteht darin, dass sie passgenau auf die Bedürfnisse einzelner Unternehmen zugeschnitten werden können. Allerdings gehen die Anbieter hohe Einzelrisiken ein und stellen daher auch deutlich höhere Anforderungen an die Kapitalnehmer, als dies beim Standard-Mezzanine der Fall ist. Investmentgrade-Bonitäten und geforderte Eigenkapitalquoten von etwa 30 Prozent sind bei dieser Art der Hybridfinanzierung die Regel. Da eine intensive Prüfung der Unternehmensbilanzen und -bücher, also eine umfangreiche Due Dilligence erfolgt, für die das zu finanzierende Unternehmen die Kosten trägt, fällt die Finanzierung von vornherein teurer aus. Aufgrund der meist komplexen Struktur und der aufwändigen Ausgestaltung der Verträge lohnen sich individuelle Mezzanine-Finanzierungen für die Anbieter zudem oft erst ab einem Volumen von etwa fünf Millionen Euro. Eine Finanzierungsgröße, die gerade kleinere mittelständische Unternehmen häufig gar nicht benötigen.

Die Nachrangigkeit und das Fehlen von Sicherheiten begründen für die Kapitalgeber im Vergleich zum normalen Bankdarlehen selbstverständlich ein wesentlich höheres Risiko, da in Falle einer Firmeninsolvenz mit großen Ausfallquoten zu rechnen ist. Im Mittelpunkt der Due Dilligence steht daher die spätere Fähigkeit des Unternehmens, Zins und Tilgung zu leisten. Für die Zusage einer individuellen Mezzanine-Finanzierung spielt daher nicht nur ein stabiler Cashflow zum Zeitpunkt der Finanzierung eine wichtige Rolle. Es muss vor allem sichergestellt sein, dass der Kapitalnehmer auch künftig starke Cashflows erwirtschaften kann. Maßgeschneidertes Hybridkapital kommt aus diesen Gründen nur für etablierte

Unternehmen mit Jahresumsätzen ab 50 Millionen Euro und hervorragenden Entwicklungsperspektiven infrage, die Kapitalkosten von zuweilen über 15 Prozent schultern können.

Bei standardisierten und verbrieften Genussrechten sind die Anforderungen an potenzielle Kapitalnehmer wesentlich weniger streng, da die Anbieter die Risiken aus der eigenen Bilanz auslagern. Dafür bündeln sie die Forderungen zu Pools und verkaufen sie an eigens gegründete Zweckgesellschaften. Diese übernehmen die Strukturierung der Portfolios sowie die Verbriefung der gebündelten Finanzierungen in einzelne Wertpapiere, sogenannten Asset Backed Securities (ABS) oder Collateralized Debt Obligations (CDOs). Die Verbriefungen werden am Kapitalmarkt angeboten, über den sich die Initiatoren der Standard-Mezzanine-Programme auf diese Art refinanzieren.

Die Anbieter von Preps und Co gehen damit ein deutlich geringeres Risiko ein, was sich auch in den Kosten für verbrieftes Mezzanine widerspiegelt. Konditionen von unter sechs Prozent waren zu Boom-Zeiten der Programme keine Seltenheit. Aufgrund des starken Wettbewerbs standen die Anbieter zeitweise unter einem erheblichen Druck, innerhalb kurzer Zeit Portfoliogrößen zu erreichen, die eine Verbriefung erlaubten. Aus diesem Grund akzeptierten verschiedene Geschäftsbanken, die sich bei ihren ersten Tranchen noch an Unternehmen mit einem Umsatz von 25 oder gar 50 Millionen Euro wandten, später auch Firmen mit kleineren Umsätzen. Die Anforderungen an die Bonitäten sanken ebenso wie die ausgereichten Mindesttranchen. Dennoch überstiegen die angebotenen Finanzierungen in Größenordnungen von mindestens einer Million Euro häufig den Kapitalbedarf kleinerer Mittelständler. In der Zwischenzeit hat sich Programm-Mezzanine totgelaufen, da Anleger seit Beginn der US-Hypothekenkrise Investments in verbriefte Strukturen meiden.

Kreditinstitut	Eckdaten		Anforderungskriterien		
	Name des Programms	Kosten in % p. a.	Mindestumsatz in Mio.	Mindesttranche in Mio.	Mindestrating
Bayern LB	STEM	7,25 – 11,75	10 (2005: 30)	1 (2005: 5)	Ba2
Commerzbank	CB Mezzanine Capital	5,6 – 8,5	20 (2005: 25)	2 (2005: 3,5)	Baa3
Haspa u.a.	Smart Mezzanine	5,5 – 9,5	15 (2005: 50)	1 (2005: 2)	Baa3
HSBC	H.E.A.T.	5,5 – 9,75	12 (2005: 15)	1 (2005: 3)	Baa3
HVB	PREPS	6,8 – 7,9	50	2	Baa3
IKB/Deutsche Bank	equiNotes	6,75 – 9,0	25	1,5 (2005: 2)	Baa3 / Ba2
West LB	S-Mezzanine	7,4 – 12,0	10	1	Ba3

Quelle: Eigene Darstellung

Abb. 4: Mezzanine-Standardprogramme mit CDO-Struktur

Ein dritter Weg zu Mezzanine-Mitteln führt über standardisierte Produkte, die nicht verbrieft und nicht am Kapitalmarkt refinanziert werden. So bieten einige Geschäftsbanken, fast alle Landesbanken, Sparkassen, die Kreditanstalt für Wiederaufbau (KfW) sowie die Mittelständischen Beteiligungsgesellschaften (MBS) der Länder mittlerweile Hybridfinanzierungen an, die in den eigenen Büchern behalten oder aber über extra aufgelegte Fonds refinanziert werden. Die verlangten Umsatzgrößen liegen bei diesen Finanzierungen zwischen zehn und 50 Millionen Euro, die Mindesttranchen beginnen bei 0,5 Millionen Euro. Die Kosten schwanken je nach Anbieter stark, fallen aber günstiger aus als bei individuellen Hybridfinanzierungen. Gerade die Finanzierung über Produkte der MBS könnten nach dem Wegfall des Programm-Mezzanine künftig eine gute Alternative für größere Mittelständler mit stabilen Cashflows darstellen.

2.6 Anlässe für eine Mezzanine-Finanzierung

Aufgrund der flexiblen Gestaltungsmöglichkeiten können Mezzanine-Instrumente für sehr unterschiedliche Finanzierungsvorhaben genutzt werden. Grundsätzlich bleibt der Hauptzweck jedoch immer die Stärkung der Eigenkapitalquote. Im Allgemeinen kommen Mezzanine-Finanzierungen immer dann in Betracht, wenn ein Unternehmen kein weiteres Fremdkapital mehr aufnehmen kann oder aber seine gesunde Eigenkapitalausstattung nicht verwässern möchte. Im Mittelstand werden die hybriden Instrumente aufgrund des geforderten großen Volumens in der Regel für Wachstums-, Expansions- und Nachfolgefinanzierungen eingesetzt. Für kleinere Projekte wie etwa den Kauf neuer Maschinen sind Mezzanine-Mittel ungeeignet.

2.7 Die typische Umsetzung einer Mezzanine-Finanzierung

Eine Mezzanine-Finanzierung gliedert sich typischerweise in fünf Phasen. Der Prozess beginnt mit einer Vorprüfung, in der alle relevanten Aspekte des Finanzierungswunsches mit den Investitionsbedingungen abgeglichen werden. Auf den Prüftstand kommen unter anderem Branche, Produkte, Markt und Reifegrad des potenziellen Kapitalnehmers. Gut ist es, wenn Unternehmen bereits während der Vorprüfung einen ausgefeilten Businessplan vorlegen können. Wird in der ersten Runde über die Finanzierungsanfrage positiv entschieden, beginnt die detaillierte Prüfung. Nun werden die Jahresabschlüsse des Unternehmens unter die Lupe genommen sowie der momentane und der zu erwartende Cashflow ermittelt. Betriebsbesichtigungen und mehrfache Gespräche mit dem Management stehen auf dem Plan. Nach der Prüfung des Geschäftsmodells werden die Eckdaten der Finanzierung in einem Vorvertrag festgelegt. Auf die Fixierung dieses »Letter of Intent« folgt eine umfangreiche Due Dilligence, die die Aufdeckung aller Stärken, Schwächen, Risiken und Chancen der zu finanzierenden Unternehmen zum Ziel hat. Die Kosten, die sich meist auf zwei bis fünf Prozent des Investitionsvolumens belaufen, hat in der Regel der spätere Kapitalnehmer zu tragen. Nach Abschluss der Due Dilligence beginnen die Verhandlungen, in deren Verlauf die endgültige Ausgestaltung des Vertrages mit allen Konditionen sowie Kontroll- und Informationsrechten fixiert wird. Nach Vertragsunterzeichnung findet in der Post-Investmentphase ein regelmäßiges Monitoring statt, das der Überwachung der Finanzierung und der Einhaltung aller vereinbarter Verpflichtungen auf Seiten des Kapitalnehmers – der sogenannten Covenances – dient. Der typische Prozess einer Mezzanine-Finanzierung verläuft bei individuellen und standardisierten Produkten vom Prinzip her identisch. Bei den Standard-Varianten findet jedoch eine weniger ausgeprägte und zeit- und kostenintensive Due Dilligence statt.

Phase	Dauer	Inhalt
Vorprüfung	1 Woche	• Vorprüfung der Unternehmensinformation • Grobe Prüfung der Anforderungskriterien • Entscheidung über Weiterverfolgung
Prüfungs-phase	3 Wochen	• Detaillierte Prüfung der wirtschaftlichen Verhältnisse und der Planung • Detaillierte Prüfung des Geschäftsmodells • Ausarbeitung v. Finanzierungsbedingungen
Entschei-dungsphase	3 Wochen	• Umfangreicher Due Diligence- bzw. • Rating-Prozess
Verhand-lungsphase	3 Wochen	• Vertragsverhandlungen • Mezzanine-Vertrag
Post Invest-mentphase	5 Jahre	• Monitoring und • Verwaltung der Finanzierung • Kontinuierliches Reporting

Quelle: Eigene Darstellung in Anlehnung an: Brezski, Eberhard / Böge, Holger / Lübbehüsen, Thomas u.a.: Mezzanine-Kapital für den Mittelstand, Schäffer-Poeschel Verlag, Stuttgart

Abb. 5: Typischer Prozess einer Mezzanine Finanzierung

3 Stärken und Schwächen von Mezzanine-Finanzierungen im Überblick

Der größte Vorzug, den alle mezzanine Finanzierungsinstrumente unabhängig von ihrer Ausgestaltung bieten, ist die Stärkung der Eigenkapitalquote, gekoppelt mit der steuerlichen Abzugsfähigkeit der Kapitalkosten. Nachteile sind vor allem in der hohen Vergütung für die Mezzanine-Geber zu sehen. Außerdem in der Tatsache, dass die Hybridfinanzierungen kleineren Mittelständlern mit schwacher Eigenkapitalausstattung, daraus folgender geringer Bonität und weniger positiven Wachstumsaussichten nicht zugänglich sind. Einen Überblick über die gesamten Vor-und Nachteile von Finanzierungen mit Mezzanine-Mitteln bieten die folgenden Auflistungen.

3.1 Stärken

Vorteile der Finanzierungen mit Mezzanine-Mitteln sind:

- Stärkung der Eigenkapitalquote ohne Eingriff in die Eigentumsverhältnisse des Unternehmens,
- Verbesserung der Bilanzstruktur, der Bonität und des Ratings,
- Bereitstellung von Liquidität ohne Sicherheiten,
- Zusätzlicher oder neuer Spielraum für die Aufnahme von Fremdkapital,
- niedrigere Kapitalkosten als bei Eigenkapitalfinanzierungen,
- Flexibilität der Konditionen,
- Ausgestaltung entsprechend der individuellen Bedürfnisse des Unternehmens,
- steuerliche Abzugsfähigkeit der Finanzierungskosten sowie
- die Vergabe erfolgt unabhängig von der Rechtsform des Unternehmens.

3.2 Schwächen

Nachteile von Finanzierungen mit Mezzanine-Mitteln sind:

- hohe Gesamtkosten von bis zu 25 Prozent,
- nur in großen Losgrößen von mindestens 0,5 Millionen Euro verfügbar,
- nur Unternehmen mit stabilem Cashflow und hohen Wachstumsprognosen zugänglich,
- für kleinere Mittelständler mit Umsätzen unter zehn Millionen Euro meist nicht verfügbar,
- bei geringem Kapitalbedarf ungeeignet,
- hohe Kosten für die Due Dillegence,
- die flexible Ausgestaltung der Finanzierungsverträge verstärkt die Komplexität und erhöht die Kosten.

4 Die Zielgruppe von Mezzanine-Finanzierungen

Trotz des mittlerweile großen Angebots an Mezzanine-Mitteln und der zahlreichen Möglichkeiten zur Ausgestaltung der Instrumente sind die Anforderungen an potenzielle Kapitalnehmer in den wesentlichen Aspekten ähnlich. Die Auswahl finanzierungswürdiger Unternehmen ist immer zeit- und kostenintensiv, die Ausarbeitung der Verträge in der Regel komplex. Aus diesem Grund lohnen sich für die Anbieter von Mezzanine-Instrumenten nur Finanzierungen ab einer bestimmten Mindestgröße. Da der Finanzierungsbedarf mit zunehmender Firmengröße steigt, sind die hybriden Finanzmittel Mittelständlern mit Jahresumsätzen ab zehn Millionen Euro und einem Finanzierungsbedarf von mindestens 0,5 Millionen Euro vorbehalten. Unternehmen unterhalb dieser Grenzen können Finanzierungen eventuell über die Mittelständischen Beteiligungsgesellschaften erhalten, obwohl auch dies in der Mehrheit der Fälle schwierig ist. Unbedingt erforderlich ist unabhängig vom Anbieter immer der Nachweis eines stabilen Cashflows sowie eine günstige Prognose hinsichtlich der zukünftig erzielbaren Erträge. Daher richten sich Mezzanine-Finanzierungen in erster Linie an etablierte Unternehmen in gesicherten und ausbaufähigen Märkten, die über ausgezeichnete Wachstumschancen verfügen. Da der Cashflow für die Vergabe von Hybridkapital eine zentrale Rolle spielt, legen Mezzanine-Finanzierer größten Wert auf ein gut aufgestelltes Liquiditätsmangement der Unternehmen sowie auf Planungs- und Controllingsysteme. Kleinere mittelständische Firmen verfügen oft nicht über entsprechende Systeme, so dass eine Vergabe von Hybridkapital allein schon an diesem Manko scheitert. Nicht zuletzt akzeptieren die Anbieter nur Bonitäten, die einem Rating der Agentur Moody's von B2 entspricht. Insgesamt lässt sich sagen, dass sich mezzanine Finanzierungsformen an größere Mittelständler mit einer soliden Eigenkapitalrendite, hoher Ertragskraft, einer guten Marktposition und hohem Finanzierungsbedarf richten.

5 Aktuelle Entwicklungen und Perspektiven im Mezzanine-Markt

Die US-Hypothekenkrise und die Abkehr der Investoren von verbrieften Anlageprodukten haben auch auf dem deutschen Markt für standardisierte Mezzanine-Instrumente einen tiefgreifenden Wandel eingeleitet. Konnten im Jahr 2007 immerhin noch rund 0,6 Milliarden Euro an verbrieftem Hybridkapital an über 100 Unternehmen ausgereicht werden, so gelang es 2008 trotz mehrfacher Versuche keinem einzigen Anbieter mehr, bereits zugesagte Mezzanine-Mittel auszuplatzieren. So musste im Juli 2008 das Düsseldorfer Bankhaus HSBC Trinkaus & Burkhardt sein 215 Millionen Euro schweres Mezzanine-Programm stoppen, mit dem 60 Firmen finanziert werden sollten. Auch der Essener Finanzierungsberater Conpair zog sein Programm SME Growth endgültig zurück. Damit ist nicht nur der Boom der noch vor drei Jahren gefeierten verbrieften Hybridstrukturen unterbrochen. Der Markt für diese Form der Mezzanine-Finanzierungen ist schlichtweg tot. Dabei ist das Sterben der eigentlich innovativen und für größere Mittelständler durchaus attraktiven Finanzierungsalternative nicht allein der neuen Abneigung gegenüber Verbriefungen geschuldet. Untersuchungen der Hamburger Rating-Agentur Euler Hermes Rating AG haben inzwischen gezeigt, dass die Ausfallsrisiken von standardisierten Mezzanine-Finanzierungen zum Teil völlig falsch bewertet worden sind. So befinden sich mittlerweile rund 40 Prozent der Unternehmen, die sich in den vergangenen Jahren über standardisierte, kapitalmarktfähige Hybridmittel finanziert haben, nicht mehr im Investmentgrade-Bereich. Dies ist umso tragischer, als 2009 die ersten Tranchen zur Rückzahlung anstehen, was viele Unternehmen auch angesichts des konjunkturellen Abschwungs in erhebliche Probleme stoßen könnte. Anschlussfinanzierungen wird es zumindest über weitere Verbriefungen nicht geben. So gehen Experten bereits von staatlichen Bürgschaften für die notleidenden Mezzanine-Mittel aus.

Trotz der negativen Entwicklungen werden Mezzanine-Instrumente jedoch weiterhin eine gute Finanzierungsform für ertragstarke Mittelständler bleiben. Dabei wird der Trend zunächst sicherlich wieder zu den teureren individuellen Formen gehen. Die Lücke, die durch den Wegfall der verbrieften Mittel entstanden ist, könnten aber nach und nach neue Angebote mit anderen Refinanzierungsmodellen schließen. Die Weitergabe der Risiken an Fondsinvestoren erfreut sich immerhin schon heute einer gewissen Beliebtheit. Eine intensivere Prüfung der zu finanzierenden Unternehmen wird jedoch unerlässlich sein. Damit, soviel steht fest, werden die Kosten für standardisiertes Hybridkapital steigen – und Mezzanine für den kleineren Mittelstand in noch weitere Ferne rücken.

Checkliste zur erfolgreichen Nutzung von Mezzanine-Finanzierungen

Unternehmensspezifische Voraussetzungen für die Anwendbarkeit von Mezzanine-Instrumenten

- Besteht grundsätzlich eine Offenheit gegenüber alternativen Finanzierungsinstrumenten?
- Verfügt das Unternehmen über einen Jahresumsatz von mindestens 10 Mio. Euro?
- Beläuft sich der Finanzierungsbedarf auf mindestens 0,5 Mio. Euro?
- Kann ein stabiler Cashflow ausgewiesen werden?
- Können für die Zukunft stabile Cashflows prognostiziert werden?
- Verfügt das Unternehmen über eine hohe Ertragskraft?
- Arbeitet das Unternehmen in einem sicheren Markt?
- Können gute Wachstumsperspektiven belegt werden?
- Welche Zins- und Tilgungsleistungen sind maximal möglich?
- Besteht grundsätzlich die Bereitschaft, den Kapitalgebern Informationsrechte einzuräumen?

Unternehmensspezifische Anforderungen an Mezzanine-Instrumente

- Welchem Finanzierungszweck soll das Instrument dienen?
- Soll durch den Einsatz der Mezzanine-Mittel vorrangig die Eigenkapitalquote gestärkt werden?
- Wie wichtig ist der steuerliche Abzug der Finanzierungskosten?
- Dürfen die Finanzierungsmittel als bilanzielles Eigenkapital ausgewiesen werden?
- Soll der Kapitalgeber am Gewinn des Unternehmens beteiligt werden?
- Soll der Kapitalgeber auch an Verlusten des Unternehmens beteiligt werden?
- Soll der Kapitalgeber am Vermögen des Unternehmens beteiligt werden?
- Sollen dem Kapitalgeber Mitsprache- und Kontrollrechte eingeräumt werden?
- Wie wichtig ist die flexible Ausgestaltung des Finanzierungsinstruments?

Entscheidungskriterien für die Anwendung von Mezzanine-Instrumenten sowie für eine bestimmte Form

- Ist eine weitere Aufnahme von Fremdkapital ausgeschlossen?
- Kommt die Beteiligung eines neuen Eigenkapitalgebers nicht infrage?
- Ist ein Kapitaldienst, der höher liegt als bei klassischen Fremdfinanzierungen, für alle Gesellschafter in Ordnung?
- Ist eine maßgeschneiderte Finanzierung notwendig?
- Können die Finanzierungsziele auch problemlos über standardisierte Produkte erreicht werden?
- Welche Rolle spielen möglichst geringe Kosten?
- Wie lang darf die Laufzeit der Finanzierung sein?
- Ist der Erwerb von Unternehmensanteilen durch den Kapitalgeber erwünscht oder ausgeschlossen?

Kriterien für eine erfolgreiche Implementierung

- Liegt ein ausgefeilter Business-Plan vor oder kann ein solcher erstellt werden?
- Sind Betriebsbesichtigungen durch den Kapitalgeber erwünscht?
- Können die Kosten für eine umfassende Due Dilligence (2 bis 5 Prozent des Finanzierungsvolumens) getragen werden?
- Verfügt das Unternehmen über gute Planungs- und Controllingsysteme?
- Wie offen geht das Management mit Fragen des Kapitalgebers um?
- Ist regelmäßiges Monitoring und Reporting machbar?
- Können alle vertraglich vereinbarten Finanzierungsbedingungen (Covenances) voraussichtlich zu jeder Zeit eingehalten werden?

Literatur

Achleitner, Ann-Kristin/Von Einem, Christoph/Schröder, Benedikt (Hrsg.): Private Debt – alternative Finanzierung für den Mittelstand, Schäffer-Poeschel Verlag, Stuttgart 2004.

Brezski, Eberhard/Böge, Holger/Lübbehüsen, Thomas u. a.: Mezzanine-Kapital für den Mittelstand, Schäffer-Poeschel Verlag, Stuttgart 2006.

Deutscher Sparkassen- und Giroverband (DSGV): MIND 2006, Aufschwung aus eigener Kraft, Mittelstandsstudie der Sparkassenfinanzgruppe 2007.

Kempener, Udo: Anforderungskriterien an mittelständische Unternehmen für die Durchführung einer Mezzanine-Finanzierung, Diplomarbeit, Fachhochschule Köln 2007.

Teil B
Instrumente zur Unterstützung des Finanzmanagements

Outsourcing des Forderungsmanagements – Zahlungsrückstände mit professioneller Unterstützung minimieren

Karsten Schneider

Summary

Längst hat die globale Finanzmarktkrise die Realwirtschaft erreicht. Auch mittelständische Unternehmen sind zunehmend betroffen: Ihre Aufträge gehen zurück, und die Kapitalbeschaffung zur Sicherung der Unternehmensfinanzierung wird schwieriger. Erste Anzeichen einer Rezession beeinflussen auch die Zahlungsmoral der Verbraucher und gefährden damit zusätzlich die Liquidität der Unternehmen. Ein professionelles Forderungsmanagement reduziert schnell Zahlungsrückstände und hilft, damit auch Liquidität zu sichern. Die Zusammenarbeit mit einem spezialisierten Unternehmen lohnt sich, denn hier sind Kernkompetenzen vorhanden, die ein Unternehmen mit anderer Ausrichtung selbst nicht vorhalten kann. Gerade in wirtschaftlich schwierigen Zeiten gilt es, sich mehr denn je auf eigene Stärken zu konzentrieren und damit den Unternehmenserfolg nachhaltig zu sichern. Deshalb stellt sich für viele Firmen heute nicht mehr die Frage, ob eine Auslagerung überhaupt sinnvoll ist, vielmehr beschäftigt sie die Frage, in welchem Umfang dies erfolgen soll. Es wird nach geeigneten Lösungen gesucht, die eigenen Forderungen effizienter und kostengünstiger zu bearbeiten. Dabei stehen sie meist vor einem Dilemma: Die Steigerung der Effizienz in der Eigenbearbeitung führt zwangsweise zu höheren Kosten, entweder durch erhöhten Personaleinsatz oder durch Investitionen in eine effizientere Technik und veränderte Prozesse.

Outsourcing ist kein neues Phänomen, doch der Bezug von Fremdleistungen und das Ausmaß von Outsourcingverträgen hat in den letzten Jahren zugenommen, und das aus guten Gründen. Im Spannungsfeld zwischen Eigenerstellung und Fremdbezug existieren graduelle Abstufungen, die sich zwischen hierarchischer Koordination (Eigenerstellung) und marktlicher Koordination (Fremdbezug) bewegen. Vor einer möglichen Auslagerung sollte jedoch der Blick auf die eigenen Prozesse gerichtet werden, denn diese sind eine wesentliche Grundlage für eine Outsourcing-Entscheidung. [1]

1 Einleitung

Seit der Industrialisierung ist die Weltwirtschaft arbeitsteilig aufgestellt und extrem spezialisiert. Gerade das bietet viele Möglichkeiten, eröffnet mehr Chancen und verteilt vorhandene Risiken sinnvoll. Dies ist nicht nur das Recht von Großunternehmen, sondern gerade auch eine wertvolle Grundlage für den Erfolg von mittelständischen Unternehmen.

Was in der Produktion schon häufig Normalität ist und für gut und richtig bewertet wird, macht bei dem Thema Forderungsmanagement oftmals noch halt. Hier liegen »Schätze« vergraben oder anders – erhebliche Optimierungspotenziale warten darauf, entdeckt und genutzt zu werden.

Eine Reihe von Unternehmen geht bereits den Weg des Outsourcings und hat professionelle Partner an der Seite, die maßgeschneiderte Lösungen zur kompletten Abwicklung der »Wertschöpfungskette« Forderungsmanagement anbieten. Überall dort, wo sich eigene Mitarbeiter in größerer Zahl um das Realisieren problembehafteter Forderungen kümmern, muss heute mehr als ein Gedanke in das Thema »Outsourcing des Forderungsmanagements« investiert werden.

1 Vgl. Wagemann, R., Prozessoptimierung und Outsourcing, 2006, S. 10.

Der Beitrag soll eine Hilfestellung leisten, sich der Vorteile und Möglichkeiten vorhandener Instrumente bewusst zu werden. Er soll dabei unterstützen, die richtigen Entscheidungen zu Art und Umfang einer Auslagerung zu treffen und den dafür richtigen Partner zu finden.

2 Outsourcing des Forderungsmanagements

Als unternehmerisches Gestaltungsmittel gewinnt das Outsourcing mehr und mehr an Bedeutung, obwohl die Idee hierfür nicht neu ist.[2] Wurden im Jahr 2000 30 Prozent der Unternehmensausgaben in Auslagerungen von Unternehmensfunktionen investiert, so wird prognostiziert, dass sich diese Investitionen bis ins Jahr 2025 auf 45 Prozent erhöhen.[3] Um dieser Entwicklung Rechnung zu tragen, wird im Folgenden auf das Outsourcing des Forderungsmanagements abgestellt und nicht auf die Eigenoptimierung dieser Nebenkompetenz auch von Mittelstandsunternehmen.

Im Folgenden wird unter Outsourcing der Fremdbezug einer Leistung verstanden, die vorher im Unternehmen selbst erbracht wurde.

Darüber hinaus wird zwischen der Auslagerung einzelner Aufgabenbereiche innerhalb einer Unternehmens- oder Konzernstruktur (internes Outsourcing) und ihre Vergabe an externe Anbieter (externes Outsourcing) unterschieden.[4] Letztendlich wird die hinter dem Begriff stehende Entscheidung durch das Begriffspaar »make or buy« – »selber machen oder kaufen« beschrieben.[5]

2.1 Ziele des Outsourcings

Das Ziel des Outsourcings besteht darin, bestimmte Leistungen bei einem Anbieter, der diese wirtschaftlicher und effizienter ausführt, einzukaufen und die entsprechenden Aufgaben nicht mehr selbst durchzuführen. Für Unternehmen stellt die Kostenreduktion im Rahmen des Outsourcings häufig ein Motiv zur Verschlankung der eigenen Unternehmensstrukturen dar, und es erfolgt zugleich eine Konzentration auf die Kernkompetenzen des eigenen Unternehmens. Neben der Nutzung von Kostensenkungseffekten wird aber auch die Qualität der eingekauften Leistung aufgrund der Spezialisierung des externen Anbieters steigen. Wurde bisher das Outsourcing von Dienstleistungen hauptsächlich als ein Instrument zur Kostensenkung gesehen, so wird es heute zunehmend zur Restrukturierung von Geschäftsaktivitäten und zur Neupositionierung von Unternehmen am Markt genutzt, womit auch eine Steigerung der Flexibilität von Unternehmen einhergeht.[6] Darüber hinaus werden in der Literatur noch weitere Ziele genannt, die in der Abbildung 1 zusammenfassend dargestellt sind.

---

2 Funktionen und Aufgaben aus den Bereichen Finanzierung, Buchhaltung, Logistik und Recht wurden bereits Mitte des 19. Jahrhunderts an externe Spezialisten ausgelagert. Vgl.: Riedl, R., Begriffliche Grundlagen, 2003, S. 6.

3 Vgl. Riedl, R., Begriffliche Grundlagen, 2003, S. 6.

4 Vgl. Riedl, R., Begriffliche Grundlagen, 2003, S. 7. Siehe auch Bruch, H., Outsourcing – Konzepte und Strategien, 2000, S. 55, Heinrich, L. J., Informationsmanagement, 2002, S. 105 und Horchler, H., Outsourcing, 1996, S. 16.

5 Auf eine weitere Differenzierung des Begriffs Outsourcing wird im Folgenden verzichtet. Die Literatur unterscheidet Outsourcing nach verschiedenen Ausprägungsmerkmalen wie Grad des externen Leistungsbezugs, zeitliche Ordnung, Standort, strategische Aspekte, finanzielle Abhängigkeit oder Anzahl Leistungsersteller. Vgl. Juoanne-Diedrich, H. v., 15 Jahre Outsourcing-Forschung, 2004, S. 127.

6 Vgl. Zahn, E. u. a., Leitfaden zum Outsourcing von Dienstleistungen, 2007, S. 1.

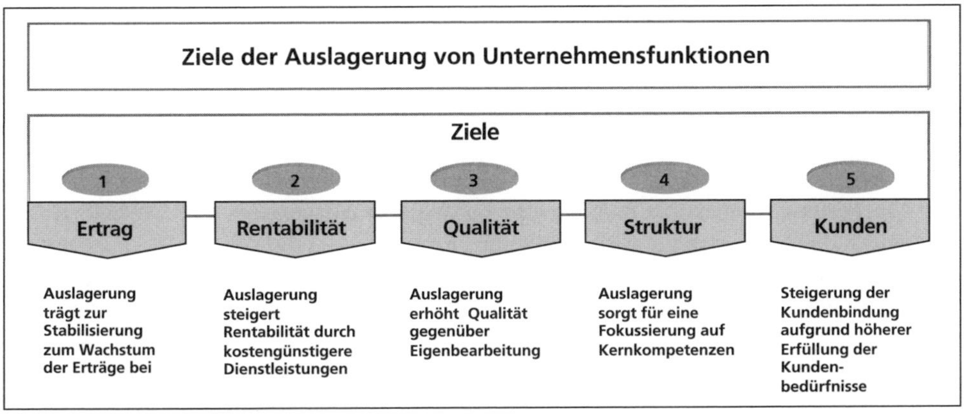

Abb. 1: Ziele des Outsourcing

2.2 Eigenbearbeitung versus externe Dienstleistung

Die Abbildung 2 stellt die wichtigsten Gründe, die gegen eine Eigenbearbeitung und für eine Bearbeitung des Forderungsmanagements durch einen externen Dienstleister sprechen, gegenüber.

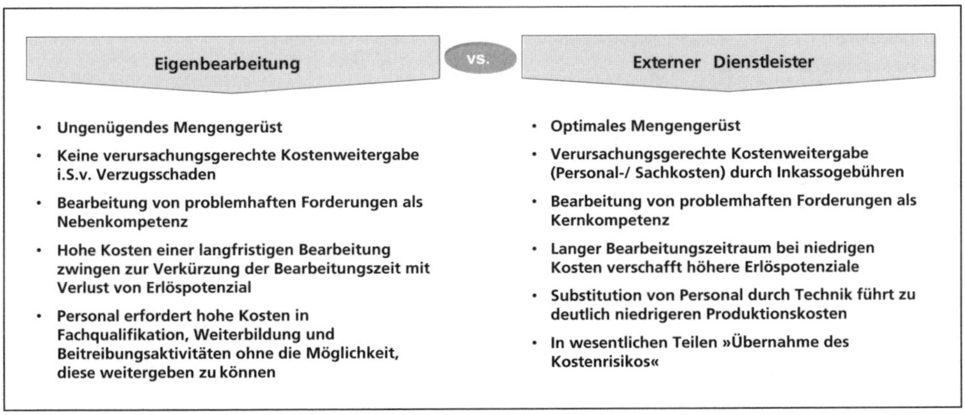

Abb. 2: Gegenüberstellung Eigenbearbeitung versus externe Dienstleister

Die aufgezeigten Punkte stellen die wesentlichen Unterschiede zwischen Eigen- und Fremdbearbeitung dar, deren Ursprung im entsprechenden Mengengerüst und in der Kernkompetenz zu sehen sind. Nur mit einer entsprechenden Menge lohnen sich die Investitionen in eine effiziente Technik für die Bearbeitung der Fälle. Auch die Bereitstellung von speziellem Fachwissen ist erst ab einer bestimmten Fallzahl betriebswirtschaftlich sinnvoll. Ein langer Bearbeitungszeitraum der Forderung ist eine wesentliche Determinante für den Zahlungseingang. Spezialisten können dies aufgrund der vorhandenen Technik und der Möglichkeit der Kostenweitergabe an den Schuldner wirtschaftlicher darstellen und erzielen deshalb einen deutlich höheren Nutzen im Vergleich zur Eigenbearbeitung.

Unternehmen und externe Dienstleister haben eine Vielzahl von Handlungsfeldern, die alle dazu beitragen den Beitreibungserlös zu erhöhen. Allerdings gelingt dies einem Spezialisten deutlich besser, und die Unternehmen sollten daran partizipieren.

2.3 Handlungsfelder im Forderungsmanagement

Die Unternehmen haben im Rahmen des Forderungsmanagements verschiedene Handlungsfelder, die es zu lösen gilt (vgl. Abbildung 3).

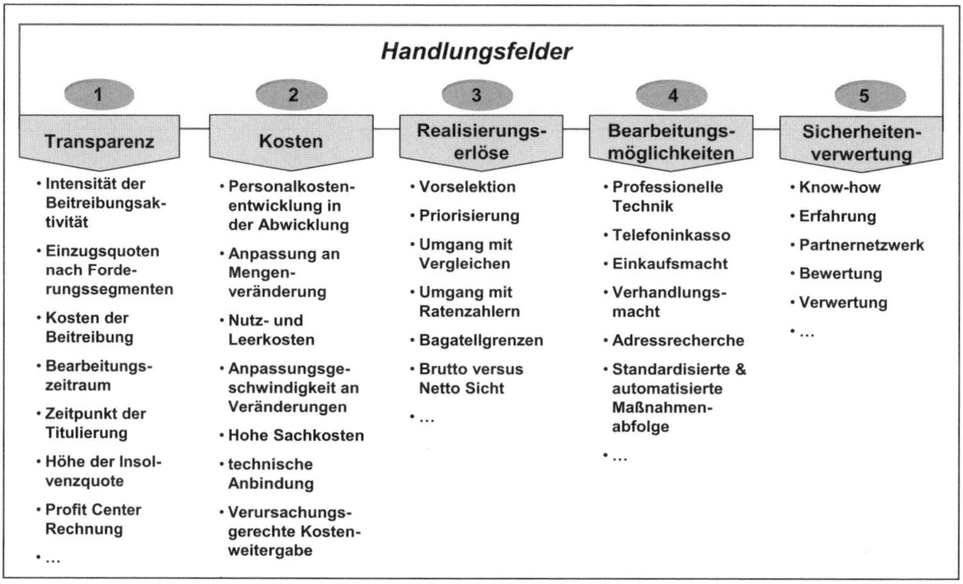

Abb. 3: Handlungsfelder im Forderungsmanagement

Ein wichtiges Handlungsfeld ist die Auslastung des Personals. Firmen befinden sich immer im Spannungsfeld zwischen Kapazitätsauslastung aufgrund der zu bearbeitenden Menge einerseits und Vertretungsproblematik andererseits, die bei Kleingruppen nur schwierig zu lösen sind. Der Wissenstransfer innerhalb solcher kleinen Gruppen ist schwierig und bei Fluktuation mit dem Verlust von Know-how verbunden. Aufgrund des speziellen Fachwissens stehen hohe Ausbildungskosten den Leerzeiten bei zu geringer Auslastung gegenüber.

Die Unternehmen können die dargestellten Herausforderungen in der Gesamteinheit, wenn überhaupt, nur mit einem sehr hohen Mitteleinsatz lösen. Dem steht jedoch im Vergleich zum spezialisierten Dienstleister eine nicht adäquate Stückzahl gegenüber, sodass ein betriebswirtschaftlich positiver Ergebnisbeitrag nicht zu realisieren ist. Darüber hinaus ist in den Betrieben oftmals eine unzureichende Transparenz bezüglich Erfolgszahlen und Kosten insbesondere im Zeitverlauf vorhanden.

Erforderliche Investitionen in eine nachhaltige Verbesserung der Technik und Prozesse sind zu teuer und stehen deshalb in keinem Verhältnis zu den Mengen, die in den einzelnen Unternehmen bearbeitet werden. Es fehlt oftmals an geeigneten Maßnahmen und Instrumenten, wie zum Beispiel ein aktives Telefoninkasso oder die Nutzung alternativer Recherchemöglichkeiten.

Eine permanente Optimierung der Geschäftsprozesse, der Technik sowie die Möglichkeit, flexibel auf unterschiedliche Auslastungssituationen und zu bearbeitende Stückzahlen reagieren zu können, sind notwendige Voraussetzungen für eine effiziente und wirtschaftlich erfolgreiche Bearbeitung von Problemkrediten.

2.4 Wie funktioniert Forderungsmanagement bei einem externen Dienstleister?

Das Forderungsmanagement ist ein breitgefächertes Sortiment an Maßnahmen. Es beginnt in der Debitorenverwaltung, beispielsweise mit der Mahnung und geht über diverse notwendige, zum Teil gesetzlich geregelte Schritte bis hin zu einer wohl organisierten langfristigen Überwachung. Darüber hinaus kann es auch die Sicherstellung und Verwertung von Mobilien und Immobilien beinhalten (vgl. Abbildung 4).

Abb. 4: Funktionsweise eines Forderungsmanagements

2.5 Was kann ein Outsourcing-Partner leisten?

Standardisierung und Automation sind die wesentlichen Voraussetzungen für eine betriebswirtschaftlich effiziente Beitreibung von Forderungen. Beide Komponenten sorgen für dauerhaft hohe Qualität und senken die Fehlerquote. Unternehmen kämpfen im Spannungsfeld, möglichst viel Geld in möglichst kurzer Zeit zu erwirtschaften, um die damit verbundenen Kosten im Griff zu behalten. Ein Spezialist kennt dieses Spannungsfeld, wenn überhaupt, dann nur in einem deutlich geringeren Maße. Aufgrund der Standardisierung und Automation spielt die Dauer der Bearbeitung unter Kostengesichtspunkten nur eine untergeordnete Rolle. Durch Outsourcing kann die Firma von den längeren Bearbeitungszeiträumen und den damit verbundenen höheren Beitreibungsquoten partizipieren, ohne dabei die Kosten hierfür aufwenden zu müssen.

Die Abbildung 5 zeigt ein Beispiel für die Standardisierung und Automation von Maßnahmen.[7]

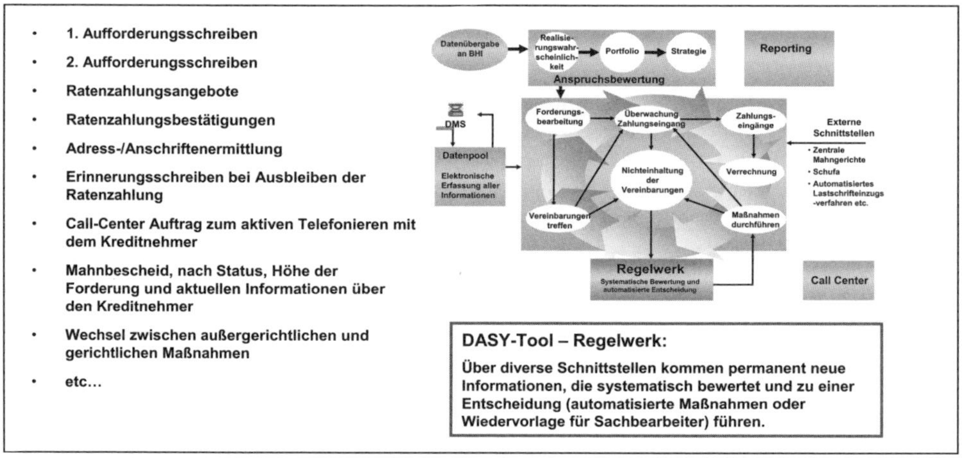

Abb. 5: Beispiel für automatisierte Maßnahmen

Voraussetzung für diese Automation ist allerdings ein hohes Maß an Standardisierung bei den Prozessen. Eine logische und durchdachte Systemarchitektur ist hierfür zwingend erforderlich. Die Abbildung 6 zeigt eine mögliche Lösung.[8]

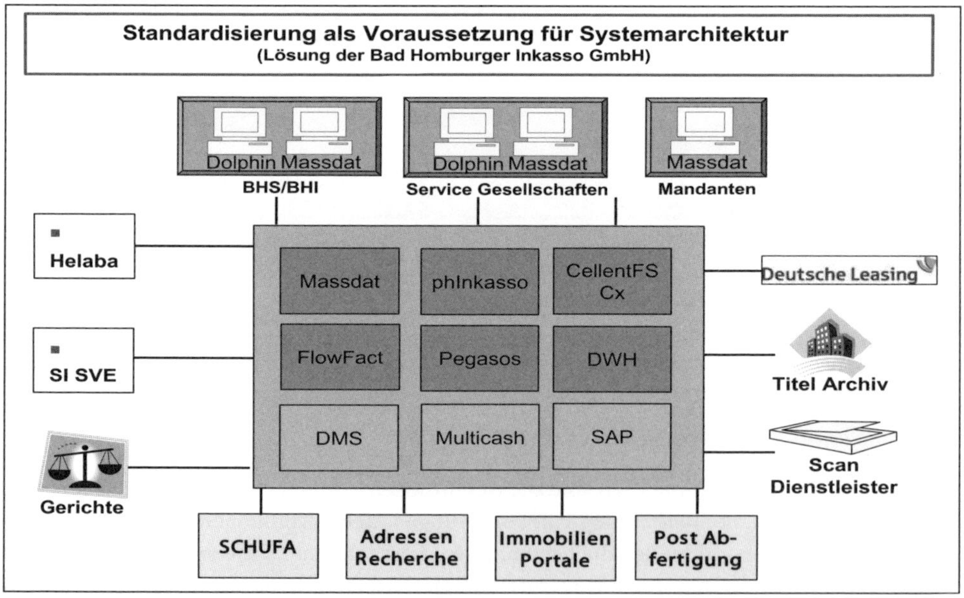

Abb. 6: Standardisierung als Voraussetzung für Systemarchitektur[9] (Lösung der Bad Homburger Inkasso GmbH)

7 Das Beispiel wurde von der Bad Homburger Inkasso GmbH entwickelt und umgesetzt. Die Bad Homburger Inkasso GmbH ist ein Beteiligungsunternehmen der Deutsche Leasing. Im Folgenden wird die Kurzform Bad Homburger Inkasso verwendet.

8 Das Beispiel wurde von der Bad Homburger Inkasso entwickelt und umgesetzt.

9 Massdat: Sytem zur Massendatenerfassung. Phinkasso (Dolphin): Beitreibungssystem. CellentFS Cx: Sicherheitendatenbank. FlowFact: Maklersoftware. Pegasos: Archivierungssoftware. DWH: Data Warehouse. DMS: Dokumenten-

Nur ein reibungsloses Zusammenspiel aller Komponenten sorgt für eine schnelle, automatisierte und damit kostengünstige Bearbeitung einer jeden Maßnahme im Rahmen der Beitreibung einer Forderung.

3 Was ist bei der Outsourcing-Entscheidung zu beachten?

3.1 Richtige Auswahl des Outsourcing-Partners

Wird in Betracht gezogen, Unternehmensfunktionen auszulagern, so ist zunächst festzulegen, welche Anforderungen der Outsourcing-Partner zu erfüllen hat. Die Abbildung 7 systematisiert diese Kriterien:[10]

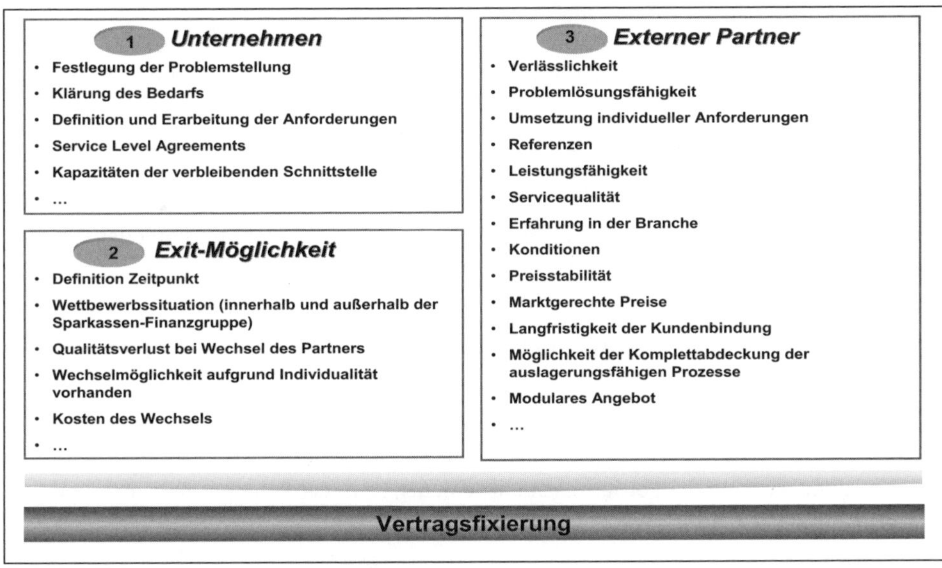

Abb. 7: Kriterien für die Auswahl des Outsourcing-Partners

Die Frage, ob und in welchem Umfang Unternehmensfunktionen ausgelagert werden sollen, ist vor dem Hintergrund der individuellen strategischen und operativen Zielsetzungen sowie den sich daraus ergebenden praktischen Herausforderungen zu sehen und zu lösen. Die Leistungsfähigkeit des Outsourcing-Partners zeigt sich gerade in dieser Fragestellung und seiner Fähigkeit, sich an den Prozessen des Auftraggebers auszurichten. Der Dienstleister muss in der Lage sein, wirtschaftlich effizientere Lösungen vorzuhalten und dabei im Weiteren auch eine permanente Verbesserung des Bestehenden anzugehen. Hierfür stellen die vereinbarten Service Levels eine wichtige Säule für eine gute Zusammenarbeit dar.

---

managementsystem. Multicash: Zahlungsverkehrs-System. SAP: Finanzbuchhaltung. SI SVE: Sicherheitenverwertungseinbringungsquoten-Tool .

10 Vgl. entsprechende Checkliste im Anhang.

3.2 Vertragliche Vereinbarungen

Als wesentlichster Punkt der vertraglichen Vereinbarung beim Outsourcing im Forderungsmanagement ist das Grundverständnis der Zusammenarbeit festzulegen:[11]

- Art der Zusammenarbeit: Treuhand oder Kauf, Art der Forderungen
- EDV-Programme und Serviceleistungen: Welche Technik, welche Programme werden eingesetzt? Gibt es eine Zertifizierung der IT und oder der Prozesse?
- Regelungen zur Verschwiegenheitsverpflichtung: Verpflichtung der Mitarbeiter auf Verschwiegenheit und Kontrollmechanismen
- Regelungen zum Datenschutz: Wie wird mit der Verarbeitung, der Nutzung, der Aufbewahrung und der Weitergabe von Daten umgegangen? Liegt hierfür eine Zertifizierung vor?
- Festlegung von Bearbeitungsregeln: Wie erfolgt die Übergabe von Daten und Unterlagen? Wie soll die Kompetenzregelung aussehen, und was sind die Verrechnungsgrundlagen? Welche Aufbewahrungsfristen sind zu beachten?
- Regelungen zu Haftungsbeschränkungen: Wer haftet für was?
- Regelungen zur Zusammenarbeit mit Rechtsanwälten: Mit wem arbeitet der Partner zusammen und in welchen Fällen?
- Vergütungsregelung: Offenlegung aller Kosten und Ertragskomponenten des Partners. Welche Leistungs-/Erfolgsorientierung wird festgelegt?
- Regelungen zu Vertragsdauer und Kündigung: Gibt es eine Vertragsdauer auf unbestimmte Zeit oder mit fester Ablaufzeit? Gibt es eine Verlängerungsoption oder eine Abwicklung über das Vertragsdatum hinaus?

3.3 Mehrwert des Outsourcings, im Forderungsmanagement am Beispiel der Bad Homburger Inkasso

Der Mehrwert gliedert sich im Wesentlichen in die nachfolgend dargestellten drei Bereiche. Ein wesentliches Argument für das Outsourcing im Allgemeinen, und dies gilt natürlich auch beim Outsourcing des Forderungsmanagements, ist in der Substitution der fixen durch variable Kosten begründet:

Kosten	• Substitution der fixen durch variable Kosten • Personalkostenreduzierung • Sachkostenreduzierung (Arbeitsplatzkosten, Kosten der Abwicklung, z. B. Fremdkosten) • Keine zukünftigen Investitionen in Technik und Prozesse • Verlagerung des Fremdkostenrisikos auf die BHI im Nichterfolgsfall • Reduzierter Verwaltungs- und Bearbeitungsaufwand in der Sparkasse durch standardisierten Abgabeprozess mit definierter Schnittstelle → Reduzierung der Fixkosten der Abwicklung um ca. 80 % (Erfahrungswert der mit der BHI zusammenarbeitenden Unternehmen)

Abb. 8: Kostenargumente für eine Auslagerung an die Bad Homburger Inkasso

11 Vgl. entsprechende Checkliste im Anhang.

Aufgrund der Spezialisierung des Outsourcing-Partners und der damit verbundenen Kernkompetenz sprechen neben den Kostenargumenten auch die Erlösargumente für eine Auslagerung:

Erlös	▪ Hohe Bearbeitungsintensität und Einsatz vieler Kommunikationswege im Kontakt mit dem Schuldner
	▪ konsequente Bearbeitung des gesamten Forderungsportfolios – gerade im Mengengeschäft – durch:
	    ▪ Maximale Standardisierung und Automation
	    ▪ hochentwickelte IT-Systeme und Arbeitsprozesse /-logistik.
	▪ Forderungen im Bagatell-Bereich (Kleinstforderungen), die i.d.R. bei Sparkassen unberücksichtigt bleiben, können aufgrund der Automation effektiv beigetrieben werden.
	▪ Betriebswirtschaftlich lohnende Abwicklung von Altfällen, die i.d.R. bereits abgeschrieben sind, und damit verbunden eine Steigerung des Ertrags.
	▪ Höherer Anteil lang laufender Ratenvereinbarungen sichert nachhaltig höheren Erfolg.

Abb. 9: Erlösargumente für eine Auslagerung an die Bad Homburger Inkasso

Darüber hinaus existieren weitere Argumente, die für eine Auslagerung sprechen:

Steuerung	▪ Kein Aufwand durch Einzel- und Pauschalwertberichtigung auf Grund der Möglichkeit der kompletten Abschreibung und Ausbuchung im Mengengeschäft ▪ Verlagerung des operationellen Risikos auf die BHI ▪ Umfangreiches Reporting und damit Steigerung der Transparenz. ▪ Einhaltung der Qualitätsstandards der S-Finanzgruppe.

Abb. 10: Sonstige Argumente für eine Auslagerung an die Bad Homburger Inkasso

Die Gründe für diese Argumente liegen in den optimierten Prozessen der Bad Homburger Inkasso mit geringen Friktionen. In den Betrieben entsteht nach Abgabe nur ein geringer Restaufwand, und das modulare Dienstleistungsangebot sorgt dafür, dass die Bad Homburger Inkasso die komplette Wertschöpfungskette grundsätzlich abbilden kann. Ein langer Bearbeitungszeitraum bei gleichzeitig kostengünstigen Maßnahmen und ein permanenter Kontakt zum Schuldner führen langfristig zu höheren Realisierungsmöglichkeiten und damit zu einem höheren Netto-Nutzen.[12]

12 Neben qualitativen Argumenten lässt sich die Vorteilhaftigkeit einer Auslagerung an einen Spezialisten auch an einem quantitativen Beispiel verdeutlichen. Vgl. Fallstudie im Anhang.

4 Fazit

Natürlich sind mit dem Outsourcing von Unternehmensbereichen oder einzelnen Aufgaben auch Risiken wie z. B. der Verlust des eigenen Know-hows oder auch eine gewisse Abhängigkeit vom Dienstleistungspartner verbunden, die es abzuwägen gilt. Aber die qualitativen und quantitativen Argumente zeigen die Chancen auf, die eine Auslagerung des Forderungsmanagements an Spezialisten mit sich bringt. Niemand erwartet heute mehr, dass die Sitzbezüge durch den Fahrzeughersteller selbst gefertigt werden. Der Wettbewerb in der industriellen Produktion hat solche Vorgehensweisen erforderlich gemacht. Dass sich dadurch die Qualität der Sitzbezüge verbessert hat, ist sicherlich unbestritten.

Heute tritt neben der reinen Kostensicht auch in verstärktem Maße die Dienstleistungsqualität sukzessive in den Vordergrund. Damit einher geht eine deutlich zunehmende Veränderungsgeschwindigkeit, die eine Konzentration auf die Kernkompetenzen erfordert. Jedoch ist Outsourcing kein Selbstzweck, sondern die Herausforderung, einen tatsächlichen Mehrwert für den Auftraggeber zu schaffen. Dieser kann in der Erzielung höherer Erlöse, in der Reduktion von Kosten und in zusätzlichen Informationen liegen, die bei einem Spezialisten verfügbar gemacht werden können. Darüber hinaus gilt es, neben der Vereinbarung von Service Levels auch die eigenen Geschäftsprozesse auf den Prüfstand zu stellen und etwaige Auslagerungen auch dazu zu nutzen, weitere Optimierungsansätze im Hause zu finden.

Dies gilt in dieser Weise uneingeschränkt auch für den Abwicklungsbereich eines mittelständischen Betriebes. Gerade in der heutigen Zeit, geprägt von großen Turbulenzen sowohl in der Finanzwirtschaft als auch in der Realwirtschaft, sollte über die Abgabe dieser Nebenkompetenz an einen Spezialisten nachgedacht werden. Dadurch partizipiert man an den höheren Einzugserfolgen und der Senkung der dafür notwendigen Ressourcen und kann sich gleichzeitig auf die eigene Kernkompetenz konzentrieren.

Fallstudie

Die Vorteile einer Auslagerung des Abwicklungsgeschäftes an die Bad Homburger Inkasso wird anhand nachfolgender Fallstudie kurz aufskizziert.

In diesem Beispiel werden frisch gekündigte Forderungen unterstellt. Dies sind Kreditfälle nach dem Verbraucherkreditgesetz in der Standardabwicklung bis 100.000 Euro, die keine Baufinanzierung darstellen. Das Beispiel vergleicht die Ergebnisse einer mittelgroßen Sparkasse bei Eigenbearbeitung mit dem Ergebnis, wenn diese Forderungen durch die Bad Homburger Inkasso bearbeitet werden.

Für die Berechnung auf Seiten der Sparkasse sind folgende Annahmen getroffen worden:

- Höhe des Forderungsportfolios: 1.150.000 Euro
- Anzahl der Fälle: 250
- Durchschnittliches Forderungsvolumen pro Fall: 4.600 Euro
- Anzahl der Mitarbeiterkapazitäten (MAK), die in der Sparkasse die Forderungen bearbeiten: 3
- Verteilung der Fremdkosten (gewichtet nach Segmenten): durchschnittlich 3,6 Prozent.
- Durchschnittlicher Zahlungseingang ohne Sicherheitenverwertung
- Szenario 1: 32 Prozent
- Szenario 2: 24 Prozent

- Durchschnittliche Personalkosten pro MAK: 45.000 Euro
- Lohnnebenkosten (in Prozent der MAK): 15 Prozent
- Zuschlagsatz pro Arbeitsplatz (in Prozent der Personalkosten): 25 Prozent

Für die Berechnung der Bad Homburger Inkasso sind darüber hinaus weitere Daten zu berücksichtigen:

- Anzahl der MAK, die in der Sparkasse als Schnittstelle verbleiben (Empfehlung BHI): 0,2 MAK (abhängig von der Größe der Unternehmen bzw. des abgebenden Portfolios)
- Von der Sparkasse umgesetzte MAK der Schnittstelle: 1,0
- Verteilung der Fremdkosten (gewichtet nach Segmenten): durchschnittlich 2,8 Prozent
- Durchschnittlicher Zahlungseingang ohne Sicherheitenverwertung
- Szenario 1: 42 Prozent
- Szenario 2: 29 Prozent
- Provision für die BHI: 10 Prozent (netto)

Über einen Bearbeitungszeitraum von acht Jahren gerechnet, ergeben sich die in der Abbildung 11 dargestellten Werte.

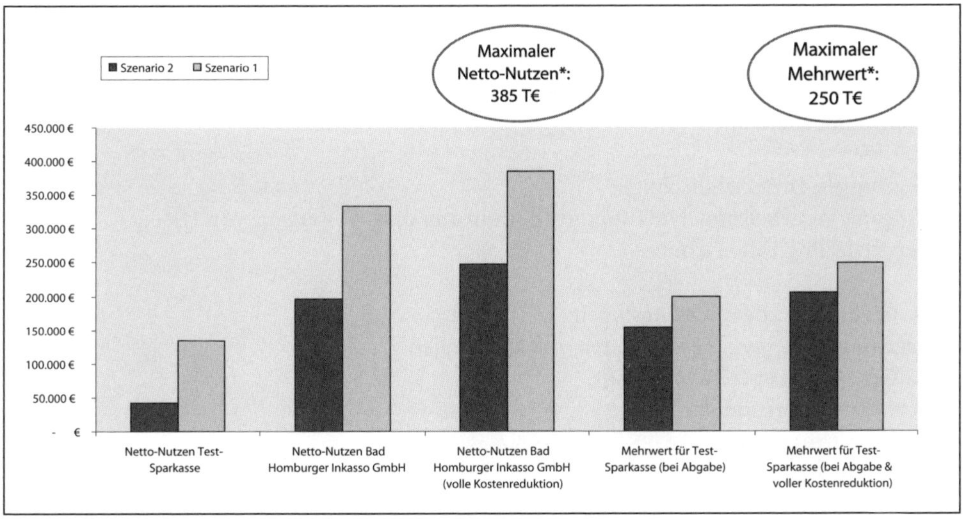

Abb. 11: Netto-Nutzen und Mehrwert einer Auslagerung Forderungen anhand einer Sparkasse[13]

Unter Netto-Nutzen wird der Rückfluss nach Abzug aller Kosten (Fremdkosten, Personalkosten etc.) verstanden. Der Mehrwert stellt den Unterschied des erwirtschafteten Netto-Nutzen zwischen Sparkasse und Bad Homburger Inkasso dar.

Der Netto-Nutzen der Bad Homburger Inkasso, sowohl in Szenario 1 als auch 2, liegt deutlich über dem Wert der Test-Sparkasse.

Der Unterschied zur vollen Kostenreduktion ist darin begründet, dass sich in diesem Beispiel die Test-Sparkasse für eine höhere verbleibende Schnittstelle entschieden hat, als dies von der Bad Homburger Inkasso empfohlen wird. Würde die Sparkasse die Kapazität

13 Maximaler Netto-Nutzen: 385.000 Euro, maximaler Mehrwert: 250.000 Euro. Diese stellen sich nach dem Bearbeitungszeitraum sukzessive bis zum Maximal ein. Unterstellt wird, dass jährlich ein qualitativ und quantitativ gleichwertiges Portfolio abgegeben wird (ceteris paribus).

der Schnittstelle auf den minimalen Wert herunterfahren, könnten sowohl Netto-Nutzen als auch Mehrwert weiter gesteigert werden (Säulenpaare drei und fünf).

Checkliste für vertragliche Vereinbarungen im Forderungsmanagement

Fagestellungen

1. Art der Zusammenarbeit:
- Treuhand oder Kauf
- Art der Forderungen

2. EDV-Programme und Serviceleistungen:
- Technik
- Programme
- Zertifizierung der IT und/oder der Prozesse

3. Regelungen zur Verschwiegenheitsverpflichtung
- Verpflichtung der Mitarbeiter auf Verschwiegenheit
- Kontrollmechanismen

4. Regelungen zum Datenschutz:
- Umgang Verarbeitung, Nutzung, Aufbewahrung und Weitergabe von Daten
- Zertifizierung Datenschutz

5. Festlegung von Bearbeitungsregeln:
- Regelung für Übergabe von Daten und Unterlagen
- Festlegung Kompetenzregelung
- Verrechnungsgrundlagen
- Aufbewahrungsfristen

6. Regelungen zu Haftungsbeschränkungen:
- Wer haftet für was und wann?

7. Regelungen zur Zusammenarbeit mit Rechtsanwälten:
- Welcher Partner bei welchen Fällen?

8. Vergütungsregelung:
- Offenlegung aller Kosten und Ertragskomponenten
- Festlegung der Leistungs-/Erfolgsorientierung

9. Regelungen zu Vertragsdauer und Kündigung:
- Vertragsdauer auf unbestimmte Zeit oder mit fester Ablaufzeit
- Verlängerungsoption
- Abwicklung über das Vertragsdatum hinaus

Literatur

Bruch, H.: Outsourcing – Konzepte und Strategien, Chancen und Risiken, Wiesbaden 2000.

Cunningham, P. A./Fröschl, F.: Outsourcing – Strategische Bewertung einer Informationsdienstleistung, Frankfurt a. M. 2002.

Fieseler, B. M./Krause, Dr. R. H.: Modell K – Modellorganisation effiziente und risikoorientierte Kreditbearbeitung – Umsetzungshandbuch Version 2.0., Berlin 2007.

Heinrich, L. J.: Informationsmanagement, 7. Aufl., München/Wien 2002.

Hodel, M.: Outsourcing-Management kompakt und verständlich, Braunschweig et al. 1999.

Horchler, H.: Outsourcing – Eine Möglichkeit zur Wirtschaftlichkeitsoptimierung der Unternehmensfunktionen und Unternehmensprozesse, Köln 1996.

Krieger Frederike: Erfolgsmodell der Sparkassen unter Druck, in Financial Times Deutschland – Online Ausgabe vom 27.7.2008.

Koppelmann, U.: Grundsätzliche Überlegungen zum Outsourcing, in: Koppelmann, U. (Hrsg.): Outsourcing, Stuttgart 1996.

Niebling, J.: Outsourcing – Rechtsfragen und Vertragsgestaltung, 3. Aufl., Stuttgart et al. 2006.

Juoanne-Diedrich, H. von: 15 Jahre Outsourcing-Forschung, in: Zarnekow, R./Brenner, W.

Großmann, H. (Hrsg.), Informationsmanagement: Konzepte und Strategien für die Praxis, Heidelberg 2004, S. 125–133.

Zahn, E./Ströder, K./Unsöld, C.: Leitfaden zum Outsourcing von Dienstleistungen – Informationen für die Praxis, 2. Aufl., Stuttgart 2007.

Riedl, R.: Begriffliche Grundlagen des Business Process Outsourcing, in: Information Management und Consulting 18 3/2003, S. 6–10.

Wagemann, R.: Prozessoptimierung und Outsourcing, in: Sparkassen Management-Praxis, Heft 52, Stuttgart 2006, S. 10–14.

Multidisziplinäre Finanzmanagementberatung zur Stärkung des Finanzbereiches mittelständischer Unternehmen

Andreas Ball/Markus Steitz

1 Einleitung

Die Finanzen sind ein sensibler Bereich für jeden Mittelständler und meist »Chefsache«. Selbst heikle Fragen werden i. d. R. nur mit dem Bankberater besprochen. Dabei gibt es eine Reihe von finanzwirtschaftlichen Handlungsfeldern, in denen eine unabhängige Fachberatung geboten ist. Insbesondere auf Finanzierungsfragen spezialisierte Steuerberater und Wirtschaftsprüfer bieten neben einer hohen fachlichen Expertise auch die notwendige, berufsrechtlich regulierte Unabhängigkeit, die gewährleistet, dass der Unternehmer frei von Eigeninteressen beraten wird.

Handlungsbedarf im Finanzmanagement ergibt sich auf der einen Seite sicherlich aus veränderten Rahmenbedingungen für den Finanzbereich. So rückte, ausgelöst von diversen Bilanzskandalen, unweigerlich das Thema »Corporate Governance« in den Vordergrund, verknüpft mit der Forderung nach dem Auf- bzw. Ausbau eines angemessenen internen Kontrollsystems im Finanzbereich. Gleichzeitig führte die steigende Volatilität an den Finanzmärkten den Unternehmen die Bedeutung eines effektiven Risikomanagements sehr deutlich vor Augen. Die jüngste Finanzkrise mit ihren Auswirkungen auf den finanzwirtschaftlichen als auch den realwirtschaftlichen Sektor stellte den Finanzbereich ebenfalls auf eine harte Probe: Die verschärfte Kreditvergabepolitik, einhergehend mit steigenden Informationsanforderungen seitens der Banken, erhöhten Finanzierungskosten, vermehrten Forderungsausfällen und nicht zuletzt die Ungewissheit darüber, wie sich die Finanzkrise auf das eigene operative Geschäft auswirkt, erfordert zumindest ein Überdenken der bisherigen Vorgehensweisen und Methoden des Finanzbereichs.

Auf der anderen Seite eröffnete die Weiterentwicklung der Informationstechnologie den Unternehmen die Möglichkeit, die Finanzprozesse im Sinne einer fortschreitenden Automatisierung effizienter zu gestalten und damit die über die Jahre hinweg gestiegenen Kosten zu mindern. Zudem erforderte auch die in den vergangenen Jahren oftmals von Unternehmen getroffene Entscheidung zur Einführung internationaler Rechnungslegungsstandards umfangreiche unternehmensspezifische Anpassungen – insbesondere auch im Finanzbereich beim Einsatz von einfachen und sogenannten strukturierten Finanzinstrumenten.

Dieser Beitrag untersucht ausgewählte Handlungsfelder im Finanzbereich, bei denen auf Grund der Komplexität der Themenstellung oder der Erfordernis vorhandener Projekterfahrung das Einschalten eines ausgewiesenen Fachberaters sinnvoll und zweckmäßig erscheinen kann.

2 Cash- und Liquiditätsmanagement

Der verstärkte Fokus von Banken und Unternehmen auf Liquidität, ausgelöst durch einen augenscheinlichen Kreditengpass im Zuge der Finanzkrise, welcher für Mittelstandsunternehmen zum Teil deutlicher spürbar ist, erfordert eine schnelle und zielgerichtete Anpassung der Strukturen, Prozesse und Methoden im Finanzbereich. Liquiditätskennzahlen, wie beispielsweise »Free Cash Flow«, werden bei der Unternehmensanalyse zukünftig eine noch gewichtigere Rolle zuteil werden. Ein Unternehmen muss heute mehr als zuvor in der Lage sein, Banken und Investoren aussagekräftige Informationen über die vorhandene Liquidität des Unternehmens sowie deren künftige Entwicklung zur Verfügung zu stellen.

Grundvoraussetzung hierfür ist ein vollständiger und gleichzeitig zeitnaher Überblick über alle relevanten liquiditätswirksamen Transaktionen der Unternehmensgruppe. Beispielsweise sei hier auch erwähnt, dass die Position Steuern oftmals nicht ohne weiteres zeitnah im Unternehmen konzernweit bestimmt werden kann; von einer belastbaren Steuerplanung ganz zu schweigen. Aber gerade die Identifizierung und Aggregation sämtlicher liquiditätswirksamen Transaktionen und deren Vorausschau stellt Mittelstandsunternehmen in der Praxis häufig auf Grund unzureichender Strukturen und Prozesse vor große Herausforderungen. Einen Lösungsansatz bieten hier moderne Cash-Management-Systeme, welche von Banken, aber auch von bankunabhängigen Systemhäusern angeboten werden. Gerade hier haben sich in den letzten Jahren im Hinblick auf Funktionalitäten und Prozessabbildung erhebliche Verbesserungen ergeben, die Unternehmen heute in die Lage versetzen, genauer die Liquidität des Unternehmens zu bestimmen. Trotz aller Konsolidierung ist die Anzahl der Anbieter solcher Systemlösungen nach wie vor sehr umfangreich. Vor diesem Hintergrund kommt einem strukturierten und objektivierten Auswahlprozess, an dessen Anfang die Definition der unternehmensindividuellen Anforderungen an das neue System steht, eine besondere Bedeutung zu.

Eine Erhöhung der Transparenz über die verfügbare Liquidität kann zudem durch eine Reduzierung der Bankverbindungen im Unternehmen sowie eine Verbesserung der Bankkontenstruktur durch Einführung geeigneter Cash-Pool-Verfahren erreicht werden. Letzteres geht in den meisten Fällen mit einer Optimierung des Zinsergebnisses, einer Reduzierung der Transaktionskosten und administrativen Kosten einher. Die Entscheidung darüber, welche Länder, Tochtergesellschaften, Währungen und Konten in das Cash Pooling einbezogen werden, ist das Resultat fundierter länderspezifischer Analysen. Unternehmenszukäufe und -zusammenschlüsse führen dazu, dass bestehende Cash-Pooling-Strukturen laufend überdacht werden müssen. Erfolgt die Betrachtung grenzüberschreitend, müssen neben Kosten und Nutzen ebenfalls steuer-, devisen- und aufsichtsrechtlichen Aspekten Rechnung getragen werden.

Hat das Unternehmen die vorhandenen Konten »im Griff«, geht es im nächsten Schritt darum, den Finanzstatus um geplante unternehmensinterne wie externe Zahlungsströme zu ergänzen mit der Zielsetzung, sich ein umfassendes Bild über die Fähigkeit zu verschaffen, Verbindlichkeiten auch künftig jederzeit bedienen zu können. Hierzu bedarf es einer verlässlichen Liquiditätsplanung mit den notwendigen Prozessen zur Identifikation der erwarteten Liquiditätszuflüsse und -abflüsse. Als Benchmark hat sich in diesem Zusammenhang eine rollierende, währungsdifferenzierte Planung etabliert, welche monatlich von den dezentralen Einheiten aktualisiert wird. Entscheidend für die Aussagekraft der Liquiditätsplanung ist es, sämtliche Schwankungsfaktoren zu identifizieren und zu quantifizieren. Die außerordentlichen Ausschläge im Währungs- und Rohstoffpreisbereich, die Forderungsausfälle, welche sich insbesondere auch im Zuge der Finanzkrise offenbart haben, der Einbruch geplanter Umsätze, Umsatzsteuerplanungen, die überarbeitet werden müssen, oder aber die Kündigung nicht genutzter Kreditlinien zeigen, dass die Planung an vielen Stellen Unsicherheiten ausgesetzt ist. Diese Unsicherheiten sollten mittels geeigneter Risikomodelle im Rahmen der Liquiditätsanalyse berücksichtigt werden.

Durch die Umsetzung des einheitlichen europäischen Zahlungsverkehrsraums für Euro-Zahlungen SEPA (»Single Euro Payments Area«) sowie die fortschreitenden Mittelstandsinitiativen der belgischen SWIFT-Gesellschaft (»Society for Worldwide Interbank Financial Telecommunication«) wird es zu weiteren Veränderungen im Zahlungsverkehr kommen. Wurde im Januar 2008 die SEPA-Überweisung bereits eingeführt (d. h. in 31 SEPA-Ländern können grenzüberschreitende Euro-Zahlungen als Inlandszahlungen getätigt werden), so steht die Einführung der SEPA-Lastschrift noch aus (Zieldatum: November 2009). Damit wird sich aber die Bewegung zur Erreichung einer »kritischen Masse« beschleunigen, dem Zeitpunkt, ab dem die nationalen Zahlungsmittel dann final ersetzt werden sollen. Unternehmen sollten deshalb bereits jetzt einen Fahrplan festlegen und dies als Gelegenheit verstehen, interne Zahlungsabwicklungsprozesse zu optimieren. Gelingt es SWIFT, für den Mittelstand finanziell interessante Angebote zu entwickeln, kann durch direkte Anbindung an die Datenfernübertragung auf bankenspezifische Zahlungsverkehrssysteme verzichtet werden. An dieser Stelle gilt es, die Vorteile von SWIFT, welche unter anderem in der standardisierten, vollautomatisierten Datenübertragung, der Sicherheit bei den Übertragungsprozessen sowie der Möglichkeit zur Durchführung automatischer Abgleiche von Geschäftsbestätigungen für Devisen- und Geldmarktgeschäfte, im Rahmen einer Potenzialanalyse den entstehenden Kosten gegenüberzustellen.

3 Anlagen und Finanzierungen

Ungeachtet der verschärften Kreditvergabepolitik seitens der Banken wird der klassische Bankkredit weiterhin eine gewichtige Rolle im Finanzierungsmix spielen. Die Bankenkrise hat gezeigt, dass die vorgenannten Bemühungen zur Schaffung von Transparenz hinsichtlich der Liquidität in ein fundiertes Covenant-Management (Kreditvereinbarungsklauseln) eingebunden sein müssen. Eine einfache Unterscheidung von zugesagten bzw. »bis auf Weiteres«-Kreditlinien reicht hier nicht mehr aus. Vielmehr gilt es, ein entsprechendes Frühwarnsystem zu implementieren, welches anzeigt, ob die Gefahr besteht, dass durch schlagend werdende Risiken Covenants in den Folgequartalen verletzt werden. Ein effektives Covenant-Management gibt Unternehmen die Möglichkeit, rechtzeitig zu handeln und entsprechende Maßnahmen frühzeitig einzuleiten, und beugt damit unangenehmen Gesprächen und Verhandlungen bank- wie unternehmensseitig vor.

Syndizierte Kredite, Mezzanine-Finanzierungen, Commercial-Paper-Programme oder ABS-Strukturen als Alternativen zum bilateralen Bankkredit eröffnen dem Mittelstand weitere Finanzierungsquellen. Gleichzeitig ergeben sich daraus neue Bilanzierungs- und Bewertungserfordernisse für die Unternehmen. Bei der erstmaligen Verwendung solcher Instrumente ist es angeraten, dass das Treasury das Rechnungswesen und ggf. externe fachliche Experten frühzeitig einbindet, um Überraschungen bei der Erstellung der Quartals- und Jahresabschlüsse zu vermeiden. Insbesondere in der Absicherung von antizipierten Risikopositionen ergeben sich vielfältige Diskussionspunkte nach HGB und internationalen Rechnungslegungsvorschriften (Bewertungseinheiten/Hedge Accounting). Darüber hinaus sollte überprüft werden, inwiefern die Geschäfte ordnungsgemäß in den vorhandenen ERP- und Treasury-Management-Systemen erfasst werden können, da sich hieraus wieder Konsequenzen für die Buchhaltung, das Risikomanagement sowie das Liquiditätsmanagement ergeben.

In Ergänzung zur Fremdfinanzierung sollten Unternehmen verstärkt Bemühungen anstellen, ihre Innenfinanzierungskraft durch eine intensive Analyse und Optimierung des »Working Capitals« zu stärken. Durch Verringerung der Bindungsdauer des Working Capitals, also des Zeitraums, bis ein zur Erstellung eines Produktes ausgegebener Euro in der Kasse (zuzüglich der Marge) vereinnahmt wird, kann Liquidität im Unternehmen freigesetzt werden.

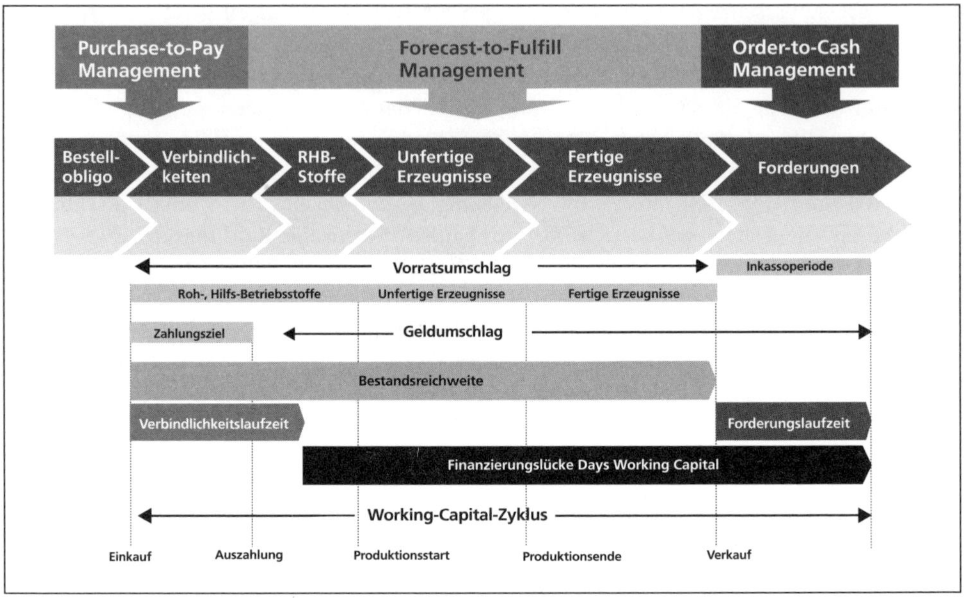

Abb. 1: Working-Capital-Zyklus

Die gewonnene Liquidität kann zu einer Rückführung der Fremdfinanzierung genutzt werden, was mit einer Reduzierung des Zinsaufwands einhergeht. Im gleichen Zug ergibt sich eine Verbesserung der Unternehmenskennzahlen, der Kapitalrentabilität und ggf. des »Financial Covenant« und trägt damit zweifellos bei, dass die Ausgangslage zur Aufnahme externer Mittel zukünftig verbessert wird. Mehr als in anderen Finanzbereichen sind zur Optimierung des Working Capitals weit reichende Prozess-, Branchen- und »Best Practice«-Kenntnisse gefragt.

Das Asset Management gewinnt auch im Mittelstand zunehmend an Bedeutung – sei es, dass überschüssige Geldbestände nach einer adäquaten Anlage suchen, oder aber, dass im Zuge von Übernahmen Liquidität kurzfristig »geparkt« werden muss. Die Verfügbarkeit vieler Kapitalmarktprodukte in kleinen Losgrößen unterstützt sicherlich diesen Trend, trägt auf der anderen Seite jedoch nicht gerade zu einer Erleichterung der Strategiefindung und Produktauswahl bei. Wer die Suche nach der geeigneten Anlageform für aus dem Cash Pooling resultierende Überschüsse scheut, sollte sich nach Angeboten von Banken umschauen, welche eine automatische Anlage der Liquidität zu einer attraktiven Verzinsung vorsehen.

Neben operationellen Risiken standen im Kapitalanlage-Risikomanagement in der Vergangenheit häufig Liquiditäts- und Marktrisiken im Fokus. Im Zuge der Bankenkrise gewinnt jedoch ein ganz anderes Risiko immer mehr an Bedeutung: das Kontrahentenrisiko, d.h. das Ausfallrisiko der Finanzdienstleister. Bei der Überwachung des Kontrahentenrisikos reicht es keinesfalls mehr aus, sich blind auf die Bonitätsbeurteilung von Rating-Agenturen wie Fitch, Moody's oder Standard & Poor's zu verlassen. Das Unternehmen sollte überlegen, ein eigenes Frühwarnsystem für seine Kontraktpartner (inklusive der Geschäftspartner aus dem realwirtschaftlichen Bereich) aufzubauen. Dies ist ein selbst für sehr große Unternehmen noch weitestgehend unbekanntes Terrain. Hier kann jedoch auf vorhandene Methoden aus der Finanzdienstleistungsbranche zurückgegriffen werden, welche in adäquater Weise auf die Bedürfnisse des Mittelständlers zuzuschneiden sind mit der Zielsetzung, einem möglichen Verlust von Anlagewerten vorzubeugen.

4 Finanzrisikomanagement

Die Bedeutung eines effektiven Finanzrisikomanagements wird in Zeiten der Bankenkrise besonders deutlich vor Augen geführt. Der Gesetzgeber hat mit seiner Forderung nach einem Überwachungssystem zur Früherkennung von den Unternehmensfortbestand gefährdenden Entwicklungen (§§ 91 Abs. 2 AktG, wobei hier eine Ausstrahlwirkung auf große GmbH und GmbH & Co KG besteht) sowie nach einer Benennung von Risiken in der künftigen Entwicklung (§ 289 Abs. 1 HGB) den regulatorischen Rahmen geschaffen.

Zu den finanzwirtschaftlichen Risiken zählen gemeinhin das Liquiditätsrisiko (siehe Abschnitt 2), das Kontrahentenrisiko (siehe Abschnitt 3), das Zins- und Währungsrisiko und das Rohstoffpreisrisiko. Schwankungen der Marktpreise setzen Unternehmen dem Risiko volatiler Erträge und unsicherer Zahlungsströme aus. 2008 hat gezeigt, dass einige der am meisten gehandelten Währungspaare sehr starken Auf- und Abwertungen ausgesetzt waren. Die Volatilität im Zinsbereich mit zunächst noch steigenden Zinsen und dem dann einsetzenden rasanten Rückgang des Zinsniveaus oder im Rohstoffbereich mit dem abrupten Sturz des Ölpreises von historischen Höhen waren für viele Mittelständler nicht minder belastend für die Unternehmensergebnisse.

Startpunkt des Finanzrisikomanagements bildet die Ermittlung einer Risikoposition pro Risikofaktor. Während die Währungs- und Rohwarenpreisrisiken im ersten Schritt oftmals dezentral durch die operativen Einheiten erhoben werden, finden die Bestimmung der Zinsrisikoposition und nachgelagert die Steuerung zumeist ausschließlich auf zentraler Ebene statt. Ungeachtet dessen, an welcher Stelle im Unternehmen die Risikopositionen erstmalig erhoben werden, sollte ein Informationsfluss hin zum zentralen Finanzbereich sichergestellt werden, um eine Aggregation der Risiken auf Gruppenebene zu ermöglichen. Hierzu bieten die meisten der am Markt verfügbaren Systemlösungen geeignete Plattformen an, welche sowohl die Erfassung als auch die Bündelung der Risikopositionen ermöglichen. Zum Erhalt der Datenintegrität ist eine unbedingte Verknüpfung der Liquiditätsplanung mit der Exposure-Planung sicherzustellen.

Basierend auf den aggregierten Exposuredaten können der Einfluss von Schwankungen der Risikofaktoren auf die wesentlichen Performance-Kennziffern des Unternehmens modelliert und entsprechende Sicherungsstrategien ausgearbeitet werden. Grundvoraussetzung für die akkurate Ermittlung des Währungs- sowie des Rohwarenpreis-Exposure ist die Bestimmung des ökonomischen Risikohorizonts, der sich an der Art und Ausgestaltung der operativen Geschäfte orientiert.

Die Frage, welche der am Markt verfügbaren Finanzinstrumente am Besten zur Steuerung der Finanzrisiken geeignet sind, kann nur im Einzelfall vor dem Hintergrund der unternehmensspezifischen Gegebenheiten und der verfolgten Zielsetzung beantwortet werden. Unter anderem spielen hierbei Faktoren wie Risikobereitschaft des Unternehmens, Qualifikation der Mitarbeiter, Risikoprofil und Kosten des Instruments, Art und Eintrittswahrscheinlichkeit des zu Grunde liegenden Risikos und in letzter Konsequenz auch die Wettbewerbssituation des Unternehmens eine Rolle. Daneben sollte berücksichtigt werden, dass gerade der Einsatz komplexer Finanzprodukte, wie sie zahlreich von den Banken angeboten werden, erhöhte Anforderungen an die Strukturen, Prozesse und Systeme im Finanzbereich stellt.

Der Handel selbst sollte innerhalb eines geeigneten operativen Rahmens erfolgen. Dieser sollte zum einen die organisatorischen Strukturen und Prozesse im Unternehmen, zum anderen aber auch die Bedeutung der Risiken für das Unternehmen berücksichtigen. Häufig sind die Etablierung einer funktionalen Trennung sowie eine stringente Umsetzung des Vier-Augen-Prinzips auf Grund der knappen Personalbesetzung im Finanzbereich von Mittelstandsunternehmen mit Problemen verbunden. Umso wichtiger ist es, bei der Konzeption der Risikomanagement-Strukturen und -prozesse geeignete alternative Kontrollmechanismen (z. B. Systemkontrollen) zur Risikokompensation vorzusehen. In jedem Fall sollte im Hinblick auf die Ausgestaltung des internen Kontrollsystems im Finanzbereich eine Abstimmung mit dem Wirtschaftsprüfer erfolgen.

Zur Überwachung der verbleibenden Risiken ist bereits bei vielen Mittelstandsunternehmen ein Treasury-Berichtswesen etabliert, welches den Finanzvorstand und ggf. andere Steuerungs- und Kontrollgremien über den Liquiditätsstatus sowie die Umsetzung der Risikostrategien informiert. Dem Berichtswesen sollte der Grundsatz »Qualität statt Quantität« als Motto dienen. In vielen Fällen ergeben sich hier deutliche Verbesserungspotenziale im Hinblick auf Inhalt und Aussagekraft der Risikoberichte.

5 Management von Steuern und Abgaben

Die Steuern bilden einen der bedeutendsten Kostentreiber eines Unternehmens. Nicht zuletzt deshalb nimmt das steuerliche Risikomanagement auf der Agenda mittelständischer Unternehmen zunehmend eine zentrale Rolle ein.

Im Bereich des steuerlichen Risikomanagements geht es darum, Liquiditätsrisiken zu minimieren, die darauf beruhen, dass das Unternehmen seinen steuerlichen Erklärungs- und Abführungspflichten nicht fristgerecht nachkommt. Im Rahmen einer steuerlichen oder sozialversicherungsrechtlichen Außenprüfung erhobene Steuern und Abgaben führen bei mittelständischen Unternehmen nicht selten dazu, dass die Unternehmen unter existenziellen Liquiditätsnöten leiden. In Zeiten der Globalisierung ist dabei vermehrt festzustellen, dass im internationalen Rechtsverkehr geltende Dokumentationspflichten missachtet werden. Fehlende Zoll- und umsatzsteuerliche Nachweise bei grenzüberschreitenden Lieferungen und Leistungen wie auch die fehlende Dokumentation von Verrechnungspreisen mit verbundenen Unternehmen können auch noch nach Jahren zu gravierenden Zahlungspflichten führen. Von Relevanz sind in diesen Fällen nicht nur Steuernachzahlungen, sondern auch Verspätungszuschläge und Säumniszinsen.

Es ist die Aufgabe der Unternehmensleitung, durch eine Steuerplanung sicherzustellen, dass alle liquiditätswirksamen Steuern und Abgaben fristenkongruent Eingang in die betriebliche Finanzplanung finden und auch tatsächlich abgeführt werden. IT-gestützte Lösungen können gerade bei größeren mittelständischen Unternehmen mit einer Vielzahl von Gruppengesellschaften einen wesentlichen Beitrag beim steuerlichen Risikomanagement leisten. Zentrale Voraussetzung eines wirkungsvollen Managements von Steuern ist dabei in jedem Fall, dass im Finanzmanagement und Rechnungswesen des Unternehmens Mitarbeiter tätig sind, die mit den sich rasant entwickelnden steuerlichen Rahmenbedingungen vertraut sind. Hier kommt der steuerlichen Mitarbeiteraus- und -fortbildung eine hohe Bedeutung zu. Dennoch kann in der Praxis kaum ein Unternehmen auf die Beratung durch einen qualifizierten Steuerberater bzw. Wirtschaftsprüfer verzichten.

6 Finanzierungsform und Steuerlast

Finanzierungsentscheidungen sind steuersensitiv. Um die Steuerbelastung im Unternehmen zu minimieren, sollten die Finanzierungsaufwendungen möglichst vollständig und zeitnah steuerlich abzugsfähig sein und die Besteuerung der Vermögenserträge, wenn nicht ausgeschlossen, so doch zumindest aufgeschoben sein. Die Finanzierungsfreiheit, d. h. das Recht eines Unternehmens, sich wahlweise durch Eigen- oder Fremdkapital zu finanzieren, wird dabei nicht nur durch die Kreditvergabepraxis der Banken eingeschränkt. Auch der Steuergesetzgeber hat Finanzierungsspielräume durch eine Reihe von gesetzlichen Bestimmungen beschränkt, die bei der Finanzierungsentscheidung des Unternehmers von ausschlaggebender Bedeutung sein können.

Insbesondere durch die mit der Unternehmenssteuerreform 2008 eingeführte Zinsschranke werden die steuerlichen Rahmenbedingungen für die Finanzierung von Unternehmen mit Fremdkapital verschlechtert. Mit der Zinsschranke wird die Abzugsfähigkeit von Zinsaufwendungen vom Gewinn eines Unternehmens abhängig gemacht. Grundsätzlich sollen Zinsaufwendungen, soweit sie den Zinsertrag übersteigen, nur noch in Höhe von 30 Prozent eines nach steuerlichen Grundsätzen zu ermittelnden EBITDA abziehbar sein. Der Gesetzgeber beabsichtigt durch Einführung der Zinsschranke, der aus seiner Sicht übermäßigen Fremdkapitalquote deutscher Konzerne und damit einhergehenden Gewinnverlagerungen ins Ausland entgegenzuwirken. Erfasst werden sollen bestimmte Fälle der Konzernfinanzierung unter Einbeziehung ausländischer Konzerngesellschaften (Down-Stream-Inbound- und Up-Stream-Inboundfinanzierungen). In der Praxis erfasst die Zinsschranke jedoch alle Zinsaufwendungen gerade auch aus »normalen« inländischen Bankfinanzierungen. Im Ergebnis führt dies dazu, dass die traditionell mit geringer Eigenkapitalbasis ausgestatteten mittelständischen Unternehmen unter der Zinsschranke leiden. Für den Berater besteht eine Reihe von Ansatzpunkten, um bei der Unternehmensfinanzierung den Anwendungsbereich der Zinsschranke möglichst klein zu halten.

So greift die Zinsschranke nicht ein, wenn der die Zinserträge übersteigende Zinsaufwand weniger als eine Million Euro beträgt. Die Zinsaufwendungen sind dabei für Zwecke der Zinsschranke »betriebsbezogen« zu ermitteln.

Die Zinsschranke ist im Übrigen nur auf konzernzugehörige Betriebe anzuwenden. Ausgenommen von der Konzernregel sind lediglich Unternehmen, die überwiegend durch Gesellschafterdarlehen finanziert werden. Schließlich greift die Zinsschranke nicht, wenn die Eigenkapitalquote des Betriebes nicht niedriger als die der Unternehmensgruppe ist, wobei eine Toleranz von lediglich einem Prozent gewährt wird.

Zur Sicherung des Steueraufkommens der Kommunen sieht die Unternehmenssteuerreform 2008 des Weiteren eine erhebliche Ausweitung der gewerbesteuerlichen Hinzurechnungsbestimmungen in § 8 GewStG vor. Im Grundsatz sollen alle Aufwendungen, die ein Finanzierungselement im weitesten Sinne beinhalten, nur noch eingeschränkt bei der Ermittlung des Gewerbeertrages abgezogen werden. Dem Gewerbeertrag wieder hinzugerechnet werden nicht nur 25 Prozent der Zinsaufwendungen und anderer Entgelte auch für kurzfristige Darlehen, sondern auch 5 Prozent der Miet- und Pachtzinsen für bewegliche sowie neuerdings 18,75 Prozent der Miet- und Pachtzinsen für unbewegliche Wirtschaftsgüter. Damit wird nicht nur die klassische Kreditfinanzierung, sondern auch das Leasing als Finanzierungsalternative gewerbesteuerlich gegenüber einer Eigenkapitalfinanzierung benachteiligt.

7 Zusammenfassung

Innerhalb der letzten Jahre haben sich für den Finanzbereich von Mittelstandsunternehmen zahlreiche und wesentliche Veränderungen ergeben. So ist eine deutliche Fokussierung auf eine Effizienzsteigerung hinsichtlich der Prozessabläufe zu beobachten. Neben eher an Effizienz orientierten Gesichtspunkten haben auch neue gesetzliche Anforderungen zu veränderten Ansprüchen an den Finanzbereich geführt. Gleichzeitig erfordert die hohe Volatilität der Marktpreise sowie die jüngsten Verwerfungen an den Finanzmärkten eine Neuausrichtung des Finanzbereichs – zumindest jedoch ein Überdenken der bislang implementierten Strukturen, Methoden und Prozesse.

Die sich aus diesen Veränderungen ergebenden Handlungsfelder im Finanzbereich sind vielschichtig. Sie reichen von der Modellierung gewisser Teilfunktionen wie den Aufbau eines Cash Pools oder die Definition von Methoden zur Messung von Zins-, Währungs- und Rohstoffpreisrisiken über den Aufbau eines eigenen Funktionsbereichs wie das Working-Capital-Management mit den dazugehörenden Prozessen hin zur Reorganisation des kompletten Finanzbereichs.

Oftmals ebenso ausschöpfend ist das Dienstleistungsspektrum, welches von Unternehmensberatern den Unternehmen zur Bewältigung dieser Aufgaben angeboten wird. Inwiefern eine Einbindung von Beratern angebracht ist, hängt im Wesentlichen davon ab, ob ausreichend personelle Ressourcen und Erfahrungen vorhanden sind, die Aufgaben effizient und im Sinne eines »Best Practice«-Ansatzes umzusetzen.

Checkliste für die erfolgreiche Auswahl eines Unternehmensberaters

- Ist das beratende Unternehmen unabhängig und verfügt es über einen »Track Record« in der Beratung beim Aufbau von Strukturen, Prozessen und Methoden zum Management der Finanzen, der Risiken und der Liquidität?
- Verfügen die Mitarbeiter des beratenden Unternehmens über langjährige finanzwirtschaftliche, steuerrechtliche und rechnungslegungsspezifische Kenntnisse und Erfahrungen in der Beratung der finanzwirtschaftlichen Ströme innerhalb und außerhalb des Unternehmens?
- Sind die Mitarbeiter des beratenden Unternehmens international ausgebildet, um konzernübergreifende Lösungen beim Mittelstand anzubieten und die Kommunikation zwischen den Landesgesellschaften zu begleiten?
- Ist das beratende Unternehmen in den wichtigsten Ländern vertreten und kann die fachliche Expertise vor Ort zur Verfügung stellen?

- Ist das beratende Unternehmen in der Lage, ein multidisziplinäres Team aus Prozess- und Transaktions- und Steuerspezialisten im Hinblick auf Kauf bzw. Verkauf von Unternehmensteilen zu bieten?
- Verfügt das beratende Unternehmen über Referenzen bei der Implementierung steuerlicher Risikomanagementsysteme?
- Ist das beratende Unternehmen bei Finanzierungsentscheidungen in der Lage, umfassende steuerliche Belastungsvergleiche zu erstellen?

Literatur

Bergitsch, Tobias: Praxisempfehlungen im Finanzmanagement mittelständischer Unternehmen, BC 2007, S. 147.

Eilers/Rödding: Neue Finanzierungsinstrumente für den Mittelstand im Steuerrecht, StbJB. 2006/2007, S. 81.

Ertl, Manfred: Finanzmanagement in der Unternehmenspraxis – Das Handbuch zur Ertragsoptimierung, Liquiditätssicherung und Risikosteuerung, München 2000.

Gebhardt, Günther/Mansch, Helmut (Hrsg.): »Empfehlungen des Arbeitskreises »Finanzierungsrechnung« der Schmalenbach-Gesellschaft für Betriebswirtschaft e.V.: Risikomanagement und Risikocontrolling in Industrie- und Handelsunternehmen«, Düsseldorf, Frankfurt am Main 2000.

Jäkel, Carsten: »Im Dreischritt – In drei Stufen zu einer sicheren Liquiditätssteuerung im Unternehmen«, in: Finance-Sonderbeilage Der Treasurer, 12/2008 – 01/2009.

Jauch, Markus: Cash-Pooling als Form der Unternehmensfinanzierung, 2. Aufl., Düsseldorf 2007.

Munkert, DStR 2008, S. 1546: Finanzierungsberatung durch Steuerberater-Prozessschritte zur Qualitätssicherung.

Seethaler, Peter/Steitz, Markus (Hrsg.): »Praxishandbuch Treasury-Management, Leitfaden für die Praxis des Finanzmanagements«, Gabler Verlag, Wiesbaden 2007.

Verband Deutscher Treasurer: »Governance in der Unternehmenstreasury«, 02/2008.

Vogler, Matthias/Gundert, Martin: »Einführung von Risikomanagementsystemen – Hinweise zur praktischen Ausgestaltung«, in: Der Betrieb (48), 51/98.

Teil C
Finanzierungsinstrumente

Private Equity – Fluch oder Segen für das Unternehmen

Heinz J. Hockmann

1 Einleitung

Die Finanzierungsstruktur eines Unternehmens passt sich regelmäßig an den Lebenszyklus des Unternehmens selbst oder seiner Produkte an. Dadurch variiert der Bedarf an Eigen- bzw. Fremdmitteln durchaus im Zeitverlauf. Während Großunternehmen ihren Kapitalbedarf auch durch Zugang zu den Kapitalmärkten decken können, ist dies den mittelständischen Unternehmen insbesondere im Hinblick auf ihre Ausstattung mit Eigenkapital oder Risikokapital im Regelfall verwehrt.

Als Kapitalgeber treten zunehmend Beteiligungsgesellschaften auf, die Beteiligungen in Form von Private Equity anbieten. Unter Private Equity sollen alle Formen der Eigenkapitalbeteiligung außerhalb von organisierten Kapitalmärkten verstanden werden. Die Private-Equity-Gesellschaften sind dabei Unternehmen, die anderen Unternehmen Eigenmittel gegen Gewährung von Anteilsrechten zur Verfügung stellen, um mittelfristig an der Wertentwicklung dieser Gesellschaften partizipieren zu können. Als Gegenleistung für die Bereitstellung von Eigenmitteln erhält der neue Kapitalgeber Kontroll-, Informations- und Entscheidungsrechte im Unternehmen.

Die Formen der Bereitstellung von Eigenmitteln sind dabei unterschiedlich. Es kann sich einerseits um Direktbeteiligungen in Form von Anteilen an Gesellschaften (AG-, GmbH- oder Personengesellschaftsanteile, insbes. in Form der KG oder GmbH & Co. KG) oder andererseits eigenkapitalähnliche Mittel (wie stille Gesellschaften oder Gesellschafterdarlehen) handeln.

Unter dem Begriff »Beteiligungskapital« werden häufig verschiedene Begriffe, wie Wagniskapital, Private Equity oder Venture Capital zusammengefasst. Es hat sich eingebürgert, den Begriff »Venture Capital« für Finanzierungen in der Frühphase eines Unternehmens oder in bestimmten Wachstumssegmenten zu verwenden. »Private Equity« wird zum Oberbegriff für alle Arten von Kapitalbeteiligungen außerhalb der organisierten Kapitalmärkte. Venture Capital ist somit eine Unterkategorie von Private Equity.

Die Notwendigkeit einer Verbesserung der Eigenkapitalausstattung mittelständischer Unternehmen wird anhand einer Analyse der Kapitalstruktur deutscher Unternehmen deutlich.

		Umsatz			
	Alle Unternehmen	bis 2 Mio. €	2-10 Mio. €	10-50 Mio. €	über 50 Mio. €
Eigenkapital	29,7	14,6	22,8	27,9	30,3
Rückstellungen	21,9	10,4	11,4	13,1	23,3
Fremdkapital	47,0	74,3	65,4	57,9	44,9
– davon gegenüber Kreditinstituten	7,7	36,3	24,6	18,3	5,7

Alle Angaben in % der Bilanzsumme

Quelle: Deutsche Bundesbank, Jahresabschlüsse von Unternehmen 2004–2005, S. 20

Abb. 1: Kapitalstruktur deutscher Unternehmen

Es ist offensichtlich, dass die Ausstattung mit Eigenkapital und sonstigen langfristigen Passiva wie Rückstellungen mit der Unternehmensgröße steigt. Gleichzeitig sind kleinere Unternehmen deutlich stärker als große von der Finanzierung über Banken abhängig. Die Auswirkungen der Finanzkrise 2008 auf die Kreditvergabebereitschaft der Banken und Verfügbarkeit von Liquidität kann damit den Mittelstand erheblich treffen.

Die Abhängigkeit von Bankkrediten ist allerdings nicht nur größenabhängig, sondern auch rechtsformbestimmt. Kapitalgesellschaften weisen nur 6,4 Prozent der Bilanzsumme als Bankkredite aus, davon AGs 3,3 Prozent und GmbHs 9,4 Prozent. Demgegenüber machen Bankkredite bei Nichtkapitalgesellschaften 15,1 Prozent der Bilanzsumme aus, bei Einzelunternehmern sogar 42,2 Prozent.

Damit wird deutlich, dass mittelständische Unternehmen über eine Verbesserung ihrer Eigenkapitalsituation durch Private-Equity-Beteiligungen u. a. mehr Unabhängigkeit gegenüber Kreditinstituten und anderen Fremdkapitalgebern erreichen können.

2 Private Equity als Finanzierungsinstrument

Private Equity kann in verschiedenen Phasen des Unternehmens zum Einsatz kommen. Man unterscheidet üblicherweise folgende Finanzierungsphasen:

- *Seed Finanzierung:* Entwicklung und Umsetzung einer Unternehmensidee, Einsatz von Private Equity zur Konkretisierung des Geschäftskonzeptes.
- *Early Stage:* Es handelt sich um die Phase der Unternehmensgründung. Das Kapital wird für die erste Wachstumsphase des Unternehmens benötigt.
- *Later Stage/Expansion:* Wachstumsfinanzierung nach Erreichen der Gewinnschwelle. Private Equity wird für Produkterweiterung, Vergrößerung der Produktionskapazitäten, Entwicklung neuer Märkte usw. eingesetzt.
- *Bridge/Pre-IPO:* Vorbereitung eines Verkaufs oder Börsengangs. In dieser Phase wird die Kapitalstruktur eines Unternehmens auf die Hereinnahme neuer externer Eigenkapitalgeber vorbereitet.
- *Buy-out:* Finanzierung für die angestrebte Übernahme eines reifen Unternehmens.
- *Turnaround Finanzierung:* Sanierung von in Schwierigkeiten geratenen Unternehmen durch Überbrückungsfinanzierungen (häufig einschließlich der temporären Übernahme von Managementfunktionen).

Die Bedeutung der verschiedenen Phasen für den Einsatz von Private Equity hat sich sichtbar verändert. Während in der Frühphase von Private-Equity-Themen wie Seed-Finanzierung, Early Stage und Start-up sowie Expansion im Vordergrund standen, ist heute das Thema Buy-out zum Hauptbetätigungsfeld von Private-Equity-Unternehmen geworden und hat durch die starke Fremdfinanzierung dieser Aktivitäten den ursprünglichen Charakter von Private Equity verändert.

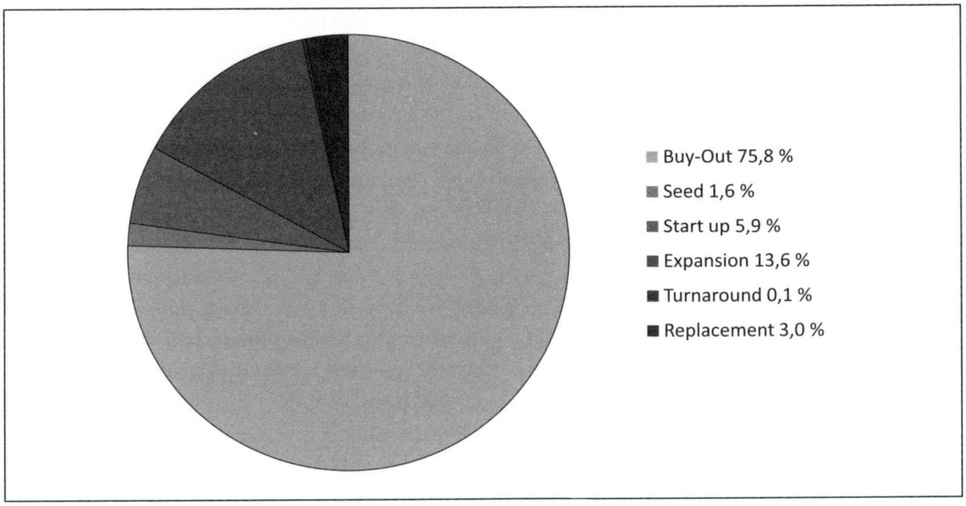

Abb. 2: Private Equity als Finanzierungsform

3 Private Equity – Investitionsprozess

Private-Equity-Investitionen verlaufen nach einem strukturierten Prozess, der in seinen Grundzügen in Abbildung 3 verdeutlicht wird. Der Prozess beginnt mit der Definition einer Investitionsstrategie des Private-Equity-Unternehmens, die Bedeutung für alle Investitionen haben wird. Auf Basis der definierten Investitionsstrategie erfolgt die Suche nach Kapitalgebern. Das Thema der Kapitalbeschaffung soll im Rahmen dieses Beitrages nicht weiter verfolgt werden. Vielmehr wollen wir uns auf die Umsetzung der Investitionsstrategie und für das mittelständische Beteiligungsunternehmen wichtige Aspekte konzentrieren.

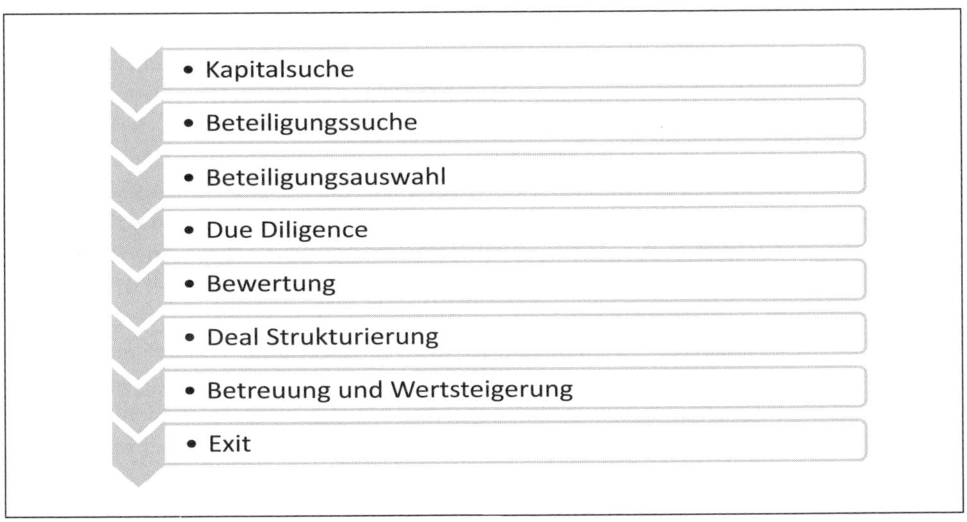

Abb. 3: Der Private Equity-Investitionsprozess

Die Suche nach potenziellen Beteiligungsunternehmen (Deal Flow) ist ein zweiseitiger Prozess. Zum einen können Unternehmen, in die investiert werden kann, durch gezielte Suche oder durch Vermittlung von Dritten identifiziert werden. Zum anderen können kapitalsuchende Unternehmen durch Eigeninitiative auf sich aufmerksam machen. Dies erscheint auch daher wichtig, da Private-Equity-Gesellschaften häufig einen passiven Ansatz der Beteiligungssuche anwenden. Vermittler sind ein bedeutender Faktor bei der Identifikation von Beteiligungen. Typische Vermittler sind Banken, Wirtschaftsprüfer, Rechtsanwälte und Unternehmensberater, zu denen der kapitalsuchende Mittelständler eine intensive Beziehung pflegen sollte.

Beteiligungen an Unternehmen sind eine relative illiquide Anlageform. Die Entscheidung für eine Beteiligung lässt sich daher schwer revidieren und ist längerfristig angelegt. Entsprechend intensiv findet die Analyse der Unternehmen statt, in die investiert werden kann. Im Rahmen einer derartigen Projektprüfung kann man zwischen einer Grobanalyse und einer Detailanalyse (Due Diligence) unterscheiden.

Die Grobanalyse dient der Entscheidungsvorbereitung. Hier geht es primär um Themen wie die Übereinstimmung mit der Investitionsstrategie der Private-Equity-Gesellschaft, der branchenmäßigen Ausrichtung und der Finanzierungsphase des Beteiligungsobjektes. Schließlich werden Fragen wie das Beteiligungsvolumen, Minder- oder Mehrheitsbeteiligung, die Beteiligungsart (Direkt- oder stille Beteiligung), die Einflussnahme auf die Geschäftsführung und die Renditeerwartung analysiert.

Im Rahmen der Detailanalyse kommt es zu einer intensiven Beschäftigung mit dem Unternehmen im Rahmen einer sog. Due Diligence unter Hinzunahme externer Spezialisten. Eine solche Due Diligence erstreckt sich über folgende Bereiche:

- Legal Due Diligence,
- Insurance Due Diligence,
- Management Due Diligence,
- Technical Due Diligence,
- Commercial Due Diligence,
- Tax Due Diligence,
- Financial Due Diligence.

Ein wesentliches Element für die Auswahl eines Unternehmens, in das investiert werden soll, ist ein überzeugendes Geschäftskonzept verbunden mit einem nachvollziehbaren Business Plan. Es soll in diesem Zusammenhang betont werden, dass Private-Equity-Gesellschaften sehr professionell vorgehen und äußerst selektiv bei der Auswahl ihrer Beteiligungen sind. Nach Analysen des Branchenverbandes BVK werden Engagements nur in eingeschränktem Maße vorgenommen, um unvorhergesehene Risiken zu vermeiden. Von den präsentierten Projektanfragen gelangen in der Regel nur ca. 2 Prozent zur tatsächlichen Investition. Daher sind ein aussagekräftiger und realistischer Business Plan sowie ein kooperativer Mittelständler bedeutsam für einen erfolgreichen Abschluss einer Transaktion.

Erst nach der Detailanalyse im Rahmen der Due Diligence kommt es zur Bewertung und anschließend zur Strukturierung einer Transaktion. Im Rahmen der Bewertung gelangen die üblichen Bewertungsverfahren zur Anwendung. Der Vorzug gehört den ertragsorientierten Bewertungsverfahren, da diese auch auf das zukünftige Potenzial des Unternehmens abstellen. Nur in Ausnahmefällen, z. B. bei Turnaround-Situationen kommen Substanzwertmethoden zum Einsatz. Es geht im Rahmen der Bewertung sowohl um eine akzeptable Preisfindung wie auch um die Abschätzung des Renditepotenzials für die Private-Equity-Gesellschaft.

Eng verbunden mit der finanziellen Bewertung ist die endgültige Strukturierung der Transaktion. Hierzu zählt die rechtliche Ausgestaltung der Beteiligung, die finanzielle Struktur der Beteiligungsverhältnisse sowie, um die Vereinbarung von Informations-, Kontroll- und Mitwirkungsrechten.

Die Beteiligungshöhe spielt bei der Strukturierung eine wesentliche Rolle. Es gibt unter den Private-Equity-Gesellschaften solche, die durchweg Mehrheitsbeteiligungen mit entsprechenden Kontroll- und Mitwirkungsrechten eingehen, und solche, die sich auf Minderheitsbeteiligungen an einer größeren Zahl von Unternehmen beschränken. Da der Mittelständler insbesondere mit der Abgabe von Informations-, Kontroll- und Mitwirkungsrechten häufig Probleme hat, bietet sich die Zusammenarbeit mit einer Private-Equity-Gesellschaft an, die sich auf Minderheitsbeteiligungen konzentriert. Es sieht allerdings anders aus, wenn der Kapitalbedarf sehr groß ist oder es sich um eine Krisensituation handelt, bei der überwiegend Mehrheitsbeteiligungen in Frage kommen.

Private-Equity-Gesellschaften sind an der finanzwirtschaftlichen Optimierung der Kapitalstruktur ihrer Beteiligungsgesellschaften interessiert. Die häufig diskutierte Auszehrung des Unternehmens durch zusätzliches Fremdkapital ist ein Thema, das primär Buy-out-Situationen betrifft und weniger bei der klassischen Rolle von Private Equity als Finanzierungsinstrument eine Rolle spielt.

Wesentlicher ist der Aspekt, in welcher Form auf die Unternehmensentwicklung und damit auf die Wertsteigerung der Beteiligung Einfluss genommen wird. Zunächst versucht man dies über Anreizstrukturen, die auf eine Übereinstimmung der Interessenlage des Eigentümers/der Geschäftsführung mit der des neu hinzutretenden Kapitalgebers abzielen. Dies erfolgt über eine stufenweise Bereitstellung von Kapital bei Erreichen bestimmter Meilensteine, über eine Kombination von Eigenkapital und Mezzanine-Kapital oder auch über performanceabhängige Beteiligungen.

Die wesentliche Maßnahme, um frühzeitig Fehlentwicklungen zu erkennen und zu korrigieren, ist allerdings eine regelmäßig und extensive Berichterstattung (Monitoring) sowie eine Präsenz in den wesentlichen Aufsichtsgremien. Die Mitwirkung in der Geschäftsführung ist eine klare Ausnahme und kommt primär bei Krisensituationen in Betracht. Informations- und Mitwirkungswünsche der Private-Equity-Gesellschaft dienen allein der Reduktion ihres Risikos.

Nach erfolgreicher Strukturierung der Transaktion und der Beteiligung am Unternehmen beschränken sich Private-Equity-Gesellschaften nicht auf die Kontrolle ihrer Beteiligungen, sondern leisten bei Bedarf Managementunterstützung und weitere Beiträge zur Wertsteigerung des Unternehmens. Diese aktive Managementunterstützung unterscheidet Private-Equity-Gesellschaften von anderen eher passiv ausgerichteten Anlegergruppen.

Ein wichtiger Faktor ist die Ausgestaltung von Anreizstrukturen zum Interessenausgleich zwischen Unternehmer und Private-Equity-Gesellschaft, da der Erfolg der Beteiligung wesentlich von dem beim Exit erzielbaren Wert abhängt. Entscheidend ist hierbei, dass nicht nur abweichendes Verhalten des Unternehmers negative Konsequenzen hat, sonder dass ebenfalls positive Anreize für zielkonformes Verhalten des Managements gegeben werden.

Der Umfang und die Intensität der Betreuung hängt vom Bedarf des Unternehmens ab. Kosten-/Nutzenüberlegungen spielen hierbei ebenso eine Rolle, da auch die Private-Equity-Gesellschaften nicht über unbegrenzte Kapazitäten verfügen. Ziel ist es, die Unternehmensentwicklung zu beschleunigen und die gemeinsam gesetzten Ziele zu erreichen.

Eine Private-Equity-Beteiligung ist von vorneherein zeitlich begrenzt. Daher spielt die Beendigung des Beteiligungsverhältnisses, *Exit* genannt, für die Rendite der Investition eine wesentliche Rolle. Die Zielsetzung, zu der die Beteiligung eingegangen worden ist, spielt ebenfalls in diese Überlegungen hinein.

Es stehen grundsätzlich 5 Exit-Möglichkeiten zur Diskussion:

- *Börsengang:* Ein IPO über die Börse ist üblicherweise die Idealvorstellung aller Beteiligten, hängt aber wesentlich von der Zielerreichung und der Börsensituation ab.
- *Trade Sale:* Hierunter versteht man den Verkauf der Beteiligung an einen industriellen oder strategischen Investor.
- *Verkauf an einen anderen Finanzinvestor:* Der Weiterverkauf an einen anderen Private-Equity-Investor gewinnt immer mehr an Bedeutung, wobei Voraussetzung ist, dass der neue Kapitalgeber strategisch zum Zielunternehmen passt.
- *Rückkauf:* Dies ist ein beliebter Weg, wenn von Seiten des Unternehmens die Beteiligung der Private-Equity-Gesellschaft auf Zeit zur Erreichung bestimmter unternehmerischer Ziele gesehen wurde.
- *Liquidation der Beteiligung:* Durch Veräußerung der Assets oder Totalabschreibung.

Abbildung 4 zeigt eine Momentaufnahme aus dem Jahre 2008. Die Bedeutung der einzelnen Exit-Kanäle schwankt mit der Aufnahmefähigkeit der Börsen und der Bereitschaft anderer Finanzinvestoren, Beteiligungen zu übernehmen. Es wird allerdings deutlich, dass der Verkauf der Beteiligung an einen strategischen Investor auch im Zeitverlauf die wichtigste Exit-Möglichkeit darstellt. Bedeutsam ist schließlich die Rückzahlung der Beteiligung durch die Gesellschaft/den Unternehmer, wenn auch in Zukunft die Unabhängkeit gewahrt werden soll.

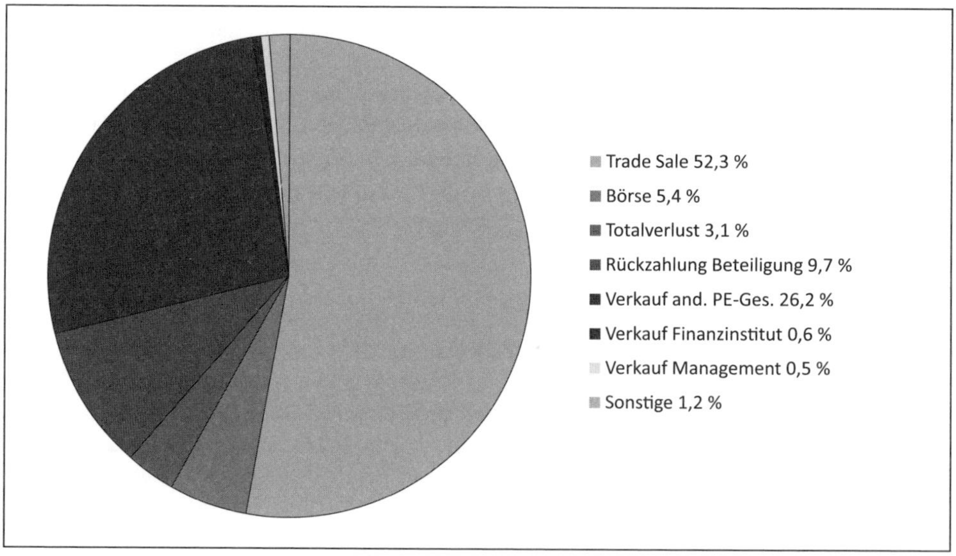

Abb. 4: Exit von Beteiligungen

4 Stärken und Schwächen von Private Equity

Mittelständische Unternehmen haben im Durchschnitt eine geringe Eigenkapitalquote. Die Möglichkeiten zur Kapitalstärkung durch den Unternehmer sind häufig begrenzt, da der überwiegende Teil des Vermögens bereits im Unternehmen investiert ist. Private Equity kann zur nachhaltigen Stärkung der Kapitalbasis insbesondere für die Expansion des Unternehmens dienen. Eine verbesserte Kapitalstruktur reduziert die Krisenanfälligkeit des Unternehmens und erhöht seine Bonität. Die bessere Bonität führt in Verhandlungen mit Banken zu größerem Kreditspielraum und/oder besseren Konditionen. Aufgrund von Ausschüttungserfordernissen der Private-Equity-Gesellschaften kann es sich allerdings um eine teure Form der Kapitalbeschaffung handeln.

Die Zurverfügungstellung von Kapital durch eine Private-Equity-Gesellschaft ist in der Regel längerfristig, z. B. mindestens fünf Jahre, was die Planungssicherheit gegenüber anderen Finanzierungen erhöht. Sie ist allerdings in jedem Fall zeitlich begrenzt, sodass die Möglichkeiten zur Rückzahlung oder Substitution durch andere Kapitalgeber (einschließlich den Unternehmer selbst) frühzeitig einzuplanen sind (siehe Exit). Ggf. ergeben sich hier Möglichkeiten zur teilweisen Realisierung von Wertsteigerungen auch für den Unternehmer selbst.

Private-Equity-Gesellschaften verlangen üblicherweise mehr Informationen als Banken, obgleich deren Informationserfordernisse durch Basel II ebenfalls gestiegen sind. Zukunftsgerichtete Informationen sind auch ein Instrument zur Erhöhung der Kreditwürdigkeit oder der Senkung der Kreditkosten. Entscheidend ist, dass der Unternehmer bereit ist, sich gegenüber den Beteiligungsgebern zu öffnen.

Die Mitwirkungsrechte, die Private-Equity-Gesellschaften beanspruchen, stellen häufig die größte Schwierigkeit für einen mittelständischen Unternehmer dar, weil die Alleinentscheidungsgewalt beschränkt wird. Die Zusammenarbeit mit einer Private-Equity-Gesellschaft sollte allerdings als Chance gesehen werden. Die Gesellschaften spezialisieren sich auf bestimmte Branchen, Größenordnungen oder Lebenszyklen von Unternehmen. Sie bringen daher zusätzliche Erfahrungen und Kontakte mit, die der Unternehmer zur Weiterentwicklung nutzbringend einsetzen kann.

5 Aktuelle Entwicklungen und Perspektiven

Die langfristige Volumensentwicklung des Private-Equity-Marktes in Europa (Abbildung 5) zeigt die steigende Bedeutung von Private Equity. Im Zuge der aktuellen Finanzmarktkrise brechen allerdings die Volumina weltweit weg, was auf die fehlenden Möglichkeiten der Fremdfinanzierung der Buy-out-Anlagen zurückzuführen ist.

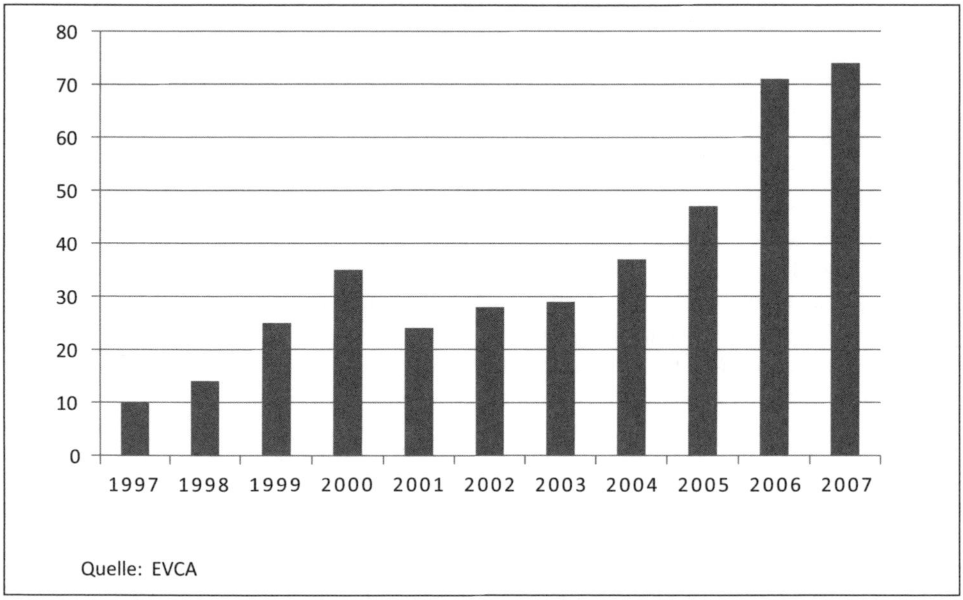

Abb. 5: Private Equity-Investments in Europa

Mittelfristig kann dies eine gesunde Entwicklung sein. Die starke Fokussierung von Private-Equity-of-Buy-out-Strukturen, ggf. mit dem Weiterverkauf an andere Private-Equity-Gesellschaften und dem Aufbau von hohen Verschuldungsgraden, hat die Ursprungsidee von Private Equity vergessen lassen. Eine Renaissance auf den Kern von Private Equity ist zu erwarten. Dies wird einhergehen mit der längerfristigen Ausrichtung und der Konzentration auf die Zurverfügungstellung von Eigenkapital. Private Equity kann damit erneut als Basis und Katalysator für das künftige Wachstum von mittelständischen Unternehmen werden.

Private-Equity-Anlagen gehören wie z. B. Hedge Fonds zur Gruppe der sog. »Alternative Investments«. Anders als bei Publikumsfonds handelt es sich um einen unregulierten Bereich. Im Zuge der krisenhaften Entwicklungen bei den ebenfalls unregulierten Hedge Fonds entsteht der Ruf nach stärkerer weltweiter Regulierung. Es bleibt offen, ob Private Equity ebenfalls hiervon betroffen sein wird und einen Teil seiner Flexibilität verlieren wird.

6 Zusammenfassung

Es ist nicht eindeutig zu beantworten, ob Private Equity ein Fluch oder Segen für das mittelständische Unternehmen ist. Die Antwort ist in erster Linie von der Interessenlage des Unternehmers abhängig. Private Equity ermöglicht die Sicherung der Stabilität des Unternehmens und ist ein Instrument zur Finanzierung von Unternehmenswachstum und Erschließung neuer Aktivitäten. Dies geht allerdings einher mit einer gewissen Aufgabe der unternehmerischen Unabhängigkeit. Die Beurteilung der Vorteilhaftigkeit hängt damit vom Einzelfall ab.

Checkliste: Eignung von Private Equity für das eigene Unternehmen

- Wird Kapital für weiteres Unternehmenswachstum benötigt?
- Wie ist die Kapitalsituation des Unternehmens? Kann weiteres Eigenkapital aus Mitteln des Unternehmers aufgebracht werden?
- Ist Bereitschaft vorhanden, mehr Informationen als bisher zu geben?
- Ist Bereitschaft vorhanden, die Unabhängigkeit teilweise aufzugeben?
- Kann das Unternehmen eine höhere Finanzierungsbelastung tragen?
- Gibt es Vorstellungen über eine faire Bewertung einer Beteiligung?
- Welche Beteiligungshöhe ist akzeptabel?
- Hat der Unternehmer bereits Kontakte zu Private-Equity-Gesellschaften?
- Passen die Private-Equity-Gesellschaften zum Unternehmen? (Branchenerfahrung, aktuelle Phase der Unternehmensentwicklung, Bekanntheitsgrad)
- Kann die Private-Equity-Gesellschaft unternehmerischen Input leisten?
- Verfügt der Unternehmer über Kapazitäten, um sich mit einem weiteren Kapitalgeber auseinanderzusetzen?

Literatur

Grünbichler, Andreas/Graf, Steffen/Gruber, Alfred: Private Equity und Hedge Funds. Alternative Anlagekategorien im Überblick, Frankfurt am Main 2001.

Kaserer, Christoph/Schiereck, Dirk/Achleitner, Ann-Kristin/von Einem, Christoph: Private Equity in Deutschland: Rahmenbedingungen, ökonomische Bedeutung und Handlungsempfehlungen, Norderstedt 2007.

Pfundt, Dieter/von Rosen, Rüdiger (Hrsg.): Kapitalmarkt im Wandel. Investment Banking am Finanzplatz Deutschland, Frankfurt am Main 2008, insbes. S. 125–139.

Schefczyk, Michael: Finanzieren mit Venture Capital und Private Equity, Stuttgart 2006.

Schuler, Armin: Private Equity, in: Hockmann, Heinz-Josef/Thießen, Friedrich (Hrsg.): Investment Banking, 2. Aufl., Stuttgart 2007, S. 241–262.

Tichy, Roland/Canibol, Hans-Peter (Hrsg.): Handelsblatt Private Equity Handbuch 2007, Frankfurt am Main 2007.

Weitnauer, W. (Hrsg.): Handbuch Venture Capital, 3. Aufl., München 2007.

Mezzanine-Finanzierung – Hoffnungsträger für den Mittelstand

Arnd Paas/Jörg-Dieter Battke

Einführung

Mezzanine Finanzierungsformen gelten für viele Mittelständer als Königsweg zur Verringerung ihrer »Eigenkapitallücke«. Bei richtiger Strukturierung gelten sie steuerlich als Fremdkapital und werden haftungsrechtlich dem Eigenkapital zugeschlagen, ohne die Beteiligungsverhältnisse am Unternehmen zu ändern. Der Aufsatz stellt die unterschiedlichen hybriden Finanzierungsformen dar und bewertet sie aus Sicht des Mittelstandes.

Die Eigenkapitalquote der mittelständischen Wirtschaft in Deutschland – die das Verhältnis des Eigenkapitals zur Bilanzsumme darstellt – ist gemäß der »Diagnose Mittelstand« des Deutsche Sparkassen- und Giroverband im Jahr 2007 auf durchschnittlich 14,4 Prozent gestiegen, nachdem diese noch im Vorjahr 12,1 Prozent betragen hat. Bis einschließlich 2005 hat die Eigenkaptalquote nur im einstelligen Bereich gelegen. Die Steigerung der Eigenkapitalquote ist zwar erfreulich, dennoch weisen deutsche Unternehmen im internationalen Vergleich eine eher geringe Eigenkapitalquote aus. Eine verlässlich hohe Eigenkapitalquote ist einerseits wichtig, um die Existenz des Unternehmens bei etwaigen Verlusten z. B. durch Forderungsausfälle zu sichern. Andererseits erleichtert eine hohe Eigenkapitalquote die Finanzierung von Investitionen, da diese eine finanzielle Solidität des Unternehmens zum Ausdruck bringt.

Betriebswirtschaftliche Analysen bestätigen, dass Unternehmen, die mit einer höheren Eigenkapitalquote ausgestattet sind, ein signifikant geringeres Insolvenzrisiko innewohnt. Dieser Aspekt führt zu einer stärkeren Gewichtung der Kennzahl »Eigenkapitalquote« in den verschiedenen (Banken) Rating-Systemen.

Die Stärkung des Eigenkapitals aus Kapitaleinlagen der Gesellschafter und aus Unternehmensgewinnen ist in der Regel mittel- bis langfristig angelegt. Um dem Mittelstand eine kurzfristige Stärkung der Eigenkapitalausstattung zu ermöglichen, bieten Finanzdienstleister seit etwa 2001 Mezzanine-Finanzierungen an.

Der Begriff »mezzanine« stammt aus dem italienischen Sprachraum und beschreibt in der Architektur ein Zwischengeschoss. Eine gesetzliche Definition des Begriffes »Mezzanine« gibt es nicht. Vielmehr hat sich der Begriff aus der Finanzierungspraxis entwickelt und wird heute als Sammelbegriff für Finanzierungsformen verwendet, die zwischen Eigen- und Fremdkapital angesiedelt sind. »Mezzanine« ist inzwischen zum übergeordneten Begriff für stille Beteiligungen, Genussscheinkapital und ähnliche Finanzierungsinstrumente geworden. Als Mezzanine-Geber fungieren regelmäßig Banken, Beteiligungsgesellschaften, Mezzanine-Fonds etc.

1 Mezzanine als Finanzierungsform

Mezzanine-Finanzierungen kommen insbesondere für Unternehmen, die flexible Finanzierungsmittel zur Realisierung strategischer Bedürfnisse benötigen, in Betracht. Zu den zu finanzierenden Maßnahmen können z. B. Investitionen in Unternehmensakquisitionen oder das dynamische Unternehmenswachstum gehören. Mezzanine können allerdings auch im Bereich der Unternehmensnachfolge, z. B. bei Management-buy-in oder Management-buy-out-Finanzierungen, eingebunden werden. Aber auch zur Stärkung der haftenden Eigenkapitalbasis bei einer optimierenden Strukturierung der Bilanz des Unternehmens ist Mezzanine gut geeignet. Eine solche Stärkung der haftenden Eigenkapitalbasis kann zur Verbesserung von externen und auch von internen Bank-Ratings sinnvoll sein.

Allerdings setzen Mezzanine regelmäßig einen stabilen Unternehmens-Cashflow voraus, da regelmäßig neben einer von der Unternehmensentwicklung abhängigen Vergütung auch eine Verzinsung des eingesetzten Kapitals mit einem festen Zinssatz vereinbart wird.

In Abhängigkeit von der Ausgestaltung bietet Mezzanine-Kapital gegenüber anderen eigenkapitalstärkenden Maßnahmen den Vorteil der Vermeidung einer Stimmrechts- und Ertragsverwässerung und sichert damit grundsätzlich den Einfluss und die Kontrolle des Unternehmensinhabers auf das Unternehmen.

2 Ausgestaltung von Mezzanine

Die bilanzielle Einordnung von Mezzanine, also die Abgrenzung zwischen Eigen- und Fremdkapital, ist nicht abhängig von der Bezeichnung des Finanzierungsinstruments. Maßgeblich ist vielmehr die konkrete vertragliche Ausgestaltung im Einzelfall. Mezzanine sind auf Grund ihrer Zwischenstellung zwischen Eigen- und Fremdkapital durch folgende Aspekte charakterisiert:

- Nachrangigkeit in Bezug auf weitere Gläubiger,
- Vorrangigkeit gegenüber dem haftenden Eigenkapital,
- höheres Entgelt für die Bereitstellung,
- zeitliche Befristung der Kapitalüberlassung (regelmäßig mindestens fünf Jahre) und Rückzahlung am Ende der Vertragslaufzeit,
- Flexibilität bei der Ausgestaltung,
- Teilnahme am Verlust bis zur Höhe der Einlage sowie
- Entgelt für die Kapitalbereitstellung ist grundsätzlich Betriebsaufwand.

Als »Faustformel« gilt: Je eigenkapitalähnlicher das Mezzanine ausgestaltet ist, umso höher ist im Regelfall der Zinssatz, mit dem das eingesetzte Kapital zu verzinsen ist. Details ergeben sich aus der Abbildung 1.

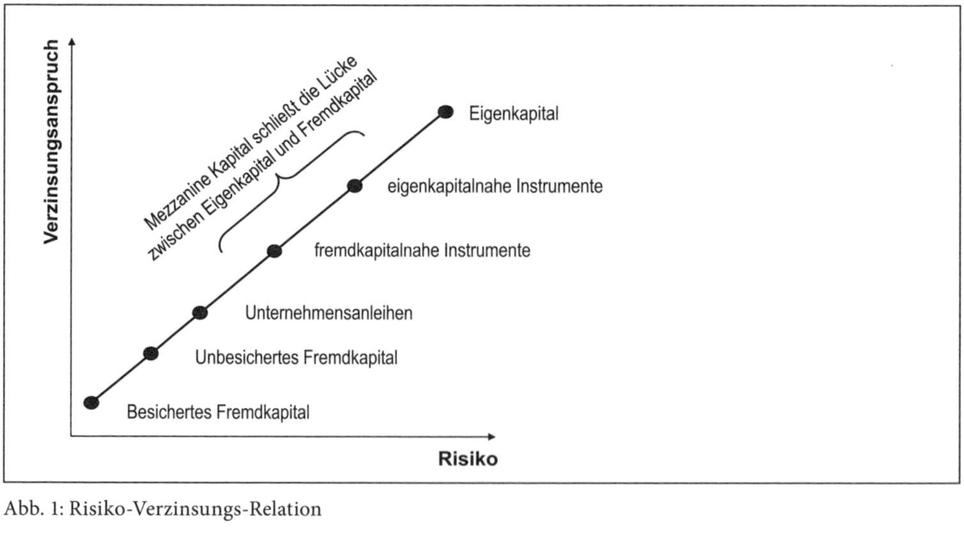

Abb. 1: Risiko-Verzinsungs-Relation

Die Anerkennung von Mezzanine-Kapital als bilanzielles Eigenkapital wird durch die Banken als Fremdkapitalgeber zum Teil unterschiedlich praktiziert. Daher ist eine rechtzeitige Abstimmung mit den das Fremdkapital bereitstellenden Banken vor der Begründung einer Mezzanine-Finanzierung zu empfehlen.

3 Mezzanine-Kapitalaufnahme

Mezzanine-Kapital wird in der Regel ausgereicht, ohne dass zur Absicherung des Rückzahlungsanspruches Sicherheiten durch den Mezzanine-Nehmer gestellt werden müssen. Für den Mezzanine-Geber kommt es daher in besonderem Maße auf die finanzielle Stabilität des Unternehmens des Mezzanine-Nehmers, die Zukunftsperspektiven des Geschäftsmodells sowie auf die Qualität des Managements an. Regelmäßig erfolgt daher eine systematische Prüfung der Stärken und Schwächen des Unternehmens unter Berücksichtigung aller verbundenen Risiken (Due Diligence).

Substanzielle Voraussetzungen der Due Diligence, insbesondere in finanzieller Hinsicht sind ein funktionierendes Rechnungswesen, aktuelle Jahresabschlüsse und betriebswirtschaftliche Auswertungen sowie eine untersetzte Planung. Unerlässlich ist des Weiteren eine mittelfristig orientierte Unternehmensstrategie, aus der ein Geschäftsplan abgeleitet ist.

Die Due Diligence erfordert die Bereitstellung der notwendigen Informationen und Unterlagen zwecks Einsicht und Prüfung. Um den Schutz der im Rahmen der Due Diligence erlangten Informationen zu gewährleisten, wird regelmäßig eine Vertraulichkeitsvereinbarung abgeschlossen.

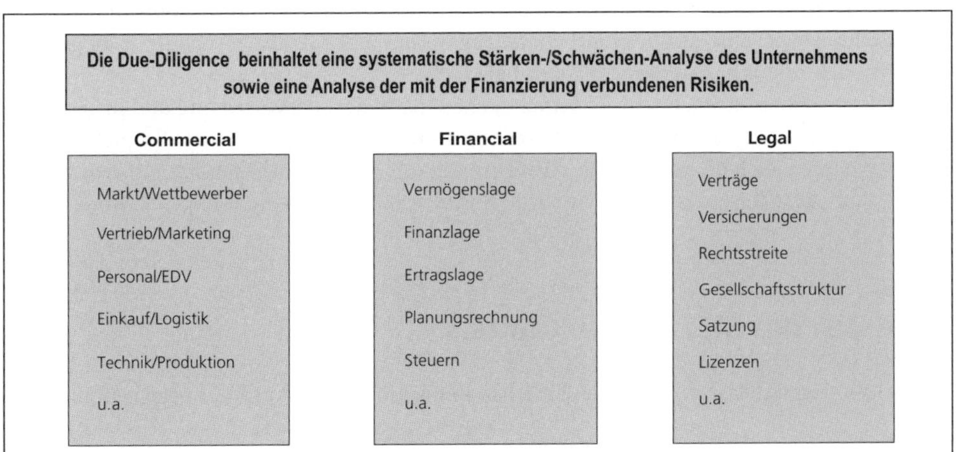

Abb. 2: Due Dilligence

Die Ergebnisse der Due Diligence münden regelmäßig in einen Due-Diligence-Bericht. Soweit die Ergebnisse der Due Diligence keine Erkenntnisse ergeben, wonach z. B. die Mezzanine-Finanzierung zu risikobehaftet ist und mithin unterbleiben sollte, schließt sich regelmäßig die Erstellung eines sog. Term Sheets an. In dem Term Sheet legen Mezzanine-Geber und Mezzanine-Nehmer i.d.R. die wesentlichen Grundlagen der Mezzanine-Finanzierung fest. Hierbei kann es sich handeln um:

- Kapitalbetrag und dessen Laufzeit (Struktur der Aus- und Rückzahlung),
- Auszahlungsvoraussetzungen,
- Konditionen (fix, variabel, Kicker, Gebühren, Kosten der Due Diligence etc.),
- Rangrücktritt,
- Teilnahme am Verlust und Erfolgsabhängigkeit der Vergütung,
- Informations- und Berichtspflichten, ggf. Zustimmungspflichten zu einzelnen Maßnahmen des Unternehmens,
- Kündigungsrechte sowie
- Syndizierung (Verkauf des Darlehensrückzahlungsanspruches an weitere Gläubiger).

Zwingend ist das Term Sheet nicht. Die wesentlichen Grundlagen der Mezzanine-Finanzierung können auch unmittelbar in den zu schließenden Verträgen abgebildet werden. Unabhängig hiervon haben auf die Vertragsgestaltung regelmäßig die folgenden Aspekte maßgebenden Einfluss:

- Art des vereinbarten Finanzinstruments (z. B. Genussrecht oder stille Beteiligung),
- Rechtsform des Mezzanine-Nehmers,
- gewünschter Ausweis des Kapitals als Eigen- oder Fremdkapital in der Bilanz,
- Umsetzung des Term Sheet,
- Erkenntnisse der Due Diligence, die sich insbesondere in Gewährleistungen bzw. Garantien, die der Mezzanine-Nehmer übernimmt, niederschlagen .

Vertragsinhalte eines »Mezzanine-Vertrages« sind üblicherweise Regelungen zur Art des Kapitals, der Besicherung, der Rangfolge der Befriedigung, der Entgelte und der Verzinsung, der Partizipation am Erfolg und der Tilgungsmodalitäten. Um dem Mezzanine-Geber Informations- und Einflussnahmemöglichkeiten zu eröffnen, werden i.d.R. Kontroll- und Einsichtsrechte sowie Zustimmungsvorbehalte für wesentliche Geschäftsvorfälle (z. B. größere Investitionen und Finanzierungen) vereinbart.

Rechtsanwälte und Steuerberater sollten rechtzeitig in die Strukturierung und insbesondere in die Vertragsverhandlungen und Vertragsgestaltung einbezogen werden. Empfehlenswert ist des Weiteren auch die rechtzeitige Abstimmung mit den wesentlichen Fremdfinanzierern, damit sichergestellt ist, dass die gewünschte Eigenkapital-Zuordnung erfolgen kann.

4 Arten des Mezzanine-Kapitals

Mezzanine-Kapital ist derzeit im Wesentlichen in nachfolgenden Ausprägungen gebräuchlich.

4.1 Nachrangdarlehen

Bei einem Nachrangdarlehen handelt es sich um ein Darlehen gemäß § 488 ff. BGB. Üblich ist hierbei eine laufende erfolgsunabhängige Verzinsung (Pay-out-Klausel) des Nachrangkapitals. Diese kann kombiniert werden mit einer endfälligen erfolgsunabhängigen Verzinsung (Pay-in-kind-Klausel) aber auch mit einer erfolgsabhängigen Beteiligung an Wertsteigerung des Unternehmens (sog. Equity-Kicker). Ein echter Equity-Kicker sieht ein Bezugsrecht bei Börsengang oder Unternehmensverkauf vor. Der jedoch ebenso übliche virtuelle oder Non-Equity-Kicker berücksichtigt eine variable oder fixe Sonderzahlung am Laufzeitende.

Die Rückzahlung des Nachrangdarlehens erfolgt entweder nach einer tilgungsfreien Zeit ratierlich oder in einer Summe zum Laufzeitende. Wird im Rahmen einer Gesamtfinanzierung neben dem Nachrangdarlehen auch Fremdkapital eingebunden, so wird üblicherweise die vorherige Rückzahlung des Fremdkapitals vereinbart.

Nachrangdarlehen werden ungesichert oder gegen nachrangige Sicherheiten begeben. Bei nachrangigen Sicherheiten werden dem Mezzanine-Geber die gleichen Sicherheiten wie einem Fremdkapitalgeber gewährt. Diese Sicherheiten können aber erst nach Befriedigung des Fremdkapitalgebers beansprucht werden. Bilanziell wird das Nachrangdarlehen als Fremdkapital behandelt.

Die Nachrangigkeit hinsichtlich der Rückzahlung des Darlehens bzw. dessen Besicherung wird erreicht durch:

- sog. »Intercreditor-Agreements«, d.h. Verträgen zwischen den jeweiligen Mezzanine-Gebern und den finanzierenden Fremdkapitalgebern zur Reihenfolge der Rückzahlung sowie
- den unterschiedlichen Rang dinglicher Sicherheiten.

4.2 Wandel- oder Options-Schuldverschreibung

Bei einer Wandel- oder Options-Schuldverschreibung handelt es sich um eine Schuldverschreibung nach §§ 739 ff. BGB mit Wandlungs- und Optionsrechten. Das Kapital wird i.d.R. erfolgsunabhängig verzinst. Die Rückzahlung erfolgt zum Nennwert.

Bei einer Wandelanleihe hat der Kapitalgeber das Recht, entweder die Rückzahlung des Nennwertes zu verlangen oder den Rückzahlungsanspruch in eine Beteiligung am Unternehmen, insbesondere durch Übernahme von Gesellschaftsanteilen, zu wandeln.

Bei der Options-Schuldverschreibung erfolgt die Rückzahlung zum Nennwert. Parallel besteht ein separates Bezugsrecht auf Aktien des Unternehmens. Damit kann der Investor an einer etwaigen Wertsteigerung des Unternehmens teilnehmen.

Für die Ausgabe von Wandlungs- oder Optionsrechten bei einer Aktiengesellschaft u.a. ist ein Hauptversammlungsbeschluss gem. § 221 AktG sowie ein Bezugsrechtsausschluss der Altaktionäre bei einer Aktiengesellschaft notwendig. Bei einer GmbH ist grundsätzlich eine schuldrechtliche Nachbildung einer Wandelschuldverschreibung möglich.

Durch Wandlungserklärung erlischt der Anspruch auf Rückzahlung des Nennbetrages der Anleihe, während bei einem Optionsrecht eine Einlage auf die optierten Aktien zu leisten ist.

- Vor Wandlung hat die Anleihe Fremdkapitalcharakter und die Zinsen sind Betriebsausgaben.
- Durch Wandlung entsteht Eigenkapital.

4.3 Genussscheinkapital

Typischerweise ist das Genussscheinkapital ein Gläubigerrecht, das auf einen festen Nennbetrag lautet und mit einem Zins- bzw. Gewinnanspruch verbunden ist. Genussrechte sind in § 221 Abs. 3 AktG erwähnt, aber gesetzlich nicht definiert und die Ausgestaltungsmöglichkeiten weitgehend frei.

Der Gläubiger hat einen schuldrechtlichen Anspruch auf Teilnahme am Gewinn oder am Liquidationserlös, jedoch keine Rechte, wie sie ein Gesellschafter üblicherweise innehat (z.B. Mitwirkungs- und Stimmrechte).

Bei fremdkapitalähnlich ausgestalteten Genussrechten ist typischerweise eine erfolgsunabhängige Mindestverzinsung zu zahlen. Ist die Ausgestaltung eher eigenkapitalähnlich, erfolgt eine dividendenorientierte Ausschüttung. Möglich sind auch sogenannte Wandelgenussscheine, die statt einer Rückzahlung bei Fälligkeit eine Umwandlung in Eigenkapital vorsehen. Genussscheine könnten verbrieft oder unverbrieft gestaltet werden.

Durch die Rückzahlung am Ende der Laufzeit ist bis dahin eine Schonung des Cashflows des Unternehmens möglich.

4.4 Stille Beteiligung

Eine stille Beteiligung stellt eine gesellschaftsvertragliche Vereinbarung zwischen Geldgeber und Unternehmer dar, aufgrund derer der Geldgeber mit seiner Einlage am wirtschaftlichen Erfolg des Unternehmens partizipiert (§§ 230-236 HGB). Bei der stillen Beteiligung handelt sich um eine reine Innengesellschaft, die nach außen grundsätzlich nicht offenkundig wird. Eine Eintragung in öffentliche Register, insbesondere das Handelsregister, unterbleibt.

Im stillen Beteiligungsvertrag werden die Vermögenseinlage des stillen Gesellschafters, die Ergebnisbeteiligung und auch Informations- und Kontrollrechte vereinbart.

Gebräuchlich ist eine Kombination aus einem festen Grundzins und einer Beteiligung des stillen Gesellschafters am Gewinn des Unternehmens. Die Verlustbeteiligung kann ausgeschlossen werden. Regelmäßig erfolgt keine Besicherung der Einlage.

Eine Sonderform der stillen Beteiligung ist die atypisch stille Beteiligung, die eine Beteilung an den stillen Reserven, aber auch am Verlust des Unternehmens (»Mitunternehmerrisiko«) vorsieht. Die Mitunternehmerinitiative wird durch die Einräumung von gesellschaftergleichen Kontroll- und Abstimmungsrechten realisiert.

5 Einsatz von Mezzanine-Kapital

Die nachstehende Fallstudie stellt die Möglichkeiten und Auswirkungen des Einsatzes von Mezzanine-Kapital dar:

Bei dem Unternehmen handelt es sich um ein Maschinenbau-Unternehmen in der Rechtsform der GmbH. Das dynamische Management erwartet aufgrund einer technischen Weiterentwicklung einer Lebensmittelverpackungsmaschine ein dynamisches Wachstum in den nächsten drei Jahren von 15 Prozent p.a. bei einer Steigerung der Exportquote. Dieses Wachstum soll durch die Erschließung von neuen Auslandsmärkten generiert werden. Für 2009 liegen konkrete Aufträge von 7.000.000 Euro vor.

5.1 Umsatzentwicklung

In T€	Ist GuV 2008	Planung GuV 2009	Planung GuV 2010
Umsatz	10000	11500	13225
davon Export	500	2000	3500
Betriebsergebnis	400	450	550
Jahresergebnis	150	200	300

Zur Generierung der Umsatzsteigerung sind erhebliche Investitionen in die Produktionsanlage erforderlich. Da die Cashflows des Unternehmens in den letzten Jahren stabil waren, wurden Gewinne thesauriert.

Zur Finanzierung der Neu-Investitionen in das Anlagevermögen von 900.000 Euro wendet sich das Unternehmen an seine örtliche Sparkasse.

Aktiva		Ist-Bilanz per 31.12.2008		Passiva	
Anlagevermögen	2400	48%	Eigenkapital	1000	20%
Umlaufvermögen	2600	52%	Verbindlichkeiten	1500	30%
davon Forderungen	1500	30%	Bankkredite	2500	50%
davon Lager	1000	20%	Davon < 1 Jahr	1000	20%
davon Kasse	100	2%	Davon > 1 Jahr	1500	30%
Bilanzsumme	**5000**	**100 %**	**Bilanzsumme**	**5000**	**100%**

Diese strukturiert eine Finanzierung unter Einbeziehung eines Bankdarlehens von 350.000 Euro und einer Mezzanine-Finanzierung von 600.000 Euro sowie einer Erhöhung der Betriebsmittelfinanzierung von 100.000 Euro. Das Mezzanine-Darlehen wurde als Nachrangdarlehen gestaltet und führt mit der Gewinnthesaurierung zu einer Verbesserung der Eigenkapitalquote von 20 Prozent auf nunmehr 28 Prozent.

Aktiva		Ist-Bilanz per 31.12.2009		Passiva	
Anlagevermögen	3300	53%	Eigenkapital	1150	18%
			Mezzanine	600	9%
Umlaufvermögen	2900	47%	Verbindlichkeiten	1500	23%
davon Forderungen	1650	27%	Bankkredite	2950	45%
davon Lager	1100	18%	Davon < 1 Jahr	1100	17%
davon Kasse	150	2%	Davon > 1 Jahr	1850	28%
Bilanzsumme	**6200**	**100 %**	**Bilanzsumme**	**6200**	**100%**

5.2 Auswirkungen

Mit der deutlich verbesserten Eigenkapitalquote verbesserte sich das bankinterne Rating als auch die Bonitätsbeurteilung der Warenkreditversicherer. Das verbesserte Rating ermöglichte die Bereitstellung einer erhöhten Betriebsmittelfinanzierung. Somit konnte das Unternehmen die Skontofähigkeit erhalten.

Durch das strukturierte Finanzierungspaket konnte das Unternehmen seinen Entwicklungsvorsprung in einen Ausbau des Marktanteils und eine verbesserte Wettbewerbsfähigkeit umsetzen.

6 Anbieter

Gegenwärtig gibt es fast 60 Anbieter von Mezzanine-Produkten. Ein großer Teil der Anbieter ist aber derzeit nicht liquide, da die Verbriefung der Darlehen am Kapitalmarkt nahezu vollständig zum Erliegen gekommen ist. Den größten Marktanteil halten die Anbieter von Programm-Mezzanine, wobei deren Geschäftstätigkeit seit dem 2. Halbjahr 2007 ruht.

Programm-Mezzanine sind hinsichtlich ihrer Ausgestaltungsmerkmale, wie Art, Covenants, Laufzeit, Zins- und Tilgung standardisiert. Dafür sind die Entgelte, wie ein Zinssatz von etwa 7,5 Prozent p.a. sowie die Einmalkosten (indikativ), bestehend aus einer Transaktions-Fee 3,5 Prozent, den Kosten für die Due Diligence und die Dokumentation ca. 25.000 Euro sowie für Rating und Folgeratings 5.000 Euro p.a. jedoch teilweise günstiger.

Im Gegensatz zu Programm-Mezzanine können Unternehmen bei individualisiertem Mezzanine Laufzeit, Zins und sonstige Konditionen aushandeln. Grund hierfür ist, dass die Anbieter von individuellem Mezzanine als Fonds agieren, die bereits vor der Aufnahme ihrer Tätigkeit finanziert wurden. Mezzanine-Fonds sind insbesondere für die Unternehmen interessant, die das Nachrangdarlehen nicht exakt für sieben Jahre benötigen.

In Anbetracht der Probleme vieler Anbieter von Standard-Mezzanine-Programmen sollten Unternehmen, die diese Finanzierungen aufgenommen haben, überprüfen, ob sie noch immer einen verlässlichen Partner an ihrer Seite haben. Das Branchenportal »Mezzanine-Bericht.de« weist aktuell darauf hin, dass die Verlängerung von Mezzanine-Finanzierungen sehr fraglich ist. Eine rechtzeitige Vorbereitung der Ablösung verhindert mithin eine Verschlechterung des wirtschaftlichen Eigenkapitals.

Anders als bei Standard-Mezzanine-Gebern sind die Kapitalbeteiligungsgesellschaften der Sparkassen i.d.R. eigenkapitalfinanziert und damit nicht auf die Refinanzierung ihrer Mezzanine-Programme über den Kapitalmarkt angewiesen und können ihre Geschäftsaktivitäten kontinuierlich fortsetzen.

7 Aktuelle Entwicklungen und Perspektiven

Der Markt für ungesicherte und damit dem wirtschaftlichen Eigenkapital zurechenbaren Darlehen ist bis zum Jahr 2006 deutlich gewachsen. Seit dem 2. Halbjahr 2008 ist der Markt für Standard-Mezzanine zusammengebrochen, da keine Verbriefungen mehr möglich waren.

Die zunehmende Insolvenz-Dynamik wird auch weiterhin die Mezzanine-Nehmer in 2009 erfassen.

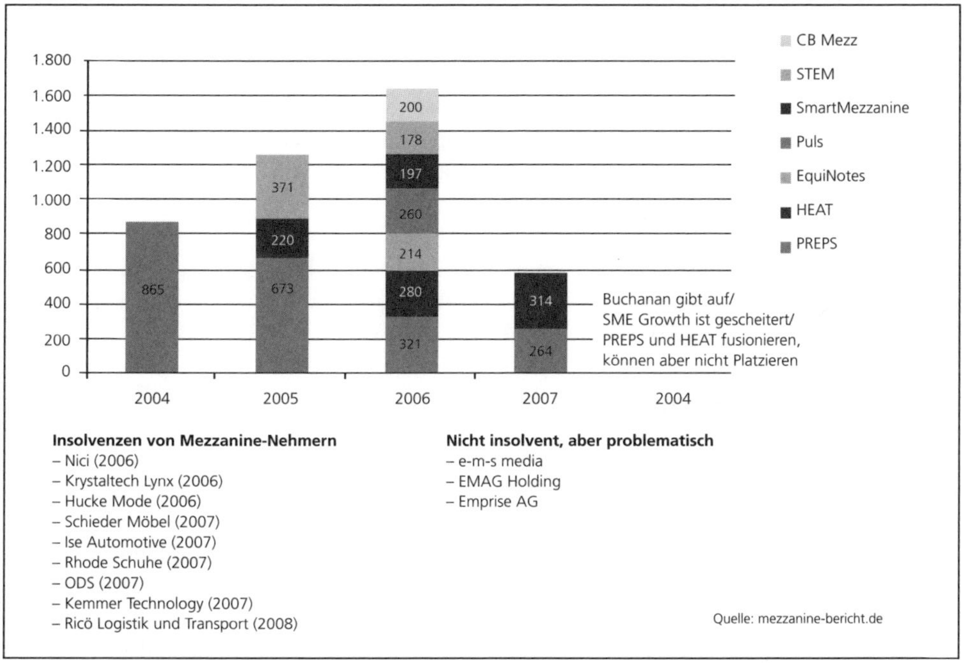

Abb. 3: Aufstieg und Fall des Programm-Mezzanine (Mio. Euro)

Eine Wiederbelebung des Programm-Mezzanines im Jahr 2009 ist gemäß dem Branchenportal »Mezzanine-Bericht.de« nicht zu erwarten.

Die 101 Unternehmen, die an den ersten beiden Verbriefungen im Jahr 2004 teilnahmen, werden das Mezzanine 2011 zurückzahlen müssen. Aus heutiger Sicht erscheint eine Anschlussfinanzierung schwierig. Die Hausbanken werden daher die Mezzanine in die Verschuldungskapazität mit einbeziehen.

Vor diesem Hintergrund ist damit zu rechnen, dass ab Ende 2009 bereits die ersten Mezzanine-Finanzierten unter der sich nähernden Rückzahlungspflicht leiden werden bzw. sich bereits frühzeitig um eine anschließende Individual-Mezzanine-Finanzierung bemühen sollten.

Der zu zahlende Zinssatz wird tendenziell steigen – »Discounter-Zinssätze« wie 2005/2006 mit nur 7 Prozent sind nicht mehr zu erwarten. Die risikogerechte höhere Verzinsung des Mezzanine-Kapitals relativiert sich in Anbetracht der gestärkten Eigenkapitalausstattung und den damit verbundenen verbesserten Finanzierungsbedingungen bzw. des beschleunigten Unternehmenswachstums.

Es ist zu erwarten, dass die Nachfrage nach Individual-Mezzanine somit weiterhin hoch bleiben wird.

Die förderorientierten Mittelständischen Beteiligungsgesellschaften und die Individual-Mezzanine anbietenden Kapitalbeteiligungsgesellschaften der Sparkassen, wie die S-Kapital Unternehmensbeteiligungsgesellschaft mbH für Ostwestfalen, Herford, sind finanziell hinreichend ausgestattet und setzen ihr Geschäft uneingeschränkt fort. Neben der Rolle des Finanzierers verstehen sich die Kapitalbeteiligungsgesellschaften der Sparkasse als unternehmerische Begleiter des Mezzanine-Nehmers und unterstützen mit ihrer Expertise beratend die Unternehmensentwicklung.

Ferner werden die Individual-Mezzanine-Finanzierungen maßgeschneidert auf die Bedarfe des Unternehmens hinsichtlich der Bilanzgestaltung und der Cashflow-Strukturen abgestellt.

Bundesweit finanzieren die über 60 regionalen Sparkassen-Kapitalbeteiligungsgesellschaften Unternehmen bei der Realisierung ihrer Unternehmensziele. Damit stehen dem deutschen Mittelstand kompetente und dauerhaft verlässliche Finanzierungspartner zur Verfügung.

Checkliste für Mezzanine-Kapital

A Unternehmensspezifische Voraussetzungen

- Ist das Unternehmen eine Kapitalgesellschaft (GmbH, AG, etc.)?
- Wird dynamisches internes oder externes Unternehmenswachstum angestrebt?
- Verfügt das Unternehmen über ein etabliertes Geschäftsmodell?
- Sind die Cashflows des Unternehmens stabil und bleiben auch zukünftig stabil?
- Soll ein ausgewogenes Verhältnis zwischen Eigenkapital- und Fremdkapital erhalten bleiben/erreicht werden?
- Beträgt Ihre Eigenkapitalquote weniger als 20 Prozent, absolut aber über 200.000 Euro?
- Können die benötigten Unterlagen (Jahresabschlüsse der drei letzten Geschäftsjahre, aktuelle betriebswirtschaftliche Auswertungen, Strategie- und Geschäftsplanung der nächsten drei Jahre, Organigramm etc.) zur Verfügung gestellt werden?
- Kann die Finanzbuchhaltung die geforderten Reporting-Berichte leisten?
- Besteht die Bereitschaft der Gesellschafter und der Geschäftsführung einem Mezzanine-Kapitalgeber gegenüber Rechenschaft über die Strategie und über das Geschäftsmodell und die Geschäftsentwicklung abzulegen?

B Umsetzungsorientierte Voraussetzungen

- Ist die Solvenz des Mezzanine-Gebers überprüft worden?
- Ist die Abstimmung mit dem Rechtsanwalt und dem Steuerberater hinsichtlich Vertragswerk und der bilanziellen Auswirkungen erfolgt?
- Ist die Abstimmung mit den Fremdfinanzierern hinsichtlich den Anforderungen zwecks Zuordnung zum Eigenkapital erfolgt?
- Ist ein Vertreter des Mezzanine-Gebers für etwaige zustimmungsbedürftige Entscheidungen stets erreichbar?
- Haben Sie Mezzanine-Kapital eingesetzt, dessen Verlängerung bei Fälligkeit unsicher ist?

Mitarbeiterkapitalbeteiligung als Finanzierungsinstrument

Heinrich Beyer

1 Einführung – Zielsetzung und Verbreitung der Mitarbeiterkapitalbeteiligung

Seit sich Bundespräsident Horst Köhler Ende 2005 für eine verstärkte Beteiligung der Beschäftigten an der wirtschaftlichen Entwicklung ihrer Unternehmen ausgesprochen hat, wird über dieses Thema in den Unternehmen und in der Politik wieder zunehmend diskutiert.

Die politischen Bemühungen um eine stärkere Teilhabe der Beschäftigten an den wirtschaftlichen Entwicklungen ihrer Unternehmen resultieren vor allem aus der Beobachtung, dass die Einkommen aus Unternehmertätigkeit und Vermögen in den letzten Jahren stärker gestiegen sind als die Arbeitnehmereinkommen. Darüber hinaus wird die Mitarbeiterbeteiligung auch als Instrument verstanden, um die jeweiligen Interessen und Ziele von Arbeitnehmern und Arbeitgebern stärker in Einklang zu bringen. Aus wirtschafts- bzw. gesellschaftspolitischer Perspektive kann dadurch der Strukturwandel unterstützt werden.

Wichtiger noch für die Aktualität der Mitarbeiterbeteiligung sind jedoch wirtschaftliche und gesellschaftliche Entwicklungen, welche die Unternehmen unmittelbar betreffen:

- Der demographische Wandel, gekoppelt mit einer ständig steigenden Nachfrage aus den Unternehmen führt schon jetzt zu einem Mangel an qualifizierten Fach- und Führungskräften. Im Wettbewerb um gut ausgebildete Fachkräfte setzen besonders die mittelständischen Unternehmen zunehmend auf eine partnerschaftliche Unternehmensführung sowie Erfolgs- und Kapitalbeteiligungen, um ihre Attraktivität als Arbeitgeber zu steigern.
- Die turbulente Wirtschaftsentwicklung, der alle Unternehmen ausgesetzt sind, zwingt zu hoher Flexibilität und Innovationsfähigkeit. Innerbetriebliche Programme zur Verbesserung der Leistungsfähigkeit der Unternehmen sind zunehmend gekoppelt mit materiellen Anreizen, flexibler Vergütung und Erfolgsbeteiligung.
- Die aktuelle Finanz- und Wirtschaftskrise hat die Bedeutung einer guten Ausstattung mit Eigenkapital und einer ausgewogenen Finanzstruktur noch einmal deutlich hervorgehoben.

Wettbewerbsfähigkeit	**Finanzielle Stabilität**	**Zustimmung der Mitarbeiter**	**Identität des Unternehmen**
Produktivität	Kapitalstruktur	Anreize	Nachfolge
Kosten	Liquidität	Vermögen	Übernahme
Innovation	Finanzierung	Vorsorge	Sanierung
Schnelligkeit	Flexibilität	Partizipation	Attraktivität
Veränderung	Bonität	Bindung	Unternehmenskultur

Abb. 1: Mitarbeiterbeteiligung – Ziele bzw. Vorteile für Unternehmen und Mitarbeiter

Vor dem Hintergrund dieser Entwicklungen wird Mitarbeiterbeteiligung in den meisten Unternehmen als mehrdimensionales Konzept verstanden: Die Kapitalbeteiligung der Mitarbeiter wird dabei als Endpunkt einer Entwicklung aufgefasst, die

- mit einer mitarbeiterorientierten Unternehmenskultur und partnerschaftlicher Führung Freiräume für unternehmerisches Denken und Handeln der Mitarbeiter eröffnet,
- durch materielle Anreize in Form von flexiblen Vergütungen und Erfolgsbeteiligung unternehmerisches Denken und Handeln der Mitarbeiter fördert und
- schließlich zu einer gesellschafterähnlichen Beteiligung am Gewinn und am Wertzuwachs des Arbeit gebenden Unternehmens führen kann.

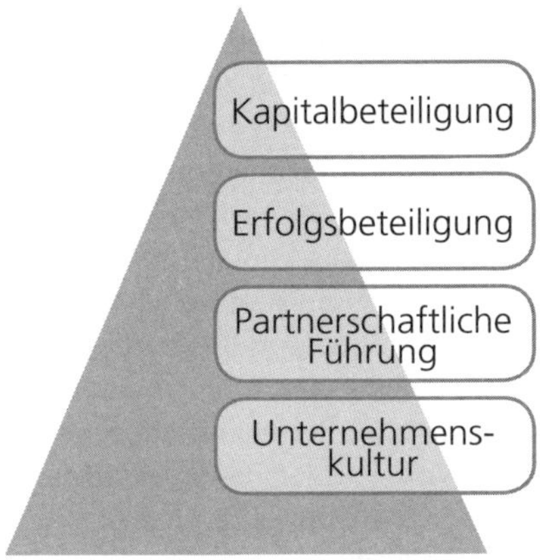

Abb. 2: Mitarbeiterbeteiligung als ganzheitliches Konzept

2 Daten und Fakten zu Umfang und Ausprägungen von Mitarbeiterbeteiligungsmodellen in Deutschland

In der öffentlichen Diskussion wird häufig hervorgehoben, dass »materielle« Mitarbeiterbeteiligung – also die Erfolgs- und Kapitalbeteiligung der Arbeitnehmer – trotz nachgewiesener Vorteile für die Unternehmen in Deutschland nur vergleichsweise selten praktiziert werde. Ein Blick auf aktuelle Daten kann diesen Eindruck zumindest im Hinblick auf die Erfolgsbeteiligung so nicht bestätigen. Zwar kommt das IAB in seiner Untersuchung vom September 2006 zu dem Ergebnis, dass lediglich 9 Prozent der Unternehmen eine Erfolgsbeteiligung und nur 2 Prozent eine Kapitalbeteiligung eingeführt haben. Gleichzeitig wird aber auch konstatiert, dass jedes dritte Unternehmen mit mehr als 500 Beschäftigten eine Erfolgsbeteiligung und schon 7 Prozent dieser Unternehmen eine Kapitalbeteiligung eingeführt haben.

Gewinn- und Kapitalbeteiligungen

IAB Studie, September 2006

	Erfolgsbeteiligung	Kapitalbeteiligung
1-49 Mitarbeiter **1.900.000 Betriebe**	8 %	2 %
50-500 Mitarbeiter **75.000 Betriebe**	25 %	4 %
über 500 Mitarb. **7.600 Betriebe**	34 %	7 %

Abb. 3: Ergebnisse der IAB-Studie 2006

Die AGP kommt bei ihrer jährlichen Schätzung von Unternehmen mit Mitarbeiterkapitalbeteiligung für 2008 zu dem Ergebnis, das 4.000 Unternehmen mit etwa 2,4 Mio. Mitarbeitern Kapitalbeteiligung praktizieren. Die meisten beteiligten Mitarbeiter sind Belegschaftsaktionäre, die am häufigsten praktizierte Beteiligungsform ist die Stille Beteiligung in fast 1.200 – im Wesentlichen mittelständischen – Unternehmen.

Statistik 2008

Beteiligungsform	Unternehmen		Mitarbeiter		Kapital	
	absolut	%	absolut	%	in Mio EUR	%
Darlehen	551	13,36	101.700	4,21	428	2,92
Stille Beteiligung	1196	29,00	322.800	13,35	1.480	10,10
Indirekte Beteiligung	539	13,07	111.550	4,61	499	3,41
Genussrecht	451,5	10,95	146.300	6,05	1.124	7,67
Belegschaftsaktie	713	17,29	1.707.600	70,61	10.925	74,59
Genossenschaft	374	9,07	18.700	0,77	42	0,29
GmbH-Beteiligung	300	7,27	9.600	0,40	150	1,02
Gesamt	4.125	100,00	2.418.250	100,00	14.646	100,00

Quelle:AGP/GIZ, Stand: 01.01.2008 (vorläufig)

Abb. 4: Statistik AGP/GIZ 2008

Im europäischen Vergleich nimmt Deutschland damit zwar bestenfalls einen mittleren Rang ein. Gleichwohl ist die Tendenz der Entwicklung eindeutig positiv. Beispielsweise hat sich die Zahl der Unternehmen mit Mitarbeiterbeteiligung gegenüber den 1990er-Jahren nahezu verdoppelt.

Dennoch ist nicht zu bestreiten, dass sich nach wie vor besonders mittelständische Unternehmen schwer tun, entsprechende Konzepte aufzugreifen und umzusetzen. Hier gibt es Informationsdefizite und ausgeprägte Vorurteile, bspw. dass Mitarbeiterkapitalbeteiligung mit einer Verwässerung der unternehmerischen Entscheidungsfreiheit und Entscheidungsfähigkeit einhergehen könnte. Richtig ist, dass Mitarbeiterkapitalbeteiligung mehr ist als ein (»reines«) Finanzierungsinstrument; sie erfordert ein partnerschaftliches Führungsverständnis, Kommunikation auf »Augenhöhe« und Vertrauen, wie es in vielen und vor allem in den erfolgreichen Unternehmen schon seit langem praktiziert wird.

3 Mitarbeiterkapitalbeteiligung – Gestaltungsvarianten im Überblick

Bei der Beteiligung der Mitarbeiter am Unternehmenskapital legen Arbeitnehmer Teile ihrer Vergütung oder auch einer Erfolgsbeteiligung in ihrem Unternehmen an und erhalten als Gegenleistung eine Rendite. Neben vielen weiteren Vorteilen gilt die Verbesserung der Eigenkapitalbasis für die Unternehmen als zentrales Motiv. Denn zusätzliches Eigenkapital führt zu einer höheren Kreditwürdigkeit der Unternehmen gegenüber potenziellen Kreditgebern und erweitert mithin Investitionsspielräume. Zwar hat sich die Eigenkapitalquote nach Angaben der Deutschen Bundesbank im Durchschnitt aller Unternehmen zwischen 1994 und 2005 von 15,6 Prozent auf 24,0 Prozent erhöht. Im internationalen Vergleich befindet sich Deutschland damit aber immer noch am unteren Ende der Skala. Die Aufstockung des Eigenkapitals spielt daher im Zusammenhang mit der Kapitalbeteiligung eine zentrale Rolle.

Eigenkapitalbeteiligungen sind in Form von Belegschaftsaktien und GmbH-Anteilen möglich, die allerdings an die Rechtsform einer Kapitalgesellschaft gebunden sind. Darüber hinaus können – für Unternehmen aller Rechtsformen – Stille Beteiligungen und Genussrechte zu einer Stärkung der Eigenkapitalbasis führen. Bei diesen sogenannten Mischformen bzw. Mezzanine-Finanzierungen kommt es jedoch auf die Ausgestaltung und organisatorische Abwicklung an, ob diese Instrumente eher dem Fremd- oder eher dem Eigenkapital zuzurechnen sind.

Die klassische Fremdkapitalbeteiligung ist das Mitarbeiterdarlehen. Zu den weiteren »Durchführungswegen« der Mitarbeiterkapitalbeteiligung zählen in der Praxis auch Formen der »aufgeschobenen Vergütung, wie das Mitarbeiterguthaben oder das Wertguthaben.

Eigenkapital Beteiligung	Mezzanine Beteiligung	Fremdkapital Beteiligung	Aufgeschobene Vergütung
Belegschaftsaktie	Stille Beteiligung	Mitarbeiterdarlehen	Mitarbeiter-Guthaben
GmbH-Beteiligung	Genussrechte Genussscheine	Partiarisches Darlehen	Wertguthaben

Abb. 5: Formen – »Durchführungswege« – der Mitarbeiterkapitalbeteiligung

Belegschaftsaktien

Mitarbeiter werden durch den Kauf von Aktien zu Aktionären und dadurch zu Mitunternehmern. Der Aktionär hat das Recht auf Teilnahme an der Hauptversammlung und die dortige Ausübung seines Stimmrechtes sowie ein Auskunftsrecht. Die Mitarbeiter sind über den Aktienbesitz am Wertzuwachs des Unternehmens, an der Dividendenausschüttung und am Liquidationserlös beteiligt. Die Vorteile der Belegschaftsaktie liegen darin, dass die Haftung der Aktionäre auf ihre Einlage beschränkt ist, die Gewinn- und Verlustermittlung sowie die Gewinnverwendung im Aktiengesetz geregelt sind, die Übertragung der Aktien auf Dritte (Fungibilität) unproblematisch ist, die Bewertung der Aktien an der Börse stattfindet und das Prinzip der Aktien als Beteiligungsform seitens der Mitarbeiter leicht verständlich ist.

GmbH-Beteiligungen

Durch die Beteiligung am GmbH-Stammkapital erwerben die Mitarbeiter Geschäftsanteile und werden dadurch zu gleichberechtigten Gesellschaftern. Sie sind am Wertzuwachs des Unternehmens und an der Gewinnausschüttung entsprechend ihrem Anteil am Stammkapital beteiligt. Eine Verlustbeteiligung ist in der Regel auf die Höhe des Geschäftsanteils beschränkt. Die Gestaltungsmöglichkeiten sind bei der GmbH-Beteiligung sehr begrenzt, da das GmbH-Gesetz alle wesentlichen Punkte vorgibt: Bei jeder Änderung des Kapitals bzw. bei Übertragung der Kapitalanteile sind Gesellschafterbeschlüsse mit notarieller Beurkundung und Handelsregistereintrag erforderlich. Von daher sind GmbH-Beteiligungen als »Durchführungsweg« einer Mitarbeiterkapitalbeteiligung eher selten.

Stille Gesellschaft

Mitarbeiter stellen dem Unternehmen finanzielle Mittel zur Verfügung und treten dabei als stille Gesellschafter auf. Sie erhalten demnach keine Rechte und Pflichten wie »echte« Gesellschafter, und auch eine Beteiligung an der Wertsteigerung des Unternehmens ist bei dieser »schuldrechtlichen« Beteiligung ausgeschlossen. In jedem Fall werden die Mitarbeiter aber am Unternehmensgewinn beteiligt; eine Verlustbeteiligung bis zur Höhe ihrer Einlage ist möglich. Je nach Ausgestaltung hat die stille Gesellschaft eher Eigenkapital- oder Fremdkapitalcharakter. Um Eigenkapital handelt es sich grundsätzlich, wenn die Nachrangigkeit des Rückzahlungsanspruches im Insolvenzfall, eine Verlustbeteiligung und eine Laufzeit von mindestens fünf Jahren vereinbart wurden. Die Stille Beteiligung kann von Unternehmen aller Rechtsformen genutzt werden und ist aufgrund des großen Gestaltungsspielraumes und der unbürokratischen Abwicklung und Verwaltung die in mittelständischen Unternehmen am weitesten verbreitete Form der Kapitalbeteiligung.

Genussrechte/Genussscheine

Mitarbeiter überlassen dem Unternehmen finanzielle Mittel und erhalten als »Genuss« eine jährliche Gewinnbeteiligung. Es werden – ähnlich wie bei der Stillen Beteiligung – Vermögens-, aber keine Beteiligungsrechte erworben. Der Inhaber der Genussrechte wird kein Gesellschafter und erhält somit keine zusätzlichen Informations- und Mitwirkungsrechte. Genussrechte können von Unternehmen aller Rechtsformen ausgegeben werden. Bei einer Verlustbeteiligung ist das Genusskapital als Eigenkapital einzustufen. Je nach Art der Ausgestaltung erhalten Genussrechte damit einen stärkeren Eigen- oder Fremdkapitalcharakter.

Mitarbeiterdarlehen

Mitarbeiter überlassen dem Unternehmen Fremdkapital. Dafür erhalten sie in der Regel eine feste Verzinsung, die aber auch an Erfolgsfaktoren (z. B. Gewinn) gekoppelt werden kann (partiarisches Darlehen). Eine Verlustbeteiligung der Mitarbeiter ist grundsätzlich ausgeschlossen, ebenso Gesellschafts- und mithin zusätzliche Informations- oder Mitwirkungsrechte. Eine Insolvenzsicherung ist in aller Regel üblich. Dieses Modell kann von Unternehmen aller Rechtsformen angewendet werden, tritt aber nicht zuletzt wegen der Insolvenzsicherungspflicht zunehmend in den Hintergrund.

Mitarbeiterguthaben

Beim Mitarbeiterguthaben baut der Arbeitgeber »für« den Mitarbeiter einen Kapitalstock auf, indem zum Beispiel Mittel aus einer freiwilligen Erfolgsbeteiligung nicht an den Mitarbeiter ausgezahlt, sondern im Unternehmen stehen gelassen werden. Das Guthaben entsteht also durch Sonderzuwendungen des Unternehmens, die dem Mitarbeiter zwar auf einem Beteiligungskonto gutgeschrieben, aber erst zu einem späteren Zeitpunkt ausgezahlt werden. Gemäß einem Urteil des Bundesfinanzhofes handelt es sich bei diesen Guthaben dann nicht um zugeflossenes Einkommen. Das hat zur Folge, dass Mitarbeiterguthaben solange steuer- und sozialabgabenfrei stehen gelassen werden können, bis es zu einer Auszahlung an den Mitarbeiter kommt (»Bruttoumwandlung«). Die Guthaben können fest oder erfolgsabhängig verzinst werden. Es gibt keine Insolvenzsicherungspflicht. Mitarbeiterguthaben erfreuen sich einer zunehmender Beliebtheit als Ergänzung der Altersversorgung oder auch – in einigen Fällen – als Alternative zu einer betrieblichen Altersversorgungs-Zusage.

Wertguthaben

Ein weiterer attraktiver Weg, eine Kapitalbeteiligung darzustellen oder durchzuführen, ist das Wertguthaben oder das Zeitwertkonto, in das sowohl Zeitanteile (z. B. Überstunden) als auch Gehaltskomponenten (z. B. Sonderzahlungen) oder Erfolgbeteiligungen (z. B. Boni) eingebracht werden. Da sie regelmäßig in »Geld« geführt werden, werden Zeitanteile dabei in ihren Gehaltswert umgerechnet. Das eingebrachte Kapital wird – nicht zuletzt wegen der Insolvenzsicherungspflicht – in aller Regel in Kapitalanlageprodukte außerhalb des Unternehmens investiert und trägt demnach nicht zur Verbesserung der Kapitalstruktur bei. Einkommenssteuer und Sozialabgaben werden für das eingezahlte Kapital vorerst nicht fällig und müssen erst dann entrichtet werden, wenn das Kapital entnommen wird, z. B. für Fortzahlung des Gehalts bei Sabbaticals oder im Vorruhestand.

(Quelle Belegschaftsaktien bis Wertguthaben: Mitarbeiterbeteiligung – Strategie für eine partnerschaftliche Unternehmenskultur, Bundesvereinigung der Deutschen Arbeitgeberverbände/Bundesverband der Deutschen Industrie, Berlin, Juli 2007)

Die Mittel für die Begründung und die Aufstockung der Mitarbeiterkapitalbeteiligung können aus verschiedenen Quellen stammen:

- nicht ausgeschüttete Beträge aus einer Erfolgsbeteiligung,
- Eigenleistung der Mitarbeiter in Form von Gehaltsumwandlungen, Einzahlungen oder Einbringung von Arbeitszeit,
- thesaurierte Gewinnanteile und Zinsen auf bestehendes Beteiligungskapital,
- Nutzung von steuerlichen Vergünstigungen.

Die Erfolgsbeteiligung der Mitarbeiter ist nicht nur eine wichtige »Vorstufe« zur Kapitalbeteiligung, sondern vielmehr ein eigenständiges Konzept, bei dem die Leistungen des einzelnen Mitarbeiters, bestimmter Mitarbeitergruppen und der gesamten Belegschaft mit einem zusätzlichen Bonus in Abhängigkeit zum wirtschaftlichen Erfolg des Unternehmens honoriert werden:

Viele Unternehmen sind dazu übergegangen, die Höhe von Sonderzahlungen an die Mitarbeiter an betriebswirtschaftliche Kenngrößen – z. B. die Umsatzrendite – zu knüpfen. Dies führt in wirtschaftlich guten Zeiten zu höheren Ausschüttungen an die Mitarbeiter und bei schlechterer Geschäftslage zu einer Absenkung, die das Unternehmen wiederum von Personalkosten entlastet.

Darüber hinaus können mit den Mitarbeitern Zielvereinbarungen getroffen oder Leistungsbeurteilungen vereinbart werden, die dann Grundlage für ihren individuellen Anteil an der Sonderzahlung sind. Gleichzeitig kann das Unternehmen so gezielt innerbetriebliche Verbesserungsprozesse anstoßen, die Mitarbeiter zu mehr eigenverantwortlichem Handeln motivieren und unternehmerisches Denken und Handeln fördern und honorieren.

4 Die Neuregelung der Mitarbeiterkapitalbeteiligung – Steuerliche Förderung betrieblicher Modelle und überbetrieblicher Mitarbeiterbeteiligungsfonds

Zum 01.04.2009 soll ein neues »Mitarbeiterkapitalbeteiligungs-Gesetz« in Kraft treten. Bei dieser Neuregelung der Förderung der Mitarbeiterkapitalbeteiligung hat sich die Bundesregierung im Ergebnis an die schon bislang praktizierten Förderwege und die bekannten Anlagemöglichkeiten für Mitarbeiterkapital angelehnt und beispielsweise auf die vielfach vorgeschlagene nachgelagerte Besteuerung von Beteiligungskapital verzichtet.

Die alte und die neue staatliche Förderung der Mitarbeiterkapitalbeteiligung stützen sich auf Regelungen im Vermögensbildungsgesetz und im Einkommensteuergesetz.

Vermögenswirksame Leistungen

Jeder Mitarbeiter hat nach wie vor die Möglichkeit, bis zu 400 Euro pro Jahr als Vermögenswirksame Leistungen im eigenen Unternehmen in Form einer Kapitalbeteiligung anzulegen – und zwar zusätzlich zu möglicherweise schon bestehenden Bauspar- und Banksparverträgen. Für vermögenswirksame Leistungen in der Anlageform der Kapitalbeteiligung am Arbeit gebenden Unternehmen steigt die Arbeitnehmersparzulage von 18 Prozent auf 20 Prozent. Gleichzeitig erhöhen sich die Einkommensgrenzen von 17.900 Euro bzw. 35.800 Euro auf 20.000 Euro bzw. 40.000 Euro für Ledige bzw. Verheiratete. Damit können – so die Bundesregierung – ca. 11 Mio. Arbeitnehmer in den Genuss dieser Regelung kommen.

Steuerfreier Arbeitgeberzuschuss

Der steuer- und sozialversicherungsfreie Höchstbetrag für die Überlassung von Mitarbeiterbeteiligungen am Arbeit gebenden Unternehmen wird mit dem neuen § 3 Nr. 39 EStG – der den »alten« § 19a EStG ersetzt – von 135 Euro auf 360 Euro deutlich erhöht.

Allerdings ist dies mit einigen geänderten und für die Praxis der Mitarbeiterbeteiligung sehr gravierenden Verfahrensvorschriften verbunden:

- Die Vorschrift zum »Hälftelungsprinzip« – also die Kopplung des Arbeitgeber-Zuschusses an eine Eigenleistung des Arbeitnehmers in Höhe von 50 Prozent bis max. 270 Euro – entfällt.
- Der steuerfreie Zuschuss des Arbeitgebers darf nicht mit tariflichen und einzelvertraglichen Ansprüchen der Arbeitnehmer verrechnet werden (»Entgeltumwandlungsverbot«).
- Es gilt das Gleichbehandlungsgebot, d. h.: Allen Mitarbeitern eines Unternehmens muss der Zugang zu derart geförderten Beteiligungsprogrammen offen stehen.

Übergangsfristen
Für neue Modelle der Mitarbeiterkapitalbeteiligung gilt ab dem 01.04.2009 der neue § 3,39 EStG. Für bestehende Modelle gilt eine Übergangsfrist bis Ende 2015, in der der alte § 19a EStG weiterhin angewendet werden kann.

Insolvenzsicherung
Die Frage der Insolvenzsicherung, die die gesamte Diskussion um den Investivlohn dominiert hat, ist pragmatisch gelöst worden: Es gibt keine generellen zusätzlichen Verpflichtungen für Unternehmen, Beteiligungskapital der Mitarbeiter abzusichern. Es bleibt bei den heutigen Absicherungspflichten für Fremdkapitalbeteiligungen, wie zum Beispiel das Mitarbeiterdarlehen. Echte Risikokapital-Beteiligungen sowie Stille Beteiligungen und Genussrechte bleiben wie jeder normale Aktienerwerb ungesichert.

Mitarbeiterbeteiligungsfonds
Neu ist die Einrichtung von Mitarbeiterbeteiligungsfonds, die genauso wie direkte Anlagen im eigenen Unternehmen gefördert werden sollen. Mitarbeiter und Arbeit gebendes Unternehmen können sich an solch einem Fonds beteiligen, der wiederum 75 Prozent des eingelegten Kapitals in die beteiligten Unternehmen zurückführen muss, als Beteiligung am Eigenkapital oder als stille Beteiligung. Die Streuung des Kapitals auf viele Unternehmen soll das Kapital der Mitarbeiter vor dem Risiko der Insolvenz des Arbeit gebenden Unternehmens schützen.

Inwieweit sich diese Fonds etablieren können, bleibt abzuwarten:
- Besonders mittelständische Unternehmen dürften die Beteiligung eines Fonds statt der eigenen Mitarbeiter ablehnen.
- Hinzu kommen für den Fall einer Fondsbeteiligung hohe Kosten für die Erstellung eines Wertpapierprospektes.
- Der Zusammenhang zwischen der Kapitalbeteiligung und der Bindung an das eigene Unternehmen wäre bei der Fondsvariante aufgelöst oder zumindest verwässert.
- Und schließlich kritisieren Vertreter von Banken, Versicherungen und Investmentgesellschaften – die entsprechende Fonds auflegen sollen – die 75-Prozent-Vorschrift, was einem an Renditen orientierten Fondsmanagement widerspreche.

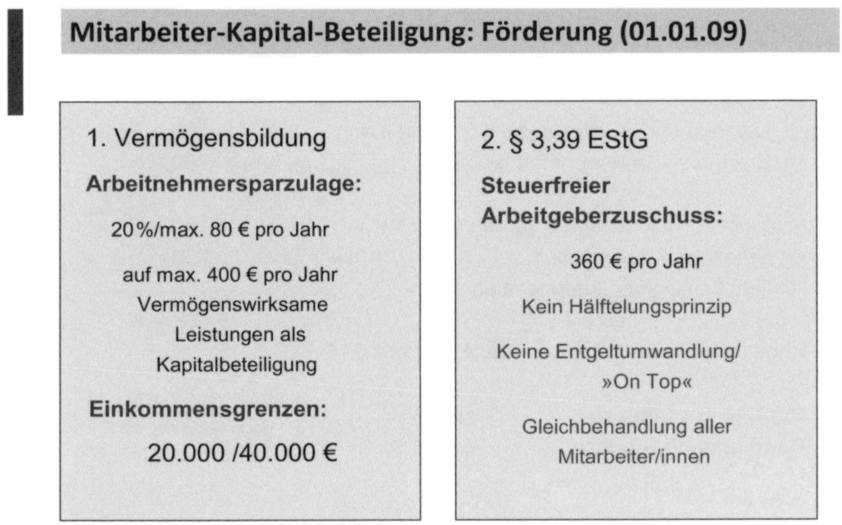

Quelle: AGP

Abb. 6: Neuregelung der steuerlichen Förderung von Mitarbeiterkapitalbeteiligungen (Übersicht)

5 Auswirkungen von Beteiligungsmodellen – Mitarbeiter und Unternehmen profitieren gleichermaßen

Trotz mancher Einschränkungen bietet das neue Mitarbeiterkapitalbeteiligungsgesetz Vorteile für Unternehmen und Mitarbeiter. Bei Inanspruchnahme aller Förderungen wird schon nach einer Laufzeit von 6 Jahren und erst recht bei einer längeren Laufzeit erhebliches Kapital aufgebaut – als Beitrag zur Vermögensbildung der Mitarbeiter und zur Stärkung des Kapitals der Unternehmen.

Die Durchschnittsrenditen für die Mitarbeiter übersteigen – in erster Linie aufgrund des Arbeitgeberzuschusses – auch bei langen Laufzeiten deutlich jede andere, übliche Anlageform.

Und auch für die Unternehmen rechnet sich die Kapitalbeteiligung der eigenen Mitarbeiter – abgesehen von den sonstigen Vorteilen, die damit verbunden sind: Für eigenkapitalähnliches Kapital fallen – zumindest bei längeren Laufzeiten – deutlich geringere Kapitalkosten an als bei Beteiligung externer Investoren oder privater und öffentlicher Beteiligungsgesellschaften.

»840 € Modell« – Vorteile für Mitarbeiter/Unternehmen

⇨ Eigenleistung der Mitarbeiter (VWL) p.a.	**400,-- €**
⇨ Leistungen des Arbeitgebers (§ 3,39) p.a.	360,-- €
⇨ Einlage ins Unternehmen pro Jahr	760,-- €
⇨ Eingez. Kapital nach 6 Jahren (6 x 760)	4.560,-- €
⇨ Erhaltene Zinsen (5 % p.a.)	728,-- €
⇨ Erhaltenen Arbeitnehmer-Sparzulage	480,-- €
	5.768,-- €

Abgeltungssteuer (30%) auf 728 €: ca. 218 €

Rendite vor Steuern: **ca. 29 %**
Rendite nach Steuern: **ca. 28 %**

Bezogen auf einen Monatsbeitrag von 33,34 €

Quelle: AGP

Abb. 7: Modellrechnungen: Mitarbeiterkapital/Potenzielles Eigenkapital unter Nutzung der steuerlichen Förderung ab 2009 – Vorteile

»840 € Modell * 3« = Vermögensbildung/Eigenkapital

⇨ Eigenleistung der Mitarbeiter (VWL) p.a.	**400,-- €**
⇨ Leistungen des Arbeitgebers (§ 3,39) p.a.	360,-- €
⇨ Einlage ins Unternehmen pro Jahr	760,-- €
⇨ Eingez. Kapital nach 18 Jahren (18 x 760)	13.680,-- €
⇨ Erhaltene Zinsen (5 % p.a.)	8.190,-- €
⇨ Erhaltenen Arbeitnehmer-Sparzulage	1.440,-- €
	23.310,-- €

Abgeltungssteuer auf 8.190 €: ca. 2.457 €

Rendite vor Steuern: **ca. 12 %**
Rendite nach Steuern: **ca. 11 %**

Quelle: AGP

Abb. 8: Modellrechnungen: Mitarbeiterkapital/Potenzielles Eigenkapital unter Nutzung der steuerlichen Förderung ab 2009 – Vermögensbildung/Eigenkapital

In einem Unternehmen mit 100 Mitarbeitern und einer durchschnittlichen Beteiligung von 60 Prozent der Belegschaft entsteht somit bei Eigenleistung der Mitarbeiter von durchschnittlich 400 Euro pro Jahr und einem Arbeitgeberzuschuss von 360 Euro pro Jahr (ohne

Arbeitnehmersparzulage und Zinsen) nach sechs Jahren ein Kapitalstock von ca. 275.000 Euro – in Form von Eigenkapital, eigenkapitalähnlichem Kapital (Stilles Gesellschafterkapital) oder Fremdkapital. Ohne Arbeitgeberzuschuss ergibt sich ein Kapital von ca. 145.000 Euro. Somit können die gesamte Kapitalstruktur des Unternehmens, Liquidität, Bonität und (Re-)Finanzierungsmöglichkeiten nachhaltig gestärkt werden.

Die Kosten für dieses Kapital sind in erster Linie abhängig von der Verzinsung und der Höhe des Arbeitgeberzuschusses:

In der Praxis finden sich sowohl Modelle mit einem festen Zinssatz als auch variable Verzinsungen in Abhängigkeit vom Unternehmenserfolg sowie Mischformen mit einem festen Basiszinssatz und erfolgsabhängigem Zuschlag.

Der Arbeitgeberzuschuss kann auch zukünftig zwischen 0 Euro und 360 Euro pro Jahr und Mitarbeiter betragen. Zudem konnte der Zuschuss bislang an die Höhe des Eigenbeitrags der Mitarbeiter gekoppelt werden, indem bspw. der Erwerb einer Vermögensbeteiligung eines Arbeitnehmers in Höhe von 100 Euro mit einem Zuschuss von 50 Euro von Seiten des Arbeitgebers ergänzt wurde, bei 200 Euro »Eigenleistung« wurde ein Zuschuss von 90 Euro gewährt und bei 400 Euro Eigenleistung der volle Zuschuss von 135 Euro. Ob dies auch mit der neuen gesetzlichen Regelung möglich ist, ist derzeit noch offen.

Um die Modelle an wechselnde wirtschaftliche Situationen anpassen und damit flexibel halten zu können, wird in den meisten Beteiligungsunternehmen das Angebot an die Mitarbeiter, sich am Unternehmen zu beteiligen, jährlich – ggf. mit geänderten Bedingungen – erneuert.

Die Mindestlaufzeit für eine Stille Beteiligung z.B. liegt in den Unternehmen in aller Regel zwischen fünf und sieben Jahren. Die Auszahlung erfolgt dann nach Kündigung des Kapitals durch die Mitarbeiter oder das Unternehmen. Die Erfahrung in den Beteiligungsunternehmen zeigt, dass sich nach einigen Jahren ein fester Kapitalstock herausbildet, der auch bei Auszahlungen an die Mitarbeiter und neue Einzahlungen relativ konstant bleibt bzw. mit zunehmender Beschäftigtenzahl kontinuierlich wächst.

6 Voraussetzungen und Regelungsbedarf der Mitarbeiterkapitalbeteiligung

Für die Einführung vom Mitarbeiterkapitalbeteiligungsmodellen gelten drei Grundsätze:

- Kapitalbeteiligungen unterliegen dem Prinzip der »doppelten Freiwilligkeit«: Sie beruhen auf einem freiwilligen Angebot der Unternehmensleitung, das von den Mitarbeitern angenommen oder abgelehnt werden kann.
- Die Ausgestaltung der zugrunde liegenden Verträge unterliegt den gesellschafts-, arbeits- und steuerrechtlichen Regelungen – ansonsten besteht Vertrags- und Gestaltungsfreiheit.
- Beteiligungsmodelle können steuerliche Förderungen nutzen – sie müssen dies aber nicht. Nur wenn steuerliche Vergünstigungen in Anspruch genommen werden sollen, müssen die einschlägigen Regulierungen beachtet werden.

Ob, in welchem Umfang und in welchem Zeitraum es zum Aufbau eines (Mitarbeiter-) Kapitalstocks kommt, ist dann im Wesentlichen eine Frage der Unternehmenskultur:

- Wechselseitiges Vertrauen zwischen Unternehmensleitung und Belegschaft,

- Vertrauen in die wirtschaftliche Prosperität des Unternehmens und in die Unternehmensführung,
- offene Information und Kommunikation,
- Transparenz im Hinblick auf die wirtschaftliche Entwicklung und die Zielsetzungen des Unternehmen sowie
- Einbeziehung der relevanten Personen und Personengruppen – ggf. des Betriebsrates – in die Entwicklung und Umsetzung des Beteiligungsmodells

sind wichtige Erfolgsfaktoren und fördern die Bereitschaft der Mitarbeiter, sich an »ihrem« Unternehmen zu beteiligen. Darüber hinaus ist die Bereitschaft, eigenes Geld zu investieren, natürlich abhängig von der Höhe des Einkommens.

Der Aufwand für die Einführung und Verwaltung einer Kapitalbeteiligung ist überschaubar und auch für kleine und mittelständische Unternehmen ohne weiteres verkraftbar. Konzeption und Umsetzung der Vereinbarungen sollten im Rahmen einer betrieblichen Arbeitsgruppe ggf. unter Hinzuziehung eines Beraters erfolgen. Hier sollte eine Verständigung über die Zielsetzungen des Modells und die daraus abzuleitenden Instrumente und Durchführungswege erfolgen. Darüber hinaus sollte in dieser Arbeitsgruppe auch ein Konzept für die Kommunikation der Zielsetzungen und Modalitäten des Beteiligungsmodells im Unternehmen und gegenüber der Öffentlichkeit erarbeitet werden. Die Verwaltung der Kapitalanteile der Mitarbeiter sowie die jährlichen Informationen über ein neues Beteiligungsangebot des Unternehmens oder den Stand des Beteiligungskontos werden routinemäßig von der Finanzbuchhaltung oder auch der Personalabteilung abgewickelt.

Mitarbeiterbeteiligung als Finanzierungskonzept unterliegt zwei Einschränkungen, die in der Praxis beachtet und geregelt werden müssen:

- Mitarbeiterkapitalbeteiligung ist ein langfristiges Finanzierungskonzept: Der Aufbau eines relevanten Kapitalstocks der Mitarbeiter ist – in aller Regel – eine Frage von Jahren und nicht von Monaten oder gar Wochen. Mitarbeiterbeteiligung kann nicht kurzfristig z. B. Liquiditätsengpässe beseitigen, sondern nur mittel- und langfristig dazu beitragen, dass derartige Engpässe erst gar nicht entstehen.
- Mitarbeiterkapitalbeteiligung ist eine Beteiligung »auf Zeit«: Das Mitarbeiterkapital oder Teile davon werden im Verlauf bzw. spätestens bei Ablauf des Beschäftigungsverhältnisses ausgezahlt. Wenngleich den Unternehmen nach einigen Jahren ein relativ konstanter Kapitalstock erhalten bleibt, so müssen doch Regelungen und Vorkehrungen für die Auszahlung von Teilbeträgen getroffen werden. Hier haben sich in der Unternehmenspraxis aber schon seit langem erprobte Regelungen herausgebildet.

Jenseits dieser Einschränkungen ist Mitarbeiterkapitalbeteiligung ein Finanzierungskonzept, das die finanzielle Stabilität der Unternehmen nachhaltig stärkt und mehr noch, das dazu beiträgt, eine partnerschaftliche Unternehmenskultur mit engagierten, unternehmerisch denkenden und handelnden Mitarbeitern zu schaffen.

Checkliste: Konzeption und Einführung einer Mitarbeiterkapitalbeteiligung

Ziele und Voraussetzungen

- Sind die finanziellen Zielsetzungen geklärt – Stärkung des Eigenkapitals, Flexibilisierung der Personalkosten, Stärkung der Liquidität?
- Sind die personalwirtschaftlichen Zielsetzungen geklärt – Bindung an das Unternehmen, Anreize zu unternehmerischem Handeln?
- Sind die unternehmenskulturellen Bedingungen geklärt – Identifikation mit dem Unternehmen, vertrauensvolle Zusammenarbeit, Freiräume für eigenverantwortliches Handeln?

Konzeption der Beteiligung

- Welche Mitarbeitergruppen dürfen teilnehmen – Alle Mitarbeiter, nach Betriebszugehörigkeit, nur Führungskräfte?
- Wie wird die Mitarbeiterkapitalbeteiligung finanziert – Eigenbeitrag der Mitarbeiter, Beiträge aus einer Erfolgsbeteiligung, Zuschuss des Unternehmens?
- Welche Form der Mitarbeiterkapitalbeteiligung wird gewählt – Eigenkapitalbeteiligung, Fremdkapitalbeteiligung, »Mezzanine Beteiligung«?
- Welche Rechte und Pflichten haben die Mitarbeiter aus ihrer Beteiligung – Informationsrechte, Mitentscheidungsrechte?
- Welche Anlagemodalitäten sollen vereinbart werden – Anlagedauer, Kündigungsfrist, Verzinsung, Gewinnbeteiligung?
- Wann und in welcher Form erfolgt die Auszahlung – Beendigung der Beteiligung oder des Beschäftigungsverhältnisses, volle oder ratierliche Auszahlung?
- Wie wird das »Beteiligungsangebot« des Unternehmens gestaltet – Obergrenzen pro Anno und pro Mitarbeiter, kontinuierliche Einzahlungsmöglichkeiten, jährlich neues Angebot?
- Welche Vertragsform wird gewählt – Bilaterale Regelungen, Betriebsvereinbarung, Regelungen im Arbeitsvertrag?
- Welche staatlichen Förderungen können in Anspruch genommen werden – Vermögensbildung, steuerfreier Arbeitgeberzuschuss?

Kommunikation und Umsetzung

- Wer wird an der Konzeption des Modells beteiligt – Unternehmensleitung, Führungskräfte, Betriebsrat, innerbetriebliche Meinungsbildung?
- Wie werden die Mitarbeiter informiert – Zeitpunkt, Umfang, wer informiert, wie wird diskutiert?
- Wie wird das Modell eingeführt und inszeniert – Betriebsversammlungen, Broschüren, Hotline, Intranet, Feiern?
- Wie wird die (externe) Öffentlichkeitsarbeit gestaltet – Kunden- und Lieferanteninformation, Internet, Presse?

Leasing – Investieren, ohne sich zu verausgaben

Rüdiger Freiherr von Fölkersamb

1 Einleitung

Für mittelständische Unternehmen ist es nicht erst seit der Finanzkrise ein Problem, Liquiditätsengpässe für notwendige Investitionen zu überbrücken, denn zahlreiche Regularien wie Grundsätze von Basel II machen ihnen dabei das Leben schwer. Im Mittelstand ist nach wie vor das klassische Kreditgeschäft vorherrschend. Doch was für Alternativen stehen dem mittelständischen Unternehmer zur Verfügung, wenn die Banken nicht mehr gewillt sind, die Investitionen zu finanzieren?
Als alternative Finanzierungsform steht neben Produkten wie

- Factoring,
- Forfaitierung,
- Mezzanine Capital und
- Private Equity

auch *Leasing* als eine moderne, Bilanz schonende und flexible Variante zur Verfügung.

Factoring betrifft den Ankauf einer kurzfristigen Handelsforderung durch eine Bank oder Factoringgesellschaft, Forfaitierung den Verkauf einer mittel- oder langfristigen Finanzforderung an einen Dritten. Beides sind keine Bankgeschäfte im Sinne des Kreditwesengesetzes in Deutschland, gleichwohl werden diese Geschäfte gerne von Banken oder banknahen Gesellschaften getätigt.

Mezzanine oder Private Equity sind Anlageformen, die auf mittelfristige Dauer, zum Teil Kapital ersetzend bis kapitalähnlich verwandt werden, nicht aber einem partiarischen oder Eigentümerdarlehen gleichkommen, dennoch nachrangig angelegt werden.

Als Finanzprodukt ist *Leasing* historisch betrachtet ein Instrument, das in den sechziger Jahren des letzten Jahrhunderts von Nordamerika nach Europa importiert wurde. Bis dahin war die »Nutzungsüberlassung« oder »Miete« für Investitionsgüter in Europa noch nicht bekannt. Die Vermietung von Telefonen, so wie es die Firma BELL schon vor dem zweiten Weltkrieg in den USA darstellte, war noch kein Ansatz in Europa. Dennoch war die Rechtsform der Miete oder Pacht in Deutschland bekannt, nur brachte man sie nicht mit mobilen, gewerblich nutzbaren Wirtschaftsgütern in Zusammenhang. Diese Idee wurde zaghaft im Vereinigten Königreich in den fünfziger Jahren und beginnend in den sechziger Jahren in Deutschland verwirklicht. So brachte Prof. Dr. Dietz als Mitbegründer der Deutschen Leasing AG dieses Gedankengut nach Deutschland, die dann im Jahre 1962 ihre Tätigkeit als Leasingpionier in Deutschland aufnahm und noch heute als Nummer 1 der bundesdeutschen Anbieter am Markt operiert.

2 Der Leasingbegriff

Leasing leitet sich aus den unterschiedlichsten Nutzungsformen ab, sodass es nicht *den* einheitlichen Leasingbegriff sondern Begriffsdefinitionen gibt, die sich an der Erscheinungsform des Leasings orientieren.

Nach dem deutschen rechtlichen Umfeld ist Leasing im bürgerlichen Gesetzbuch nicht explizit geregelt. Vielmehr basiert Leasing auf den Vorschriften von Kauf und Miete. Dabei werden Rechte und Pflichten aus beiden Rechtsnormen miteinander verbunden.

Aus dem Mietrecht ist die Nutzungsüberlassung auf Zeit und die damit in der Regel ratierlich zu leistende Nutzungsentschädigung entlehnt. Die aus dem Mietrecht geläufige gebrauchstaugliche Überlassung wird durch Rechte und Pflichten aus dem Kaufrecht ersetzt. So geht mithin die Gefahr, das heißt also die Pflicht zur Instandhaltung unter gleichzeitiger Abtretung der kaufrechtlichen Gewährleistungsansprüche gegenüber dem Lieferanten oder Verkäufer, auf den Nutzer eines Leasinggutes über. Mit anderen Worten ist der Leasingnehmer der uneingeschränkte Nutzer einer Sache auf Zeit, ohne Eigentümer zu sein, und hat gleichzeitig seine Leasingrate zu entrichten als Entgelt für die Überlassung.

Hergeleitet aus der rechtlichen Sicht wird Leasing einerseits als Investitionsalternative und andererseits als Finanzierungsalternative gesehen. Im deutschen Sprachgebrauch haben sich die Begriffe »*Operating-Leasing*« und »*Finanzierungs-Leasing*«, basierend auf den aus dem Mutterland des Leasings, den USA, stammenden Begriffe »Operate-Leasing« und »Finance-Leasing«, durchgesetzt. Um welchen der beiden Vertragstypen es sich bei einem Leasingvertrag handelt, hängt von der Übernahme des wirtschaftlichen Investitionsrisikos ab. Trägt dies der Leasinggeber, wird von Operating-Leasing gesprochen. Dem Leasingnehmer wird ein Wirtschaftsgut auf bestimmte Zeit mit der Möglichkeit der Rückgabe nach bestimmten Perioden zur Verfügung gestellt. Er kann es dem Leasinggeber ohne weitere Verpflichtungen, außer der gebrauchsüblichen Instandhaltung, zurückgeben, der damit das Risiko der Investition trägt. Dagegen ist beim Finanzierungs-Leasing eine feste Vertragslaufzeit vereinbart worden, und der Leasingnehmer kann das Leasinggut während dieser Laufzeit analog den Rechten und Pflichten eines Eigentümers nutzen. Damit verbunden ist aber die Pflicht des Leasingnehmers, das Wirtschaftsgut voll zu amortisieren. Dies wird z. B. mit einem Andienungsrecht des Leasinggebers am Ende der Laufzeit dokumentiert. Der Leasingnehmer trägt damit das Investitionsrisiko.

Ein vereinfachendes Beispiel der gebrauchstauglichen Überlassung ist die Miete eines Autos bei einem gewerblichen Autovermieter. Ist der Wagen während der Mietzeit nicht intakt, schuldet der Vermieter einen Ersatz oder aber die unverzügliche Instandsetzung, mithin würde im extremen Fall ein Telefonat mit dem Vermieter mit Bitte um Gestellung eines Ersatzwagens eine geeignete Maßnahme darstellen. Bei einem geleasten Wagen ohne jegliche Servicevereinbarung ist der Nutzer selbst verpflichtet, den Wagen wieder intakt zu setzen, somit ist der Leasinggeber nicht verpflichtet, hier Abhilfe zu schaffen, sondern vielmehr der Leasingnehmer, als wäre er der Eigentümer.

Anhand dieses Beispiels erkennt man, dass Leasing allein als rechtliche Gestaltungsform »sui generis« – wie es zuweilen in der Rechtsliteratur bezeichnet wird – noch keine evidenten Vorteile gegenüber dem Kauf einer Sache mitbringt. Leasing als Kombination von Kauf und Miete hat allerdings in Bezug auf steuerliche und bilanzielle Belange eines Unternehmens oder Gewerbebetriebes und damit indirekt auf das Kostenmanagement des Unternehmens erheblichen Einfluss.

3 Leasing – Investieren, ohne sich zu verausgaben

Für den mittelständischen Unternehmer ist die Investitions- und Finanzierungsentscheidung ein komplexes Konstrukt, bei dem sowohl qualitative als auch quantitative Faktoren ausschlaggebend sind. Bei den quantitativen Faktoren ist die Rentabilität der Investition oftmals der entscheidende Faktor, doch ein unternehmerischer Weitblick ist auch von den qualitativen Faktoren, wie spezielle Finanzierungsformen an das Investitionsobjekt oder finanzieller Spielraum des Unternehmens, geprägt. In Zeiten weniger starken Wirtschaftswachstums stehen diese Faktoren oftmals bei kleineren und mittleren Unternehmen im Mittelpunkt der Entscheidung, denn Leasing bietet nahezu immer eine passende Lösung – die immer häufiger mit zusätzlichen Dienstleistungen ergänzt wird. Für den Mittelständler ist Leasing eine Investitionsmöglichkeit, bei der er nicht an seine finanziellen Grenzen geht und dennoch die Investitionen in seinem Unternehmen vornehmen kann. Für die Vorteilhaftigkeit des Leasings haben sich aus der Praxis heraus folgende Argumente ergeben:

- *Passgenauigkeit:* Entsprechend ihren spezifischen Bedürfnissen können Leasingnehmer festlegen, welches Investitionsgut zu welchem Zeitpunkt angeschafft werden soll. Bei herstellerunabhängigem Leasing kann auch der Lieferant frei gewählt werden.
- *Planungssicherheit:* Für das Kostenmanagement in Unternehmen bedeuten planbare Kosten Planungssicherheit, zumindest bezogen auf die Vertragslaufzeit. Je nach Langlebigkeit des Investitionsgutes variiert die Vertragslaufzeit von Leasingverträgen.
- *Flexibilität:* Ein starres Vertragsschema widerspricht den Bedürfnissen des Leasingnehmers, der seine Investitionsentscheidung flexibel an den Markterfordernissen ausrichten muss. Zum Beispiel ist die Vertragsvariante beim Mobilienleasing abhängig von der Art des zu leasenden Objektes, da jedes Objekt hinsichtlich Anpassung des Leasingvertrages und Wertverlustes andere Anforderungen stellt.

Ganz wesentlich sind aber die Bedürfnisse des Leasingnehmers, der aus Kostenmanagementsicht den Fokus auf Fragen legt, wie:

- Soll ein späterer Kauf des Leasinggutes stattfinden?
- Muss der Leasingvertrag nach Ablauf verlängerbar sein?
- Wird ein technischer Fortschritt erwartet, so dass der Leasingvertrag vorzeitig gekündigt werden kann?
- Müssen Leasingobjekte kurzfristig austauschbar sein, da es sich um schnelllebige Objekte handelt?

Leasing ermöglicht, im Gegensatz zum Kredit, die Abweichung von gleichmäßigen Zahlungsmodalitäten, um dem saisonalen Geschäft und damit dem flexiblen Kostenmanagement des Kunden entgegenzukommen. In Zeiten großen Umsatzaufkommens werden hohe Raten bezahlt, während in den umsatzschwächeren Monaten die Raten entsprechend niedriger angesetzt sind (»pay-as-you-earn-Prinzip«). Folgende kundenspezifischen Zahlungsartvarianten werden im Leasing unterschieden (siehe Abbildung 1).

Zahlungsart	Leasingrate	Nutzen
linear	Gleichmäßig hohe Leasingraten während der gesamten Laufzeit	Gleich bleibende Belastung
progressiv	Leasingraten steigen vom niedrigen Niveau auf höhere Schlussraten	Die Liquidität des Leasingnehmers wird am Vertragsanfang weniger stark belastet.
degressiv	Leasingraten sinken vom hohen Anfangsniveau auf niedrigere Schlussraten	Leasingnehmer kann in einer für ihn absehbaren Zeit mehr tilgen
saisonal	Leasingraten wechseln zwischen höheren und niedrigeren Raten in zuvor festgelegten Monaten	»pay-as-you-earn«, Leasingnehmer zahlt dann, wenn er mit dem Leasingobjekt tatsächlich Geld verdient.
längere Zahlungsintervalle	Viertel-, halbjährliche oder jährliche Rate	Leasingnehmer kann mit vorgegebenen Budgets bezahlen.

Abb. 1: Zahlungsvarianten im Leasing

Liquiditätseffekte: Ein wichtiger Aspekt unter Kostengesichtspunkten ist die Liquidität, die für einen Unternehmer Flexibilität in der Geschäftsgestaltung bedeutet. Beim Leasing übernimmt die Leasinggesellschaft die Finanzierung des Leasingobjektes, so dass es zum Investitionszeitpunkt nicht zu einem Liquiditätsentzug und/oder zu einer Ausweitung der Fremdfinanzierung kommt. Mit dem »pay-as-you-earn-Prinzip« werden die Kosten der Investition über die Leasingraten über die Zeitspanne verteilt, in der mit dem Leasingobjekt Erträge erwirtschaftet werden.

Bilanzeffekte: Im deutschen Rechtsraum ist die Nutzung eines Leasinggutes die Miete im Sinne des Steuerrechts und nach den deutschen handelsrechtlichen Bilanzierungsvorschriften bilanzneutral. Dies hat positive Auswirkungen auf die Eigenkapitalquote des Leasingnehmers, was unter Basel II-Gesichtspunkten bedeutsam geworden ist. Eine Leasinggesellschaft stellt die Finanzierung nicht nur auf das Objekt selber ab, sondern richtet Ihre Entscheidungsstrukturen nach dem magischen Leasingdreieck »Bonität – Markt – Objekt«, dessen Eckwerte für die Begründung einer kompetenten Investitionsentscheidung maßgeblich sind.

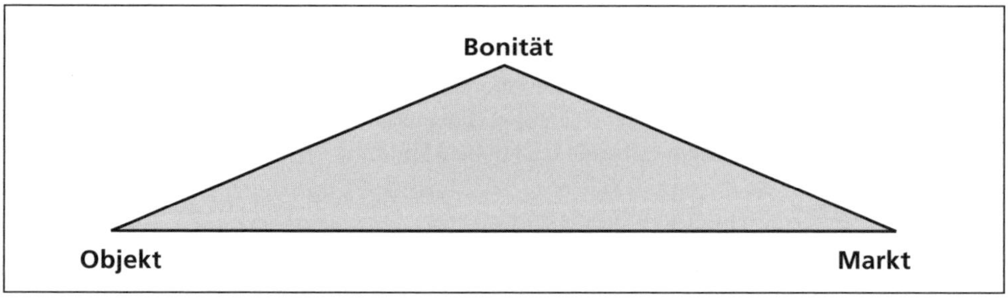

Abb. 2: Das magische Leasingdreieck

Unter den internationalen Rechnungslegungsvorschriften oder dem jeweiligen Landesrecht zum Betrieb einer »financial institution« stellen sich die Bilanzeffekte tendenziell anders dar. Danach unterscheidet man zwischen »financial leases« und »operating leases«. Im Finanzierungsleasing wird die Vollamortisation durch den Leasingnehmer angestrebt, bei »operating leases« ist dies nicht der Fall, vielmehr bleibt ein nach bestimmten Kriterien zu bestimmender Mindestbetrag als Risiko bei der Leasinggesellschaft als ungesicherter Restwert in ihren Büchern.

Damit wird erreicht, dass das Risiko der Vermarktung nach einem »fair market value«, also eines gerechten Marktpreises, bei der Leasinggesellschaft verbleibt und damit der mietähnliche Charakter dieses Modells erhalten bleibt. Das Finanzierungsleasingmodell dagegen steht unter den internationalen Buchungsvorschriften in der Verwandtschaft eines Darlehens, mithin erfolgt das Buchen des Assets und der damit verbundenen Verbindlichkeit beim Leasingnehmer. Aber auch ungeachtet der Bilanzierungsregeln ist Finanzierungsleasing aufgrund von bankaufsichtsrechtlichen Vorschriften für »financial institutions« bankähnliches Geschäft, das in seiner Art wie Darlehen gebucht wird. Folglich ist dann das Finanzleasing näher dem Darlehen gerückt und wird auch so behandelt.

Generell kann man also davon ausgehen, dass operating leases in allen Rechnungslegungsarten eine sog. Off-balance-Struktur ist, was von dem financial leases nicht ohne weiteres gesagt werden kann.

Steuereffekte: Der Leasingnehmer ist rechtlich nicht Eigentümer des Leasinggutes, das ihm auf Zeit zur Nutzung überlassen wird. Auch das wirtschaftliche Eigentum verbleibt beim Leasinggeber, der dafür auch die steuerrechtliche Abschreibung des Wirtschaftsgutes behält. Dementsprechend erhält der Leasinggeber basierend auf seiner Kalkulation die Amortisations-, Finanzierungs- und Verwaltungskosten nebst einem branchenüblichen Gewinn in Form einer ratierlich zu leistenden Nutzungsentschädigung – der Leasingrate.

Die Leasingrate ist für den Leasingnehmer ein Betriebsaufwand und wird in seiner Gewinn- und Verlustrechnung als Kostenfaktor gebucht. Mithin ist die Leasingrate ein Aufwandsposten, der Gewinn mindernd wirkt und vermeidet, dass Abschreibungen für Abnutzung eines Anlagegutes und damit verbundene Kapitalbindungen – sei es aus dem Eigen- oder Fremdkapital – entstehen. Bei einer Finanzierung durch Eigenkapital wirken dagegen nur die Abschreibungen steuermindernd. Damit ist Leasing im deutschen Rechtsraum bilanzneutral.

Effizienzeffekte: »Zeit ist Geld« – unter diesem Aspekt sind Effizienzeffekte durch Leasing auf das Kostenmanagement zu betrachten. Leasinggesellschaften bieten rund um die Finanzierung zusätzliche Dienstleistungen an, die von der laufenden Wartung geleaster Maschinen, Bürotechnik oder medizinischer Geräte bis zum kompletten Management des Fuhrparks oder der Informatik-Systeme reichen. Durch gezieltes Outsourcing können Unternehmer Effizienzgewinne erzielen und damit Kosten einsparen.

Innovationseffekte: Die Zeit wird immer schnelllebiger – was heute neu ist, gilt morgen schon als veraltet. Innovationen im Maschinensektor ersetzen Arbeitskräfte und ermöglichen eine Produktivitätssteigerung. Deshalb möchte der Unternehmer die Kostenstellschraube Innovation gerne nutzen, was aber nur durch Vertragsflexibilität erreicht werden kann. Ist der Unternehmer an Finanzierungsverträge langfristig gebunden, gehen die Innovationen an ihm und damit auch die Möglichkeit der Kostensenkung vorbei. Durch die hohe Flexibilität von Leasingverträgen wird es dem Unternehmer möglich, den Maschinenpark ständig an den technologischen Fortschritt anzupassen. Das Verwertungsrisiko für die Maschinen, die zwar noch voll einsetzbar sind, aber nicht mehr dem neuesten Stand der

Technik entsprechen, trägt zu einem großen Teil beim Operating-Leasing der Leasinggeber (magisches Leasingdreieck »Bonität – Markt – Objekt«).

Auslastungseffekte: Die konjunkturellen Schwankungen in unserem komplexen Wirtschaftssystem, gepaart mit Effekten aus der Globalisierung, erschweren dem Unternehmer die Kosten-Planung und hemmen dadurch seine Investitionsbereitschaft. Der Leasinggeber möchte die Investitionsbereitschaft fördern und versucht dies durch flexible Verträge. Die unterschiedlichen Auslastungen, seien diese durch konjunkturelle oder saisonale Schwankungen bedingt, können im partnerschaftlichen Einvernehmen im Gespräch meistens gelöst werden, denn an einer Insolvenz des Kunden ist keine Leasinggesellschaft ernsthaft interessiert.

Vertriebseffekte: Haben Unternehmen Leasing für sich als Vorteil erkannt, so wird häufig der Wunsch geäußert, Leasing für sich selbst als Absatzförderungsinstrument einzusetzen. Unternehmen möchten neben ihren hochwertigen Waren und Dienstleistungen ihren internationalen Kunden auch eine Finanzierung anbieten – das Leasing. Aus Kostenmanagementsicht ist es für den Hersteller oder Händler nicht sinnvoll, eigene Finanzierungskompetenz aufzubauen. Hinzu kommen rechtliche, steuer- und finanztechnische sowie vertragsspezifische Vorgaben, die vor dem Leasinggeschäft bedacht werden müssen. Auf europäischer oder internationaler Ebene kommen noch länderspezifische Bedingungen hinzu. Durch die Partnerschaft mit einer Leasinggesellschaft können die Vendoren diese Risiken eliminieren und dennoch Verkaufserfolge erzielen. Insbesondere mittelständische Hersteller und Händler suchen die Kooperation mit der Leasinggesellschaft. Sie reduzieren damit nicht nur die Kosten, eigenes Know-how aufzubauen und vorzuhalten, sondern auch ihr finanzielles Risiko, da die Leasinggesellschaft der Käufer der Ware ist. Die Vendoren erhalten auf jeden Fall den Kaufpreis. Die Liquidität ist ebenfalls gesichert, da der Finanzier die Kaufsumme direkt nach Abnahme der Leasinggüter überweist. Die Kreditprüfung erfolgt durch die Leasinggesellschaft. Sollte die Bonität des Kunden einmal nicht zufrieden stellend sein, der Hersteller seine Produkte aber dennoch beim Kunden platzieren will, helfen Risikoteilungsprogramme mit konkreten Vermarktungsvereinbarungen über diese Klippe hinweg. Hier reichen die Beispiele von der einfachen Rückkaufvereinbarung bis hin zum »Risiko-Pool«, einem versicherungsähnlichen Verfahren, in das beide Parteien eine Risikoprämie einlegen, um eventuelle Schäden auszugleichen.

Durch die Internationalität einer Leasinggesellschaft erhöht sich der Mehrwert des Vendors, denn die Nähe zum Kunden – Partner wie Endkunden – ist von großem Vorteil. So sprechen die Mitarbeiter vor Ort die jeweilige Landessprache fließend, sie kennen die örtlichen Verhältnisse, Mentalitäten und Wirtschaftsstrukturen. Durch die Vernetzung zur Muttergesellschaft in Deutschland werden auch im Ausland maßgeschneiderte Lösungen angeboten. Dass die Leasinggesellschaft ihren Kunden als wirklichen Partner ansieht, zeigt sich auch in dem Konzept »Follow the stream of trade«, das eine weitere Voraussetzung für den Erfolg ist. Dies bedeutet, dass die Leasinggesellschaft bei dem Aufbau neuer Landesgesellschaften den Fokus auf die Länder legt, in denen die Vendoren ihre Geschäfte machen. Idealerweise legt sie einen weiteren Fokus auf ausgewählte Märkte, zu denen u. a. der Maschinenbau mit Bau-, Druck-, Kunststoff- und Werkzeugmaschinen zählt. Maschinen »Made in Germany« sind weltweit gefragte Produkte, insbesondere wenn sie mit einer Finanzierungslösung angeboten werden.

Die Abbildung 3 fasst die Vorteile für die Partner der Leasinggesellschaft und deren Kunden zusammen.

Partner der Leasinggesellschaft	Kunden
Größere Absatzchancen durch Erweiterung der Angebotspalette	Lösung des Finanzierungsproblems, da Produkt und Finanzierung aus einer Hand kommen
Ein Finanzierungs-/Leasingpartner im Inland für die Absatzfinanzierung im Ausland	Zeitersparnis und Bequemlichkeit durch Produkt und Finanzierung aus einer Hand
Qualifizierte Beratung durch Spezialisten vor Ort	I.d.R. werden keine weiteren Sicherheiten gefordert, sodass der Finanzierungsspielraum erweitert wird; Eigenmittel und sonstige Sicherheiten werden weitgehend freigehalten
Gewohnter hoher Qualitätsstandard auch im Ausland bei der Abwicklung des Geschäftes	Flexible Leasing-Vertragsmodelle, angepasst an individuelle Bedürfnisse
Rechtssicherheit der ausländischen Leasingverträge	Klare Kalkulationsgrundlage für Wirtschaftlichkeitsüberlegungen und Budgetberechnungen
Wegfall der Risiken und Kosten einer Exportversicherung	Rechtssicherheit der ausländischen Leasingverträge
Keine Sprachbarrieren, keine Mentalitätsprobleme	Keine Sprachbarrieren, keine Mentalitätsprobleme
Kundenbindung durch »eigene« Finanzierung des Kunden	

Abb. 3: Vorteile für die Partner der Leasinggesellschaft

4 Vorteilhaftigkeit des Leasing

Durch kürzere Produktlebenszyklen und schnellere Innovationen hat sich bei den Unternehmern die Erkenntnis durchgesetzt, dass der Nutzen eines Investitionsgutes nicht im Eigentum, sondern im Gebrauch liegt. Um dieser Erkenntnis gerecht zu werden, bedarf es einer flexiblen Investitionsform, die sich auch noch positiv auf das Kostenmanagement auswirkt – das Leasing. Der Unternehmer erhält durch Leasing die notwendige Flexibilität für Anpassungen an technische Neuerungen und durch bilanzielle und steuerliche Effekte die notwendige Liquidität für seine Investitionen, ohne sich dabei zu verausgaben.

Zeit investieren sollte der Unternehmer in die Beratungsgespräche mit der Leasinggesellschaft, denn diese müssen umso umfassender geführt werden, je komplexer das Investitionsvorhaben ist. Auch bei Leasing gilt: Bedenke vor Vertragsabschluss auch das Ende! Für die Beratung des potenziellen Leasingnehmers stellen die Mitarbeiter von Leasinggesellschaften ihr Know-how zur Verfügung, um die bestmöglichen Lösungen für die Kunden auszuarbeiten. Auch der Kunde muss an der Gestaltung mitwirken, indem er Angaben zu Art und Umfang des Geschäftsbetriebes, zur Darstellung des Managements, zur Branche, zum Objekt und zu seinen wirtschaftlichen Verhältnissen abgibt. Die Analyse der Informationen erfolgt bei der Leasinggesellschaft. Es gilt: Je höher das Investitionsvolumen, desto tiefer die Analyse. Für die Unternehmens- und Unternehmerbeurteilung für Standardfälle werden Scoring-Verfahren verwendet, die u. a. folgende Punkte umfassen:

- Management,
- Planung,
- Controlling,
- Produkte,
- Abhängigkeiten,
- Innovationen,
- Konkurrenz und
- Konzerneinflüsse.

Die Bonitätsprüfung gehört, genau wie bei jeder Kreditfinanzierung, stets auch zum Leasinggeschäft dazu. Da aber die Leasinggesellschaften um die Spezifika einer Branche wissen, da sie selbst mit den Assets in einer solchen agieren, erfolgt die Bonitätsprüfung oftmals aufgrund der quantitativen und qualitativen Beurteilung reibungsloser und damit effizienter für den Leasingnehmer in rascher zeitlicher Abfolge.

5 Zusammenfassung

Leasing ist Anfang der 60er Jahre als neues Produkt nach Deutschland importiert worden. Zunächst begegneten die dem Eigentum verhafteten deutschen Unternehmer der innovativen Finanzierungsalternative mit großem Argwohn, doch die Erkenntnis, dass nicht das Eigentum, sondern die Nutzung des Wirtschaftsgutes den Wert schafft, hat sich letztlich durchgesetzt. Inzwischen ist die Leasing-Branche Deutschlands größter Investor und generiert ein jährliches Investitionsvolumen von rund 57 Mrd. Euro. In Zeiten einer immer schneller werdenden Innovationsgeschwindigkeit bringt Leasing den Unternehmen die notwendige Flexibilität, um Schritt zu halten.

Dabei ist Leasing nicht nur bei Mittelständlern im Finanzierungsportfolio enthalten, sondern auch bei Einzelhändlern, Weltkonzernen sowie Privatleuten und Freiberuflern. Genauso vielseitig wie die Kundenstruktur ist die Anbieterseite – die Leasinggesellschaften selbst. Vom kleinen Spezialisten bis zum international tätigen Vollsortimenter ist alles vertreten. Die wahrlich großen »Player« im Leasinggeschäft sind in der Regel Tochterunternehmen von Finanzdienstleistungsinstituten.

Als Vorteil wird immer wieder die Asset-Kompetenz der Leasingunternehmen und damit die Nähe zum Kunden genannt, weil damit flexible, schnelle und individuelle Lösungen angeboten werden können. Der Leasingnehmer profitiert außerdem von der Einkaufsposition der Leasinggesellschaft, die im Standardgeschäft durch das Einkaufsvolumen deutliche Preisvorteile erzielt. Nicht sofort erkennbar, aber dennoch wichtig, ist der Vorteil der Eigenkapitalschonung. Durch Leasing werden die Linien bei Kreditinstituten nicht belastet und, da Leasing i.d.R. zu 100 Prozent fremdfinanziert ist, wirkt es sich sowohl im Bilanz- als auch im Steuerrecht Eigenkapital schonend aus.

Der Nutzen von Leasing wird heute zusätzlich in anderen Dimensionen deutlich, die über die reinen Sachmittel hinausgehen. Durch das gestiegene Kostenbewusstsein der Unternehmen steigt auch die Nachfrage nach Dienstleistungen rund um das Leasing. Unternehmen fokussieren sich wieder auf ihre Kernkompetenzen und gliedern Aufgaben, die andere qualitativ und quantitativ effizienter leisten, aus. Die Aufgabe des Leasingunternehmens ist es, den wachsenden, qualitativen Ansprüchen des Kunden im In- und Ausland gerecht zu werden und mit der Internationalisierung Schritt zu halten – eine große Herausforderung für die Leasingindustrie.

Checkliste zur erfolgreichen Investition

Flexibilität

Welche Investition soll wann erfolgen (Investitionsplan)?

a) Für welchen Zeitraum sind die Investitionen geplant?
b) Welche Liquidität wird zu welchem Zeitpunkt benötigt?
c) Welches Investitionsrechenverfahren (statisch oder dynamisch) ist anzuwenden?

Welches Investitionsgut soll von welchem Hersteller sein (Voraussetzung: herstellerunabhängiges Leasing)?

a) Soll ein Markenprodukt gewählt werden?
b) Arbeitet der Hersteller mit einem Leasingunternehmen zusammen?
c) Welche Abhängigkeiten könnten sich aus einem herstellerabhängigen Leasing ergeben?

Welche Zahlungsart ist nach dem Prinzip »pay-as-you-earn« zu wählen (linear, progressiv, degressiv, saisonal, längere Zahlungsintervalle)?

a) Ist das Geschäft saisonal geprägt?
b) Sind die Zahlungszeitpunkte von Subventionen zu berücksichtigen?
c) Wie ist die Restwertgestaltung im Leasingvertrag?

Welche Vertragsart ist zu wählen, um die Vertragslaufzeit in Abhängigkeit der wirtschaftlichen Situation des Unternehmens und zur Nutzung von Innovationseffekten zu gestalten?

a) Muss der Leasingvertrag nach Ablauf verlängerbar sein?
b) Werden Innovationen erwartet, so dass der Leasingvertrag vorzeitig gekündigt werden könnte?
c) Können Leasingobjekte während der Laufzeit ausgetauscht werden?

Liquidität

Welche Vertragslaufzeit ist zu wählen, um die Liquidität des Unternehmens sicherzustellen?

a) Können Geldanlagen des Unternehmens in die Gestaltung der Liquidität in die Planung einbezogen werden?
b) Wann werden welche Erträge mit dem Leasingobjekt erwirtschaftet?

Prüfung durch den Steuerberater: Welche positiven Bilanzeffekte können durch Leasing erzielt werden, und wie sollten diese für die Liquiditätssituation genutzt werden (eine gesonderte Prüfung ist im Ausland erforderlich)?

a) Welche Effekte ergeben sich für die Eigenkapitalquote unter Basel II-Gesichtspunkten?
b) Wird im Ausland financial leases oder operating leases angestrebt?
c) Welche Aufwand-/Gewinnrelation wird angestrebt?

Kosten- und Vertriebsaspekte
Sollen zusätzliche Dienstleistungen in den Leasingvertrag aufgenommen werden (Effizienzgewinn durch gezieltes Outsourcing)?
b) Soll mit zusätzlichen Servicekomponenten ein Outsourcing erreicht werden?
a) Sollen Servicekomponenten beim Flotten- oder IT-Leasing in den Leasingvertrag aufgenommen werden?
c) Wie flexibel sind die zusätzlichen Dienstleistungen zu gestalten?

Besteht die Möglichkeit, in Zusammenarbeit mit der Leasinggesellschaft Leasing als »Absatzfinanzierung« den eigenen Kunden anzubieten (Nutzung von zusätzlichen Vertriebsmöglichkeiten)?
a) Welche Vertriebskanäle sollen genutzt werden?
b) Kann die Finanzierung über die Leasinggesellschaft auch im Ausland angeboten werden?
c) Werden zusätzliche eigene Mitarbeiter für das Leasingangebot benötigt?
d) Wie gestaltet sich die Unterstützung des Leasingunternehmens?

Wie hoch ist die Innovation in der eigenen Branche, die aus Vertriebsgesichtspunkten geleistet werden muss?
a) Welche Flexibilität wird benötigt, um mit dem Stand der Technik Schritt zu halten?
b) Welchen Status in der Branche nimmt das Unternehmen ein und welches Ziel wird verfolgt (Branchenprimus)?

Fallstudie: Fuhrparkmanagement

Für das Fuhrparkmanagement in eigener Regie sind in einem Unternehmen Fachleute aus den unterschiedlichsten Fachbereichen notwendig:

- Technisches Personal für kleinere Reparaturen an den Fahrzeugen, zur Kontrolle der Kfz-Rechnungen der Werkstätten usw.,
- Versicherungsspezialisten sorgen für den optimalen Versicherungsschutz des Fuhrparks,
- Verwaltungspersonal erfasst Daten zum Fuhrpark, erstellt Auswertungen und sorgt für die optimale Auslastung des Fuhrparks und
- die Mitarbeiter der Buchhaltung verantworten die Zahlung der Finanzierungsraten, Steuern, Versicherungen, Reparaturen, GEZ-Gebühren usw.

Die Vorhaltung des Personals zur Abwicklung des Fuhrparkmanagements ist sehr kostenintensiv und stellt in der Regel nicht die Kernkompetenz des Unternehmens dar. Aus diesem Grunde und aus Kostengesichtspunkten gliedern deshalb immer mehr Unternehmen das Fuhrparkmanagement aus und nutzen so die Fachkompetenz von externen Anbietern. Schon für einen Fuhrpark ab 20 Fahrzeugen rechnet sich ein professionelles externes Fuhrparkmanagement.

Zunächst muss der Unternehmer entscheiden, welche Marken und Modelle an Fahrzeugen er seinen Mitarbeitern zur Verfügung stellen möchte. Da ein Firmenwagen häufig als Motivationsinstrument eingesetzt wird, ergibt sich automatisch eine Heterogenität in den Fuhrparks. Durch diese Heterogenität senkt der Unternehmer das Risiko, durch einen Fahrzeugtyp am Gebrauchtwagenmarkt Verluste zu erleiden, und zusätzlich gestaltet sich ein

Paketverkauf homogener Fahrzeuge am Markt oftmals als schwierig. Neben der Auswahl der Marken und Modelle muss der Unternehmer die für ihn beste Leasinggesellschaft finden. Dabei hat er die Wahl zwischen herstellerunabhängigen und herstellerabhängigen Leasinggesellschaften, die sich auf Flottenleasing nebst Dienstleistungen rund um das Leasing spezialisiert haben. Möchte der Unternehmer die Vorteile der Heterogenität seines Fuhrparks nutzen, so wird er sich für eine herstellerunabhängige Leasinggesellschaft entscheiden, die folgende weitere Vorteile bringt:

- Vereinheitlichung des Datenmaterials für alle Marken und Fabrikate,
- einheitliche Datenaufbereitung und damit Transparenz über den Fuhrpark,
- vereinfachte Ersatzbeschaffungen durch nur einen Ansprechpartner,
- Sicherheit im internen Umgang mit Leasingverträgen durch einheitliche Vertragsgestaltung und Leistungspakete und
- Zeitersparnis für Firmenwagennutzer, da ein Ansprechpartner für jeden Service zur Verfügung steht.

Eine weitere Entscheidung muss der Unternehmer bezüglich der Vertragsform fällen. Leasinggesellschaften bieten allgemein drei Standard-Vertragsformen an: den Kilometervertrag, den Laufzeit-Optionsvertrag sowie den Restwertvertrag. Der Kilometervertrag ist für den Leasingnehmer gedacht, der bereits bei Vertragsabschluss weiß, dass er sein Fahrzeug am Ende der Leasingzeit zurückgeben möchte und die Fahrleistung gut abschätzen kann. Am Ende der Vertragslaufzeit wird das Fahrzeug vom Leasinggeber übernommen und die Mehr- oder Minderkilometer werden verrechnet. Die Vorteile für den Leasingnehmer bestehen in

- der niedrigen und festen planbaren monatlichen Belastung,
- der Ratengestaltung gemäß dem Wertverlauf des Fahrzeuges,
- keiner Restwertabrechnung und damit kein Verwertungsrisiko am Vertragsende und
- der Rückgabe des Fahrzeuges mit einfacher Kilometerabrechnung.

Beim Laufzeit-Optionsvertrag hat der Leasingnehmer am Ende des Leasingvertrages die Optionen, entweder den Leasingvertrag zu verlängern oder die Kaufoption auszuüben. Damit erhält der Leasingnehmer die Planungssicherheit über eine feste Grund-Leasinglaufzeit und die nötige Flexibilität zur Verlängerung. Der Leasingnehmer hat dadurch folgende Vorteile:

- langfristige Kostensicherheit,
- kein Verwertungsrisiko und
- höchste Flexibilität.

Für das Fuhrparkmanagement wird die Vertragsvariante Laufzeit-Optionsvertrag kaum angewendet, da der Unternehmer aufgrund seiner Kostenplanung bereits bei Abschluss des Leasingvertrages den weiteren Umgang mit den Fahrzeugen festgelegt haben sollte, sodass keine Flexibilität zur weiteren Verwendung notwendig ist.

In der Praxis wird dem Leasingnehmer auch der Restwertvertrag angeboten, bei dem die Leasingraten dem Wertverlauf des Fahrzeuges entsprechen und er nach dem Ende der Vertragslaufzeit über die Verwertung des Wagens mitentscheiden kann. Nach den Wünschen des Leasingnehmers zur Vertragslaufzeit und jährlichen Fahrleistung wird ein realistischer Restwert kalkuliert, der am Ende der Laufzeit für das Fahrzeug besteht. Der Leasingnehmer entscheidet dann, ob er das Fahrzeug selber kauft oder dem Leasinggeber einen Dritten als Käufer vorschlägt.

Im Rahmen des Fuhrparkmanagements hat sich ein sogenannter Rahmenvertrag durchgesetzt, der im Finanzleasing auf einem Kilometervertrag mit Full-Service-Segmenten wie Wartung, Verschleißreparaturen, Reifen, Kfz-Steuer, GEZ, Versicherungen und Kraftstoffkarten basiert. Die Deutsche Leasing AG stellt Ihren Kunden für das Fuhrparkmanagement eine Internetplattform – Fleet Live – zur Verfügung, die den individuellen Wünschen des Kunden gerecht wird. Mit dem Unternehmer wird festgelegt, welche Fabrikate, Fahrzeugtypen, Ausstattungen, maximale Listenpreise und Leasingraten er seinen Mitarbeitern zur Auswahl stellen möchte. Fleet Live wird so konfiguriert, dass es sich den Dienstwagenregelungen des Kunden anpasst. Das System erkennt anhand von Zugangsberechtigungen, welchem Mitarbeiter welches Angebot unterbreitet werden kann, sodass der Mitarbeiter selbstständig seinen Dienstwagen konfiguriert, ohne die für ihn geltenden Dienstwagenregelungen genau zu kennen. Der Dienstwagennutzer kann bis zu 12 Angebote speichern und anschließend das für ihn beste Angebot auswählen.

Die Bestellung erfolgt durch den Dienstwagennutzer über die Internetplattform an den Fuhrpark-Manager des Unternehmens, der die Bestellung nochmals prüft und anschließend freischaltet. Die Bestellung gelangt direkt zur Deutschen Leasing, die nun die weitere Bearbeitung, wie Bestellung und Auslieferung gemäß den Wünschen des Nutzers, übernimmt. Sofern der Leasingnehmer Full-Service-Leasing vereinbart hat, wird das Auto zugelassen und mit Service- und Tankkarten ausgeliefert. Die Stammdaten des Bestellers nebst Serviceleistungen werden im Tool gespeichert, auf deren Basis das Reporting für den Fuhrpark aufgebaut wird. Der Unternehmer erhält auf diese Weise Kostentransparenz über sein Fuhrparkmanagement und damit auch Sicherheit für seine Kostenplanung.

Literatur

BDL Newsletter aktuell, Dezember 2008.

Fölkersamb, Freiherr von, Rüdiger: »Leasing ist flexibel – Leasing schafft Flexibilität«, in: Mittelstandsfinanzierung, Lutz Goebel (Hrsg.), S. 99–107.

Fölkersamb, Freiherr von, Rüdiger: »Sonderfinanzierungsform Leasing«, in: Nachhaltiges Kostenmanagement, Wolfgang Krüger / Volker Wittberg (Hrsg.), Stuttgart 2008.

Lützenkirchen, Dr. Hans-Peter: »Das Kraftfahrzeug-Leasing in Deutschland«, in: Leasing-Handbuch für die betriebliche Praxis, Dr. Wolfram Eckstein/Klaus Feinen (Hrsg.), Frankfurt am Main 2000.

Tacke, Helmut R.: »Leasing«, Stuttgart 1993.

Öffentliche Fördermittel – Ein Buch mit sieben Siegeln

Jochen Strunk

1 Unternehmen brauchen Kapital

Die Beschaffung von Kapital ist immer für jeden Unternehmer sowie jede Unternehmerin eine zentrale Frage, wenn wichtige Investitionen im Unternehmen anstehen oder Betriebsmittel zu finanzieren sind.

Bereits bei der Unternehmensgründung ist die Suche nach der optimalen Finanzierung häufig die Kernfrage. Jede Unternehmensgründung braucht Startkapital. Gründerinnen und Gründer von kleinen Unternehmen nutzen dazu meist ihr Erspartes oder ein Darlehen von Verwandten oder Bekannten. Bei größeren Vorhaben reichen die eigenen Mittel in der Regel nicht aus, und es werden Bankkredite und öffentliche Fördermittel erforderlich. Ist dann die erste Anlaufphase erfolgreich überstanden, beginnt das Unternehmen zu wachsen.

In der Wachstumsphase müssen häufig wiederum weitere Finanzierungsmittel mobilisiert werden, um notwendige Erweiterungen – Maschinen, Geräte und Ausstattungen – beschaffen zu können. Der erste Waren- und Materialbestand muss in diesem Zusammenhang ebenfalls erhöht werden, oder es sind neue Arbeitsplätze einzurichten. Häufig reichen die erwirtschafteten Gewinne noch nicht aus, sodass Finanzierungsquellen erschlossen werden müssen.

Genau so wichtig wie die Beschaffung des notwendigen Kapitals ist oftmals das Einbinden externen Fachwissens, um Vorhaben in die richtigen Bahnen zu lenken.

Wie stellen sich nun die typischen Situationen für Unternehmen und Gründer dar?

Beispiel: Finanzierung einer Betriebsverlagerung
Klaus Taube machte mit 21 Jahren seine ersten Erfahrungen mit Lehm, als neben dem elterlichen Hof ein historisches Bauernhaus renoviert wurde und er tatkräftig mithalf. Als die Renovierung abgeschlossen war, gründete Klaus Taube mit finanzieller Hilfe seiner Eltern eine Firma für Lehm- und Naturbaustoffe. Seither hat sich Taubes Firma gut entwickelt, sodass er sich nach einer größeren Betriebsstätte umsehen musste. Als im nahe gelegenen Nachbarort die Zwangsversteigerung eines seit Jahren verlassenen Betonfertigteilwerks anstand, bot Taube mit und erhielt den Zuschlag für ein fast 15.000 Quadratmeter großes Betriebsgelände mit 2500 Quadratmeter Hallen- und 430 Quadratmeter Bürofläche. Die Kosten der gesamten Betriebsverlagerung mit Erwerb und Einbau der technischen Anlagen belaufen sich auf *400.000 Euro*. Vorhandene Mittel sind bisher in das Unternehmen geflossen und stehen somit nicht zur Verfügung.

Im vergangenen Jahr machte das Unternehmen 1,6 Millionen Euro Umsatz, woran zwei Hauptprodukte, die »Steine« aus Lehm einen Anteil von zwanzig Prozent und die Lehmputze von 35 Prozent hatten. Der Markt für Lehm wächst jährlich um etwa zehn Prozent.

Beispiel: Gründung aus dem Nebenerwerb
Peter Köhn ist beruflich im Sinne des Wortes auf den Hund gekommen. Der gelernte Werkzeugmacher, seit 15 Jahren Mitglied im örtlichen Hundesportverein, hat bislang »nebenbei« Hunde ausgebildet, jetzt hat er sich mit einer »Hundeschule« selbstständig gemacht. Auf einem ehemaligen Bundeswehrgelände hat er ein umzäuntes 5000-Quadratmeter-Grundstück mit Hundezwingern gepachtet. Dort sollen ein Ausbildungszentrum für angehende Dienst-Hunde und eine tagsüber betreute Hundepension entstehen. Die Umbau- und Einrichtungskosten belaufen sich auf *15.000 Euro*. Da er nicht über entsprechende Eigenmittel verfügt und auch keine banküblichen Sicherheiten aufweisen kann, muss eine geeignete Finanzierungsquelle gefunden werden. Sein Hauptgeschäft ist die geprüfte »Grundausbildung« von

Gebrauchshunden, die später bei Bundeswehr, Polizei oder Zoll eine Spezialausbildung erhalten. Seine zur Ausbildung vorgesehenen Hunde kauft Peter Köhn, wenn sie ein bis drei Jahre alt sind, in Deutschland und im benachbarten Ausland. Gut ausgebildete Tiere haben ihren Preis: Ein Sport-Hund wechselt für 5000 bis 20.000 Euro seinen Besitzer. Vor allem bei Amerikanern steht der Deutsche Schäferhund buchstäblich hoch im Kurs. Für exzellente Tiere werden mehrere 10.000 Dollar bezahlt.

Beispiel: Unternehmensgründung aus der Arbeitslosigkeit mit externem Beratungsbedarf
Ein Großunternehmen, bei dem *Britta Schulz* mehr als sechs Jahre im IT-Bereich beschäftigt war, hat die Zweigstelle an ihrem Wohnort aufgegeben und alles an den Hauptsitz des Unternehmens verlagert. Aus familiären Gründen kann Frau Schulz ihren Wohnort nicht verlassen und wird arbeitslos. Aus der Arbeitslosigkeit heraus will sie sich nun im Computerbereich selbstständig machen und Computerkurse insbesondere für Senioren anbieten. Seit Jahren beschäftigt sie sich in der Freizeit mit Computern und hat in den letzten beiden Jahren einige PC-Kurse besucht. Für die Anmietung von Räumen, die Renovierung, Erstausstattung mit Technik sowie für Werbung benötigt sie *30.000 Euro* Fremdkapital. Da sie als Unternehmerin noch nicht über genügend praktische Erfahrungen verfügt, soll ein Experte für Marketing und Betriebsführung für die Anlaufphase dem Unternehmen beratend zur Seite stehen. Diese Beratungsleistung wird sich auf rund *4.000 Euro* belaufen. An Eigenmitteln stehen Frau Schulz ca. 2.500 Euro zur Verfügung. Über Immobilien oder andere Beleihungswerte zur Absicherung von Krediten verfügt Frau Schulz nicht.

Beispiel: Selbstständigkeit durch Unternehmensnachfolge
Gerd Schulz arbeitet seit 12 Jahren als angestellter Schreinermeister in einem Schreinereibetrieb in Hessen mit 12 Angestellten. Der Inhaber will sich nach über 25 Jahren Geschäftstätigkeit mit dem Erreichen der Altersgrenze zur Ruhe setzen. Da aus der eigenen Familie kein Nachfolger zur Verfügung steht, bietet er Gerd Schulz an, den etablierten Familienbetrieb mit Gebäude, Maschinen, Inventar sowie festem Kundenstamm für *300.000 Euro* Kaufpreis zu übernehmen. Gerd Schulz hat 35.000 Euro angespart und würde zudem von einem nahe stehenden Verwandten ein unbefristetes, unverzinsliches Darlehen in Höhe von 10.000 Euro zur Verfügung gestellt bekommen. Der Rest muss finanziert werden.

Beispiel: Neue Produkte für den Wandel im Markt, Innovationen
Die Geschäftsführerin *Christina Konrad* hat sich seit mehr als 30 Jahren mit ihrem Unternehmen in Südbayern auf die Entwicklung und Produktion von Steckverbindern spezialisiert, die für die Herstellung beschlagfreier Isolierglasscheiben benötigt werden. Fast alle Hersteller in Europa werden mit diesen speziellen Verbindern beliefert, insgesamt rund 900 verschiedene Produkte für verschiedene Profilbreiten, -höhen und -wandstärken. Zukünftig wollen die Hersteller ausschließlich Kunststoffverbinder einsetzen. Aus gutem Grund: »Kunststoff bleibt im Gegensatz zu Metall in gewissen Grenzen flexibel und stellt eine dauerhaft stabile Verbindung sicher. Auf sich abzeichnende Marktveränderungen muss das Unternehmen reagieren und neue innovative Kunststoffverbinder entwickeln. Die Entwicklung und Markteinführung dieser Innovation wird mit *250.000 Euro* veranschlagt, dafür muss Christina Konrad einen Kredit aufnehmen, da in dieser Höhe freie Mittel nicht zur Verfügung stehen. Das Unternehmen mit 14 Mitarbeitern erwirtschaftete bisher einen Umsatz von 4,7 Millionen Euro und will nun die Fünf-Millionen-Grenze überschreiten.«

Beispiel: Kostensenkung durch effizienteren Energieeinsatz
Das Metallbauunternehmen von Wolfgang Fiebig besteht seit über 30 Jahren. Die bauliche Ausstattung sowie einige energieintensive Prozessabläufe entsprechen nicht mehr dem heutigen Standard. Klaus Fiebig hat erkannt, dass darin große Reserven zur Einsparung von Energiekosten liegen und will nun dieses Energiesparpotenzial nutzen. Im eigenen Unternehmen stehen keine Fachexperten zur Verfügung, um dieses Thema zu bewältigen.

Fiebig will nun einen speziellen Energieberater einsetzen, um zunächst die Ausgangssituation zu ermitteln. In einem zweiten Schritt sollen konkrete Maßnahmen beschlossen werden, die dann im dritten Schritt mit entsprechenden Investitionen umgesetzt werden sollen. Es wird ein Investitionsbedarf von rund *1,5 Millionen Euro* erwartet. Das Metallbauunternehmen steht im Wettbewerb unter einem hohen Kostendruck und will diese Maßnahmen so günstig wie möglich finanzieren.

2 Förderangebot der KfW für alle Unternehmensphasen

Es kommt bei einer optimalen Finanzierung vor allem darauf an, die richtigen Förderprogramme in Anspruch zu nehmen oder auch gute Kombinationen zu wählen. Die nachfolgenden Finanzierungsvorschläge für o.g. Beispiele verdeutlichen das.

Finanzierungsmöglichkeiten für das Beispiel »Betriebsverlagerung«
Für die Betriebsverlagerung wäre folgender Finanzierungsvorschlag denkbar:

KfW-Unternehmerkredit	200.000 Euro
ERP-Regionalförderprogramm*	200.000 Euro
Gesamt	400.000 Euro

* In deutschen Regionalfördergebieten, alternativ kann der Gesamtbedarf durch den KfW-Unternehmerkredit abgedeckt werden.

KfW-Unternehmerkredit ist ein universell anwendbares Förderprogramm und kann bei allen Situationen der Unternehmensfinanzierung eingesetzt werden. Der KfW-Unternehmerkredit steht Existenzgründern, Freiberuflern und gewerblichen Unternehmen für Investitionen und Betriebsmittel im In- und Ausland zur Verfügung.
Die Vorteile dieser Finanzierungsmöglichkeit sind:

- 100 Prozent Finanzierung,
- attraktive Festzinssätze mit bis zu 10 oder 20 Jahren Zinsbindung,
- zusätzlich vergünstigter Zinssatz für kleine und mittlere Unternehmen,
- 50 Prozent Haftungsfreistellung des durchleitenden Kreditinstitutes für Unternehmen und Freiberufler, die bereits zwei Jahre am Markt tätig sind,
- tilgungsfreie Anlaufzeit,
- vorzeitige Tilgung kostenfrei,
- kombinierbar mit anderen KfW-Programmen und öffentlichen Fördermitteln und
- Höchstbetrag 10 Mio. Euro.

Das ERP Regionalförderprogramm bietet kleinen und mittleren Unternehmen in den deutschen Regionalfördergebieten (alle Regionen in den neuen Bundesländern sowie Regionalfördergebiete in den alten Bundesländern) eine Anteilsfinanzierung für Investitionen mit günstigen ERP-Mitteln.
Die Vorteile dieser Finanzierungsmöglichkeit sind:

- Laufzeiten bis zu 20 Jahren mit bis zu 5 tilgungsfreien Anlaufjahren, neue Laufzeitvariante bis zu 5 Jahre bei höchstens einem tilgungsfreien Anlaufjahr.
- attraktive Festzinssätze mit 10 Jahren Zinsbindung.
- Förderfenster für kleine Unternehmen mit zusätzlich vergünstigtem Zinssatz.
- Laufzeiten bis zu 5 Jahre bei höchstens einem tilgungsfreien Anlaufjahr.
- 100 Prozent Auszahlung und
- Kombination mit weiteren Fördermitteln möglich.

Finanzierungsmöglichkeiten für die Beispiele Gründungen »aus Nebenerwerb« und »Arbeitslosigkeit«

Für die Gründungen »aus Nebenerwerb« und »Arbeitslosigkeit« wäre folgender Finanzierungsvorschlag denkbar:

Gesamtfinanzierungsbedarf durch KfW-StartGeld

»Nebenerwerb«:	15.000 Euro
»Arbeitslosigkeit«.	30.000 Euro

Für die Kosten, die durch Beratungsleistungen entstehen, kann bei der KfW aus dem Beratungsförderprogramm Gründercoaching Deutschland ein Zuschuss beantragt werden. Bei Gründungen aus der Arbeitslosigkeit besteht eine besonders günstige Förderung. Der Zuschuss kann hier bis zu 90 Prozent betragen.
Der Finanzierungsvorschlag für Beratungsleistungen wäre:

Persönlicher Eigenanteil	400 Euro
Zuschuss der KfW	3.600 Euro
Gesamtkosten Beratung	4.000 Euro

Darüber hinaus können auch Unternehmen innerhalb der ersten fünf Jahre nach Unternehmensgründung bei der Inanspruchnahme externer Beratungsleistungen einen Zuschuss erhalten.

KfW-StartGeld ist das optimale Förderprogramm für diese Situationen.
Mit dem KfW-StartGeld werden Existenzgründer, Freiberufler und kleine Unternehmen gefördert, die weniger als drei Jahre am Markt tätig sind und die nicht mehr als 50.000 Euro finanzieren müssen.
Die Vorteile dieser Finanzierungsmöglichkeit sind:

- Die Kosten (Investitionen und Betriebsmittel) werden nach Abzug der Eigenmittel bis zu 100 Prozent finanziert.
- 80 Prozent Haftungsfreistellung für die Hausbank. Das erleichtert Ihnen den Zugang zu einem Darlehen und ist für Sie kostenfrei.
- Zweiter Antrag möglich, solange der Kreditbetrag von 50.000 Euro nicht ausgeschöpft wurde.

- Förderung auch für einen Nebenerwerb, wenn er mittelfristig zum Haupterwerb wird.
- Tilgungsfreie Anlaufzeit.
- Monatliche Zins- und Tilgungszahlungen.
- Vorzeitige Tilgung jederzeit kostenfrei möglich.

Gründercoaching Deutschland unterstützt Gründer und junge Unternehmen, die eine kompetente Beratung brauchen, damit das Unternehmen Erfolg hat. Bewährt hat sich das Coaching-Prinzip. Ein qualifizierter Unternehmensberater betreut und begleitet das junge Unternehmen. Das Coaching wird durch einen Zuschuss aus Mitteln des Europäischen Sozialfonds gefördert.

Die Gründung oder Übernahme darf nicht länger als fünf Jahre zurückliegen. Bei Gründern und Gründerinnen, die vorher arbeitslos waren und Leistungen nach dem Sozialgesetzbuch (SGB II oder SGB III) erhalten, kann innerhalb des ersten Jahres nach der Gründung die Förderung mit einem höheren Zuschussanteil beantragt werden.

Die Vorteile dieser Finanzierungsmöglichkeit sind:

Insgesamt werden maximal 6.000 Euro gefördert. Bezogen auf die förderfähigen Kosten gelten folgende Zuschüsse:

- 75 Prozent in den neuen Bundesländern,
- 50 Prozent in den alten Bundesländern einschließlich Berlin (außer »Phasing Out«-Region Lüneburg)

Bei Gründungen aus der Arbeitslosigkeit: Maximal werden 4.000 Euro gefördert.

- 90 Prozent des Beratungshonorars werden bundesweit als Zuschuss gezahlt.

Finanzierungsmöglichkeiten für das Beispiel »Unternehmensnachfolge«

Der Finanzierungsvorschlag für »Unternehmensnachfolge« wäre:

Einsatz von Eigenmitteln	45.000 Euro
ERP-Kapital für Gründung	90.000 Euro
KfW-Unternehmerkredit	165.000 Euro
Gesamt (Kaufpreis)	300.000 Euro

ERP-Kapital für Gründung für Existenzgründer und junge Unternehmer bis drei Jahre nach Geschäftsaufnahme. Gründer erhalten verbilligte Zinssätze aus dem ERP-Sondervermögen.

Als Nachrangdarlehen stärkt es die Eigenkapitalbasis und ebnet den Weg für die Aufnahme von Fremdkapital, das zur Finanzierung der Gründungs- oder Festigungsinvestitionen zusätzlich benötigt wird.

Die Vorteile dieser Finanzierungsmöglichkeit sind:

- Das Kapital steht sieben Jahre in voller Höhe zur Verfügung, erst dann beginnt die Tilgung.
- Der Zinssatz wird aus dem ERP-Sondervermögen subventioniert.
- Sie stellen für das Nachrangdarlehen keine Sicherheiten. Die nachrangige Haftung ist gewährleistet. Die Ansprüche der KfW Mittelstandsbank treten im Haftungsfall hinter den Forderungen der anderen Gläubiger zurück.
- Sie sind kombinierbar mit anderen KfW-Programmen und öffentlichen Fördermitteln.

KfW-Unternehmerkredit: siehe Beispiel oben »Betriebsverlagerung«.

Finanzierungsmöglichkeiten für das Beispiel »Innovationen«

Folgender Finanzierungsvorschlag für »Innovationen« ist denkbar:

Entwicklungskosten (130.000 Euro):	
ERP-Innovationsprogramm Programmteil 1	
ERP-Innovationsprogramm (Fremdkapitaltranche)	52.000 Euro
ERP-Innovationsprogramm (Nachrangkapitaltranche)	78.000 Euro
Markteinführungskosten (120.000 Euro):	
ERP-Innovationsprogramm Programmteil 2	
Einsatz von Eigenmitteln	60.000 Euro
ERP-Innovationsprogramm (Fremdkapitaltranche)	24.000 Euro
ERP-Innovationsprogramm (Nachrangkapitaltranche)	36.000 Euro
Gesamtkosten	250.000 Euro

ERP-Innovationsprogramm für Forschungs- und Entwicklungsmaßnahmen (Programmteil 1) als auch die Markteinführung (Programmteil 2) neuer Produkte, Verfahren oder Dienstleistungen. Durch das Finanzierungspaket, das aus einem klassischen Kredit (Fremdkapitaltranche) und einem Nachrangdarlehen (Nachrangtranche) besteht, wird die Kapitalstruktur des Unternehmens gestärkt.

Die Vorteile dieser Finanzierungsmöglichkeit sind:

- zinsgünstige Kreditfinanzierung mit ERP-Mitteln,
- feste Zinssätze und damit sichere Kalkulationsgrundlage,
- 7 tilgungsfreie Anlaufjahre in der Nachrangtranche und 2 in der Fremdkapitaltranche; dadurch wird Ihre Liquidität geschont und Sie erhalten Spielraum, über die Zeit Ihre Eigenkapitaldecke zu stärken,
- bis zu 100 Prozent Finanzierung in der Forschungs- und Entwicklungsphase,
- das durchleitende Kreditinstitut wird von der Haftung für die Nachrangtranche freigestellt,
- Sie stellen für die Nachrangtranche keine Sicherheiten,
- eigenkapitalähnliche Funktion durch Nachrangtranche.
- Kombination der Programmteile 1 und 2 möglich,
- Kombination mit anderen Fördermitteln der KfW möglich und
- Förderfenster für kleine Unternehmen mit zusätzlich vergünstigtem Zinssatz in der Fremdkapital- und Nachrangtranche.

Finanzierungsmöglichkeiten für das Beispiel »effizienter Energieeinsatz«

Ein Finanzierungsvorschlag wäre:

Initialberatung zur Ermittlung energetischer Schwachstellen	
Einsatz von Eigenmitteln	320 Euro
KfW-Zuschuss für Energieeffizienzberatung	1.280 Euro
Förderfähiges Beraterhonorar	1.600 Euro

Detailberatung zur Ermittlung konkreter Maßnahmen	
Einsatz von Eigenmitteln	3.200 Euro
KfW-Zuschuss für Energieeffizienzberatung	4.800 Euro
Förderfähiges Beraterhonorar	8.000 Euro

Zur Umsetzung der konkreten Energieeffizienz-Maßnahmen wurde ein Investitionsbedarf von 1,5 Millionen Euro ermittelt.

Finanzierungsvorschlag:
Gesamtfinanzierungsbedarf durch das KfW-Umwelt- und Energieeffizienzprogramm 1.500.000 Euro

Der Sonderfonds Energieeffizienz in KMU ist eine gemeinsame Initiative des Bundesministeriums für Wirtschaft und Technologie und der KfW zur Erschließung von Energieeffizienzpotenzialen in kleinen und mittleren Unternehmen (KMU).

Das Förderprogramm dient der Überwindung bestehender Informationsdefizite über betriebliche Energieeinsparmöglichkeiten und soll einen Anreiz zur Umsetzung von Investitionen zur Verbesserung der Energieeffizienz geben. Bestandteile des Sonderfonds sind die beiden Komponenten *»Energieeffizienzberatungen«* und *»Investitionskredite für Energieeinsparmaßnahmen«*.

Die Vorteile dieser Finanzierungsmöglichkeit sind:

Im Rahmen der »Energieeffizienzberatungen« werden Zuschüsse für qualifizierte und unabhängige Energieeffizienzberatungen in Unternehmen der gewerblichen Wirtschaft und für Freiberufler gewährt.

- Förderung von *Initial- und Detailberatung*
- Unternehmen erhalten für die ein- bis zweitägige *Initialberatung* einen Zuschuss in Höhe von bis zu 80 Prozent des vereinbarten Tageshonorars (maximal 640 Euro pro Beratungstag bei einer maximalen Bemessungsgrenze von 1.600 Euro).
- Unternehmen erhalten für die *Detailberatung* einen Zuschuss in Höhe von bis zu 60 Prozent des maximal förderfähigen Tageshonorars (maximal 480 Euro pro Tag) bei einer maximalen Bemessungsgrundlage von 8.000 Euro.

Mit dem neuen ERP-Umwelt- und Energieeffizienzprogramm unterstützt die KfW Investitionen mit einer zinsgünstigen Finanzierung bei der Umsetzung von allgemeinen Umweltschutzmaßnahmen und Maßnahmen zur effizienten Energieerzeugung und -verwendung (Programmteil A). Energieeffizienzmaßnahmen kleiner und mittlerer Unternehmen (KMU) werden besonders gefördert (Programmteil B).

Die Vorteile dieser Finanzierungsmöglichkeit sind:

- zinsgünstige Finanzierung der Investitionsmaßnahmen,
- zusätzliche Zinsvergünstigung für kleine Unternehmen (KU),
- Finanzierung von bis zu 100 Prozent der förderfähigen Investitionskosten und
- lange Laufzeiten.

3 Der Weg zur Förderung: Was muss ein Unternehmen beachten?

Die öffentlichen Fördergelder für Mittelstandsförderung werden in den überwiegenden Fällen als rückzahlbare *Darlehen* ausgereicht.

Wesentliche Merkmale dieser Förderdarlehen sind günstige Zinssätze, feste Zinssätze über einen langen Zeitraum, lange Laufzeiten und häufig tilgungsfreie Anlaufjahre. Eine ganz besondere Förderung kann mit *Nachrangdarlehen* erreicht werden. Nachrangige Darlehen verbessern die Finanzierungsstruktur des Unternehmens und wirken eigenkapitalähnlich. Diese Darlehen werden ohne banküblische Besicherungen ausgereicht und »ersetzen« nicht vorhandenes Eigenkapital.

Bei fehlenden oder ungenügenden Sicherheiten kann bei ausgewählten Förderprogrammen eine *Haftungsfreistellung* der Hausbank beantragt werden. In besonderen Fällen kann die Haftungsfreistellung bis zu 90 Prozent betragen.

In den Bundesländern stehen als Selbsthilfeeinrichtungen der Kreditinstitute und der Wirtschaft sogenannte *Bürgschaftsbanken* zur Verfügung, die bei ungenügenden Sicherheiten den Kreditbetrag verbürgen können. Ebenso kann über die *mittelständischen Beteiligungsgesellschaften* (MBG) mit einer zeitlich begrenzten Unternehmensbeteiligung »fremdes Eigenkapital« eingebracht werden, um die Finanzierungslücke zu schließen oder weiteres Fremdkapital zu mobilisieren.

Darüber hinaus gibt es bei ausgewählten Förderprogrammen *Zuschüsse*, die einen gewissen Anteil von Kosten tragen, eigene Mitte aufstocken und nicht zurückgezahlt werden müssen.

Auf diese öffentlichen Fördermittel besteht allerdings kein Rechtsanspruch.

Es ist auch zu beachten, dass Fördergelder grundsätzlich vor Vorhabensbeginn zu beantragen sind und dann zweckbestimmt eingesetzt werden müssen. Eine nachträgliche Beantragung bei bereit begonnenen oder bereits laufenden Vorhaben ist bei öffentlichen Mitteln nicht möglich. Ebenso können Umschuldungen oder Nachfinanzierungen bei Verteuerungen von Vorhaben nicht vorgenommen werden. Sanierungsfälle sowie »Unternehmen in Schwierigkeiten« sind von der Förderung generell ausgeschlossen. (Ausnahmen bilden die Beratungsförderprogramme »Runder Tisch« und »Turn Around Beratung«). Die Fördervoraussetzung ist in jedem Fall ein schlüssiges, prüffähiges Unternehmenskonzept und eine zu erwartende nachhaltige Tragfähigkeit des Vorhabens. Weiterhin muss die Gesamtfinanzierung gesichert sein, möglichst mit einem angemessenen Anteil von Eigenmitteln. Ebenso ist eine hinreichende fachliche und kaufmännische Qualifikation des Antragstellers notwendig, um an Fördermittel zu gelangen.

Bei den überwiegenden Förderprogrammen muss der Antrag über eine Hausbank eingereicht werden, die im Vorfeld die erste Prüfung der Förderfähigkeit des Vorhabens übernimmt und sich in der Regel mit einem eigenen Finanzierungsanteil bei der Gesamtfinanzierung des Vorhabens beteiligt. Deshalb ist es äußerst wichtig, frühzeitig das Gespräch mit einer Hausbank zu suchen, um einen soliden Finanzpartner an der Seite zu haben.

Der Bund hat die überwiegende Förderung des Mittelstandes der KfW übertragen. Ausgewählte Förderziele werden auch von Institutionen des Bundes, z.B. vom Bundesamt für Wirtschaft- und Ausfuhrkontrolle (BAFA) in Eschborn betreut.

Auf Ebene der Bundesländer ist die Mittelstandsförderung bei den jeweiligen Landesförderinstituten (LFI) angesiedelt und auf kommunaler Ebene bei kommunalen Institutionen wie z.B. bei Wirtschaftsämtern oder Wirtschaftsfördereinrichtungen.

Die *Fördermittel der EU* sind in der Regel an bestimmte Förderziele und Projektträger gebunden, die diese Mittel im Rahmen von Förderprogrammen bereitstellen. Die Beantragung dieser Mittel erfolgt bei den jeweiligen Projektträgern bzw. bei den durch die Projektträger beauftragten Institutionen.

Die *Fördermittel des Bundes* für die mittelständische Wirtschaft ab Zeitpunkt der Gründung werden über die KfW gewährt.

Die *Fördermittel der Länder* werden in der Regel von den jeweiligen Landesförderinstituten betreut und sind dort zu beantragen. In den überwiegenden Fällen geschieht dies über eine Hausbank. Weiterhin sind für die Vergabe von Fördermittel der Länder auch die einschlägigen Fachministerien, wie Arbeits-, Wirtschafts-, Sozial-, Kultus- oder Forschungsministerien zuständig.

4 Exkurs: KfW-Förderung für den Mittelstand

Das Geschäftsmodell der KfW ist nicht neu- und dennoch in Zeiten einer Finanz- und Wirtschaftskrise wichtiger und moderner denn je. Bereits vor über 60 Jahren, am 18. November 1948, trat das KfW-Gesetz in Kraft und machte den Weg frei für eine nachhaltige Förderung der deutschen Wirtschaft. Kurz darauf nahm die KfW Bankengruppe, damals noch unter ihrem alten Namen Kreditanstalt für Wiederaufbau, ihre Fördertätigkeit auf. Der Werdegang der KfW ist eng verbunden mit der wirtschaftlichen Entwicklung der Bundesrepublik. Als Bank des Bundes (80 Prozent) und der Länder (20 Prozent) fördert sie den Einzelnen, Unternehmen und somit die Gesellschaft. Gerade in wirtschaftlich schwierigen Zeiten ist eine Förderbank wie die KfW besonders gefordert, die Wirtschaft und den Finanzstandort zu unterstützen.

In den sechs Jahrzehnten ihres Bestehens haben sich die wirtschaftlichen und gesellschaftlichen Rahmenbedingungen verändert – und damit zugleich Aufbauorganisation und Förderaufgaben der KfW. Heute vergibt sie günstige Kredite an kleine und mittlere Unternehmen, fördert Infrastruktur und Wohnungsbau und bringt den Klimaschutz voran. Zu ihren Kernaufgaben gehören ferner die Exportförderung sowie die finanzielle Zusammenarbeit mit Entwicklungs- und Schwellenländern. Ein noch vergleichbar junges, aber immer wichtiger werdendes Zukunftsfeld ist heute die Bildungsfinanzierung.

Die Förderung des Mittelstandes gewann in den 1970er-Jahren an Bedeutung, als die erste große Energiekrise weltweit zu wirtschaftlichen Verwerfungen führte. Dass Deutschland in der Klimapolitik seit Jahren eine führende Rolle spielt, ist auch ein Verdienst einer frühen und weitsichtigen Förderstrategie auf dem Gebiet des Umweltschutzes. Die KfW ist heute einer der wichtigsten Förderer erneuerbarer Energien – im In- und Ausland. Gleichzeitig wurde das Förderinstrumentarium laufend an sich verändernde Gegebenheiten angepasst.

Mit der »Initiative Kleiner Mittelstand« trägt die KfW dazu bei, die Finanzierungssituation der kleinen und ganz kleinen Unternehmen zu verbessern. Etwa jeder fünfte Euro, der als KfW-Darlehen in die Wirtschaft fließt, geht an ein mittelständisches Unternehmen.

Im Rahmen des Maßnahmepakets der Bundesregierung »Beschäftigungssicherung durch Wachstumsstärkung« stellt die KfW 2009 zur Sicherstellung der Kreditversorgung der Wirtschaft und insbesondere des Mittelstandes bis zu 15 Mrd. Euro bereit. Die Darlehen werden im neuen »KfW-Sonderprogramm 2009« mit der Option einer hohen anteiligen Haftungsfreistellung der durchleitenden Banken vergeben.

5 Checklisten

Eine tabellarische Übersicht in fünf Checklisten soll bei der Planung von Vorhaben helfen, öffentliche Fördermittel einzusetzen und dabei die wichtigsten Punkte zu berücksichtigen.

Der untenstehende Fragenkatalog hilft Ihnen, einen Businessplan zu erarbeiten. Er kann notwendigerweise nur einen Orientierungsrahmen vorgeben. Erweitern Sie ihn deshalb um Fragen und Gesichtspunkte, die für Ihre Geschäftsidee von Bedeutung sein können.

(Übrigens: Die gesonderten Checklisten Investitionsplan, Liquiditätsplan und Rentabilitätsvorschau sind Bestandteil des Businessplans.)

Checkliste 1 – Geschäftskonzept/Businessplan
1. Geschäftsidee
Was ist Ihre Geschäftsidee (Produkt oder Dienstleistung)?
Welchen Nutzen hat Ihr Angebot?
Welchen Service bieten Sie?
Was bieten Sie im Unterschied zu anderen Wettbewerbern?
Warum soll jemand Ihr Produkt/Ihre Dienstleistung kaufen?
2. Persönliche Voraussetzungen
Welche schulische bzw. berufliche Ausbildung haben Sie?
Welche Fähigkeiten haben Sie (nicht), um ein Unternehmen zu führen?
Besitzen Sie ausreichende kaufmännische Kenntnisse?
Ist Ihre berufliche Qualifikation für eine Selbstständigkeit ausreichend?
Welche Erfahrungen haben Sie in der Branche Ihres Unternehmens?
Welche finanziellen Verpflichtungen haben Sie?
Wie ist es um Ihre Gesundheit bestellt?
Wer hilft Ihnen bei Krankheit oder Unfall?
Unterstützt Ihr Partner Ihr Geschäftsvorhaben?
3. Markteinschätzung
Welche Kunden sprechen Sie an?
Kennen Sie die Wünsche Ihrer Kunden?
Wie groß ist das Marktvolumen dieser Zielgruppe?
Welche Kosten veranschlagen Sie für Ihre Marketingaktivitäten?
Sind Sie von wenigen Großkunden abhängig?
Haben Sie schon Kundenkontakte?
Kennen Sie für Ihren Markt Betriebsvergleichszahlen der Kammern oder Verbände?
4. Wettbewerbssituation
Treten Sie als einziger Anbieter in einem neuen oder als zusätzlicher in einem bereits bestehenden Markt auf?

Wer sind Ihre Konkurrenten?	
Welchen Service bieten Sie zu welchen Preisen?	
Wo ist Ihre Konkurrenz besser/schlechter als Sie?	
Wie können Sie Ihren Kunden mehr Nutzen bieten?	
5. Produktions-/Dienstleistungsfaktoren	
Wie wollen Sie Ihre Betriebsprozesse strukturieren (vom Einkauf über die Herstellung bis zum Vertrieb)?	
Welche Materialien, Maschinen, Einrichtungen brauchen Sie zur Herstellung Ihres Produktes bzw. zur Bereitstellung Ihrer Dienstleistung?	
Wie stellen Sie Ihre Bevorratung sicher?	
Welche Mitarbeiter mit welchen Qualifikationen benötigen Sie für welche Zeiträume?	
Welche Teilleistungen können Sie bei Lieferanten einkaufen?	
6. Standortwahl	
Welche Bedingungen muss der Standort erfüllen?	
Kennen Sie geeignete Standorte?	
Gibt es genügend Kunden im Einzugsgebiet des Standortes?	
Wie ist die Verkehrsanbindung des Standortes?	
7. Zukunftsaussichten	
Welche Ziele haben Sie sich für Ihre Firma gesetzt?	
Mit welchen Maßnahmen wollen Sie diese Ziele erreichen?	
Wie könnte die Entwicklung Ihrer Branche aussehen?	
Wie wird sich die Nachfrage nach Ihrem Angebot entwickeln?	
Rechnen Sie mit mehr Konkurrenten in Ihrem Markt?	
Wie reagieren Sie auf negative Markt-/Nachfrageveränderungen?	
Gibt es vergleichbare Branchen, die Orientierungshilfe bieten?	
8. Weitere wichtige Aspekte	
Rechtsform:	Welche Rechtsform soll Ihr Unternehmen haben?
	Welche Gesellschafterstruktur planen Sie?
	Bei mehreren Gesellschaftern: Wer übernimmt welche Funktionen im Unternehmen?
Genehmigungen:	Welche Genehmigungen brauchen Sie für Ihren Betrieb?
	Benötigen Sie für Ihre Tätigkeit eine spezielle Zulassung?
Fläche/Räume:	Wie viel Gewerbefläche (Räume) benötigen Sie?
	Kennen Sie die marktüblichen Preise dafür?

	Haben Sie sich nach mietgünstigen Flächen (z. B. in kommunalen Gewerbeparks) erkundigt?
Versicherungen:	Welche Versicherungen benötigen Sie für Ihren Betrieb?
	Welche Versicherungen sollten Sie für Ihre Familie abschließen?
	Wie sichern Sie als Selbstständiger Ihre Altersversorgung?

Checkliste 2 – Investitionsplan	
Wie viel Geld brauchen Sie für Ihre Unternehmensgründung? Mithilfe des Investitionsplans ermitteln Sie, wie hoch Ihr Kapitalbedarf ist.	
Investitionen	TEUR
Grunderwerbskosten inkl. Nebenkosten (Grundstück, Gebäude)	
Gewerbliche Baukosten	
Maschinen, Geräte	
Einrichtungen, Büroausstattung	
Fahrzeuge	
Übernahme/Kauf von Unternehmensanteilen	
Einmalige Patent-, Lizenz-, Franchisegebühr	
Warenlager/Materiallager	
Markterschließungskosten	
• Kosten für Beratung und Erstellung eines ersten Werbekonzepts	
• Maßnahmen zur Anknüpfung konkreter Geschäftskontakte	
• Kosten für einmalige Informationserfordernisse bei der Erschließung neuer Märkte	
• Kosten für die Teilnahme an oder den Besuch von geschäftlich wichtigen Messen/ Ausstellungen	
• Kosten für die Ausbildung von Handelsvertretern	
• Haben Sie schon Kundenkontakte?	
Zwischensumme Investitionen (Berechnungsgrundlage für die Investititionsförderdarlehen der KfW, z. B. Unternehmerkapital, ERP-Regionalförderprogramm, KfW- Unternehmerkredit)	
Betriebsmittel Summe der Positionen 4.1 bis 4.17 der Checkliste 3 – Rentabilitätsvorschau	
Gesamtsumme Kapitalbedarf (Berechnungsgrundlage für KfW-StartGeld)	

Checkliste 3 – Rentabilitätsvorschau

Alle Beiträge in TEUR und ohne MwSt.			Geschäftsjahr 1	Geschäftsjahr 2	Geschäftsjahr 3
	1.	Nettoumsatz			
./.	2.	Wareneinsatz			
=	3.	Rohertrag/Rohgewinn			
./.	4.	Aufwendungen			
	4.1	Personalkosten (inkl. Lohn- u. Lohnnebenkosten)			
	4.2	Miete			
	4.3	Heizung, Strom, Wasser, Gas			
	4.4	Werbung			
	4.5	Kraftfahrzeugkosten			
	4.6	Reisekosten			
	4.7	Telefon, Fax, Internet			
	4.8	Büromaterial			
	4.9	Verpackung			
	4.10	Reparatur/Instandhaltung			
	4.11	Versicherungen*			
	4.12	Beiträge (z. B. Kammern, Fachverbände)			
	4.13	Leasing			
	4.14	Buchführungskosten, Beratung			
	4.15	Sonstige Ausgaben			
	4.16	Zinsen			
	4.17	Sonstige Aufwendungen			
	4.18	Summe Aufwendungen			
=	5.	Betriebsergebnis (Cashflow)			
./.	6.	Abschreibungen			
./.	7.	Einkommen- u. Gewerbesteuer			
=	8.	Jahresüberschuss/-defizit			
./.	9.	Tilgung			
./.	10.	Private Versicherungen**			
=	11.	Verfügbares Einkommen			

* z. B. Betriebshaftpflicht, Feuer, Glas, Wasser
** z. B. Kranken- und Pflegeversicherung, Private Altersvorsorge, Unfallversicherung

Checkliste 4 – Liquiditätsplan														
Alle Beiträge in TEUR		Monat												
		1	2	3	4	5	6	7	8	9	10	11	12	Summe
1. Einzahlung														
1.1	Umsatz (inkl. MwSt.)													
1.2	Sonstige Einzahlungen													
1.3	Summe Liquiditätszugang													
2. Auszahlungen														
2.1	Anlageinvestitionen													
2.2	Personal													
2.3	Material/Waren													
2.4	Betriebsausgaben													
2.5	Kredittilgung													
2.6	Zinsen													
2.7	Vorsteuer/Umsatzsteuer													
2.8	Einkommen- u. Gewerbesteuer													
2.9	Privatentnahme													
2.10	Sonstige Auszahlung													
2.11	Summe Liquiditätsabgang													
3. Liquiditätssaldo (1.3-2.11)														
4. Liquiditässaldo kumuliert														
5. Finanzierung														
5.1	Eigenkapital													
5.2	Fremdfinanzierung													

Checkliste 5 – Allgemeine Tipps für das Bankgespräch
Ein Antrag bei einer Bank oder Sparkasse ist die Voraussetzung für die Gewährung von staatlichen Fördermitteln. Schon beim ersten Treffen entscheidet sich meistens, ob der Mitarbeiter des Kreditinstitutes Sie unterstützt – und Ihnen damit den Weg zum optimalen Finanzierungsmix ebnet.
Vereinbaren Sie rechtzeitig einen Gesprächstermin.
Machen Sie dabei – je nach Organisationsstruktur des Instituts – ein Treffen mit den Fachleuten für Förderprogramme aus. Fragen Sie bei dieser Gelegenheit nach, welche Unterlagen schon vor dem Gespräch benötigt werden, z. B. der Businessplan.
Bereiten Sie sich sorgfältig auf das Gespräch vor.
»Warum wollen Sie sich selbstständig machen?« und »Warum hat Ihre Geschäftsidee bessere Marktchancen als ähnliche Produkte oder Dienstleistungen?« sind Fragen, die Ihnen der Bankberater sicher stellen wird.
Behalten Sie das Ziel des Gesprächs vor Augen.
Zunächst überzeugen Sie die Bank oder Sparkasse, Ihr Projekt zu finanzieren. Dann suchen Sie gemeinsam nach der günstigsten Lösung. Die lautet normalerweise: öffentliche Fördermittel, ergänzt durch ein Darlehen der Hausbank.
Treten Sie selbstsicher und beharrlich auf.
Zeigen Sie, dass Sie 100-prozentig hinter den geplanten Investitionen und Ihrer Geschäftsidee stehen. Machen Sie Ihrer Bank klar, wie sehr Ihnen an einer guten Zusammenarbeit gelegen ist und dass Sie in Zukunft intensiv über den Fortgang Ihres Unternehmens informieren wollen.
Sprechen Sie von sich aus das Thema öffentliche Fördermittel an.
Kreditinstitute arbeiten gewinnorientiert, bemühen sich also, ihr Geld zu möglichst guten Konditionen zu verleihen. Verständlich, dass ihre Mitarbeiterinnen und Mitarbeiter nicht immer auf preisgünstige staatliche Finanzquellen verweisen.
Sammeln Sie vor dem Gespräch Argumente für den Einsatz öffentlicher Fördermittel.
Das können z. B. der Verzicht auf Sicherheiten, niedrigere Zinsen oder liquiditätsschonende, tilgungsfreie Jahre am Beginn der Laufzeit sein.
Überlegen Sie, welche Sicherheiten Sie für einen Kredit anbieten können.
Kreditinstitute müssen bei der Vergabe große Vorsicht walten lassen und bestehen deshalb auf einer weitreichenden Absicherung ihres finanziellen Engagements. Bieten Sie aber keinesfalls Ihr ganzes Vermögen als Sicherheit an, sondern behalten Sie immer einen »Notgroschen« zurück.
Rechnen Sie damit, dass nicht jede Bank Ihr Vorhaben finanzieren will.
Vereinbaren Sie deshalb Termine bei verschiedenen Kreditinstituten. Im Bereich der Wohnungsbauförderung können auch Bausparkassen Ihre Anträge entgegennehmen.
Achtung: Wer Fördermittel nutzen möchte, muss unbedingt Fristen einhalten.
Beantragen Sie Fördermittel vor dem Beginn der Investitionen beim Kreditinstitut – zwischen Antrag und Auszahlung des Geldes können Wochen oder mehr vergehen. Kalkulieren Sie die Bearbeitungszeit der Bank oder Sparkasse zusätzlich mit ein.

Informationsquellen

Internetportale der KfW

Gründungs- und Mittelstandsfinanzierung sowie Beratungsangebote
www.kfw-mittelstandsbank.de

Umweltschutz- und Energieeffizienzfinanzierung sowie Beratungsangebote
www.kfw-foerderbank.de

Infocenter der KfW
Gewerbliche Kreditprogramme im In- und Ausland, Beteiligungsfinanzierung und Beratungsangebot (Beratungsförderung, Finanzierungsberatung, Internetbörsen)

Telefon	0180 1 24 11 24*	Montag bis Freitag von 7:30 – 18:30 Uhr
Fax	069 74 31 – 95 00	

Umweltschutz- und Energieeffizienzfinanzierung (Energieeffizienzberatung)

Telefon	0180 1 33 55 77*	Montag bis Freitag von 7:30 – 18:30 Uhr
Fax	069 74 31 – 95 00	

*(3,9 Cent/Minute aus dem Festnetz der Deutschen Telekom, Preise aus Mobilfunknetzen können abweichen.)

Teil D
Anlageinstrumente

Beteiligungen/Direktanlagen – Partnerschaften in Einkauf und Vertrieb festigen

Karl A. Niggemann

1 Einleitung

Mittelständische Unternehmen haben in den letzten Jahren zum Teil nennenswerte Liquiditätsüberschüsse erwirtschaftet. Die Anlagen an den Geld- und Kapitalmärkten führten überwiegend zu ernüchternden Ergebnissen. Deshalb liegt es nahe, dass sich mittelständische Unternehmer zunehmend Gedanken darüber machen, ob es nicht sinnvoll ist, in einen Bereich zu investieren, der aus Investorensicht nicht nur interessante Ergebnisperspektiven bietet, sondern bei welchem das Investment zusätzlich strategischen Nutzen ermöglicht und Beiträge zur strategischen Unternehmensentwicklung bieten kann. Die Analyse der Jahresabschlüsse deutscher Unternehmen bis zum Jahr 2006 der Deutschen Bundesbank lässt erkennen, dass Unternehmen eine attraktive Eigenkapital-Rendite erwirtschaften:

Jahr	EK-Rendite
2006	25,8 %
2005	25,2 %
2004	22,9 %
2003	21,4 %
2002	22,8 %

Vergleichbare Renditen sind am organisierten Kapitalmarkt langfristig nicht erzielbar.

Trotz hoher Eigenkapitalrentabilität sind deutsche Mittelständler traditionell mit wenig Eigenkapital ausgestattet, da sie sich lange Zeit darauf verlassen konnten, dass ihre Hausbanken ihnen Kredite gewähren. Fremdkapital wurde insoweit als willkommener Renditehebel für beschränkt verfügbare Eigenmittel eingesetzt. In den letzten Jahren hat sich die Situation verändert: Kreditinstitute gewähren Kredite nach anderen Kriterien als noch vor 10 oder 20 Jahren. Regulatorische Vorschriften, wie Basel II, haben sie gezwungen, stärker auf Risiken zu achten, wenn sie Kredite vergeben. Dieser Sachzwang hat dazu geführt, dass zur Aufrechterhaltung der Finanzierbarkeit die Unternehmen ihre Eigenmittel aufgestockt haben. Dabei ergeben sich nach der Statistik der deutschen Bundesbank größenabhängig merkliche Unterschiede:

	Unternehmen mit Umsätzen von ... Mio. €			
	bis zu 2	2 bis unter 10	10 bis unter 50	50 und mehr
Eigenkapitalquote	18,9	24,0	28,5	30,0

Abb. 1: Deutsche Bundesbank – Verhältniszahlen aus Jahresabschlüssen deutscher Unternehmen von 2005 bis 2006

Unternehmen mit geringer Eigenkapitalquote sind traditionell insolvenzgefährdet. Eine der hauptsächlichen Insolvenzursachen ist gemäß nahezu allen Erhebungen fehlendes Eigenkapital.

Aufgrund fehlender Finanzierungsmittel verzichten mittelständische Unternehmen häufig auf Innovationen und verlieren dadurch an Wettbewerbsfähigkeit. Weil Innovationsprojekte Investitionen unter hoher Unsicherheit über die künftigen Erträge darstellen, kann ein zentraler Innovationstreiber auch die maßgeschneiderte Unternehmensfinanzierung sein.

Obwohl zahlreiche Studien belegen, dass sich Unternehmen mit Beteiligungskapital im internationalen Wettbewerb überdurchschnittlich gut behaupten, wollen viele Mittelständler die möglichen praktischen Konsequenzen einer Beteiligung nicht akzeptieren. Diese Konfliktfelder haben für mittelständische Unternehmer häufig einen hohen Stellenwert:

- Unternehmerische Eigenständigkeit: Eigenkapitalgeber bestehen in der Regel auf Mitbestimmungs-, Kontroll- und Informationsrechten. Auch wenn bei Beteiligungen von bis zu 49,9 Prozent in aller Regel nur »Verhinderungsrechte« bestehen, ist es für mittelständische Unternehmer unangenehm, das Unternehmen mit der Überlegung führen zu müssen, dass der Eigenkapitalpartner gesellschaftsrechtliche Entscheidungen verhindern kann. Viele Unternehmer bestehen auf uneingeschränkte Handlungsfreiheit.
- Unternehmenskultur und Sozialkomponenten: Die soziale Komponente – für die Familienunternehmen von ihrer Belegschaft vielfach besonders geschätzt werden – kann an Bedeutung verlieren, wenn renditeorientierte Investoren mitwirken. Es wird befürchtet, dass der innerbetriebliche Konkurrenzdruck höher wird, da externe Investoren stärker auf die individuelle Leistung der Mitarbeiter achten. Im Gegenzug kann die Bindung der Arbeitnehmer zum Unternehmen sinken.
- Investitionszeitraum und Anlageziel: Während Familienunternehmen langfristig orientiert handeln und Gewinne in den Unternehmen halten bzw. reinvestieren, haben Beteiligungsunternehmen häufig kurzfristige Etappenziele. Private Beteiligungsunternehmen denken häufig bereits beim Einstieg an den Ausstieg. Das prägt die Geschäftspolitik. Unternehmer als Mitinvestoren kennen in der Regel den kurzfristigen Investorenhorizont nicht. Üblicherweise werden unternehmerische Beteiligungen unter strategischen Aspekten langfristig übernommen. Unternehmerische Investoren können neben rentablen Investitionen häufig mit unternehmerischen Direktbeteiligungen diese Vorteile erreichen:
  - größere Flexibilität durch kleinere Unternehmenseinheiten,
  - größere Markt- und Kundennähe,
  - Bildung von Allianzen,
  - Steigerung des Unternehmenswertes.

Diese Vorteile lassen sich nicht nur bei Unternehmenskäufen, sondern auch bei -beteiligungen zumindest teilweise realisieren.

2 Akquisitionsstrategien

Unter Beteiligung ist ein Mitgliedschaftsrecht an einem Unternehmen zu verstehen. Das Spektrum reicht dabei von der Interessensbeteiligung (bis 25 Prozent), über eine Minderheitsbeteiligung (bis zu 49,9 Prozent) bis hin zur qualifizierten Mehrheit (75 Prozent) und letztlich vollständigen Beherrschung einer Gesellschaft.

Das Beteiligungsmanagement ist ein wesentlicher Erfolgsfaktor für viele Unternehmen, überschüssige Liquidität ertragreich anzulegen und ggf. auch noch ein Instrument zur wirkungsvollen Unterstützung der Unternehmensstrategie.

Unternehmerische Investoren differenzieren nach den sich aus den Beteiligungen ergebenden Möglichkeiten.

2.1 Finanzanlage-orientierte Beteiligungen

Dieser Akquisitionstyp geht von einer Geschäftspolitik aus, bei welcher die Finanzanlage im Vordergrund steht. Er ist also dadurch gekennzeichnet, dass die erworbenen Beteiligungen nur über die Finanzbereiche verbunden und kontrolliert werden.

Die Unternehmen, an denen Beteiligungen erworben werden, können auch nach dem Zutritt des Investors weitgehend autonom handeln.

Angestrebt wird eine höchstmögliche Rendite, die nicht als Ausschüttungsrendite regelmäßig liquiditätswirksam werden muss. Gelegentlich werden mit den Mehrheitsgesellschaftern Call- und Put-Optionen verabredet. In die Renditeüberlegungen wird in solchen Situationen auch das Ausstiegsszenario einfließen.

2.2 Marketing-orientierte Beteiligungen

Bei diesem Akquisitionstyp ergänzt der Markt der Gesellschaft, an welcher eine Beteiligung übernommen wird, den der investierenden Gesellschaft.

Das Hauptbindeglied zwischen der operativen Gesellschaft als Beteiligungsnehmer und dem investierenden Unternehmen ist das Marketing.

2.3 Produktions-orientierte Beteiligungen

Hier passen die Produkte des Beteiligungsnehmers, nach den von der investierenden Gesellschaft bestimmten Kriterien, zu denen des Beteiligungsgebers. Der Markt, der bearbeitet wird, kann – muss aber nicht – zu dem der Muttergesellschaft passen.

Durch die Unternehmensbeteiligung sollen Unternehmen mit ähnlichen oder sich ergänzenden Produkten und verwandten Fertigungstechniken zusammengeschlossen werden.

2.4 Synergie-orientierte Beteiligungen

Als grundlegender Erklärungsansatz möglicher akquisitionsbedingter Auswirkungen auf den Unternehmenserfolg des übernehmenden Unternehmens dient in der Akquisitionsliteratur die Effizienztheorie. Die Grundprämisse der Effizienztheorie besagt, dass durch den Übergang der Entscheidungsbefugnisse des übernommenen Unternehmens auf die Leitung des übernehmenden Unternehmens und der damit verbundenen Möglichkeit, Einfluss auf die Verwendung der hinzugewonnenen Ressourcen zu nehmen, Synergiepotenziale entstehen können. Synergien lassen sich auch bei Minderheitsbeteiligungen erschließen.

Welche Synergiepotenziale für den Fall von horizontalen Akquisitionen erschlossen werden können, zeigt die Abbildung 2.

Wertschöpfungs-phasen	Synergiepotenziale	Maßnahmen zur Potenzialausschöpfung
Beschaffung	Senkung der Material- und Vorprodukteinstandspreise.	Ausnutzung von mengengestaffelten Preisstufen durch gemeinsame Bestellung der Akquisitionspartner bei einem Lieferanten.
	Vermeidung von Engpässen in der Produktion durch oftmals nicht termingerechte Belieferung mit Vorprodukten.	Gemeinsame Bestellung der Akquisitionspartner erhöht die Abhängigkeit des Lieferanten und damit dessen Servicequalität.
Produktion	Senkung der Ausschussquote.	Übertragung von Know-how zur Qualitätssicherung zwischen den Akquisitionspartnern.
	Senkung der Stückkosten.	Einsatz von effizienteren Fertigungsverfahren wird nach der Zusammenlegung der Produktion für die größere Ausbringungsmenge lohnend.
Absatz	Erweiterung des Kundenstamms.	Vermeidung redundanter Werbeausgaben. Erschließung neuer Vertriebswege durch die vergrößerte gemeinsame Ausbringungsmenge.
	Erhöhung der Verkaufspreise ohne Senkung der Absatzmenge.	Verkaufspreiserhöhung durch Veränderung des Qualitätsniveaus. Verkauf der Produkte des übernommenen Unternehmens unter dem Markennamen des übernehmenden Unternehmens und damit verbundene höhere Verkaufspreise.

Abb. 2: Beispiele für Synergiepotenziale und Maßnahmen zu ihrer Ausschöpfung im Falle einer horizontalen Akquisition

Synergiepotenziale können in Bezug auf die Verwendung aller Ressourcen- und Marktpotenziale entstehen, z. B. Transaktionen auf den Beschaffungs- und Absatzmärkten.

Allerdings: Die Ausschöpfung eines Synergiepotenzials setzt eine geeignete technische und/oder organisatorische Integration des Akquisitionspartners voraus.

2.5 Kompetenz-orientierte Beteiligungen

Viele mittelständische Unternehmen verfügen über Ressourcen, die häufig nicht optimal genutzt werden. Eine sorgfältige Analyse der eigenen Kompetenzen führt nicht selten zu der Erkenntnis, dass mit diesen Fähigkeiten Kompetenzlücken bei anderen Unternehmen geschlossen werden können. Direktbeteiligungen erscheinen Unternehmen unter Kompetenzaspekten vor allem dann geeignet zu sein, wenn sich

- als Ergebnis einer intensiven Kompetenzlückenanalyse
- auf bedeutenden Zukunftsmärkten
- gerade bei den sehr marktrelevanten Kompetenzen
- die in über Arbeitsmärkte nicht beschaffbaren,
- aber integrierbaren Mitarbeiter gebunden sind,

- tendenziell erst in der Zukunft
- sehr breite und tiefe Kompetenzlücken ergeben,
- die dauerhaft und
- möglichst ohne gravierenden Änderungsbedarf geschlossen werden sollen.

Auf der Grundlage des Kompetenzlückenansatzes wird eine Integrationsplanung erarbeitet, aus welcher sich dann die Vorteilhaftigkeit von Unternehmensakquisitionen ergeben sollte.

3 Kooperationen

Viele mittelständische Unternehmen bevorzugen Kooperationen. Im Alleingang wäre es für sie oft unmöglich, aufwendige Infrastrukturen bereitzustellen, um z. B. auf Auslandsmärkten präsent zu sein. Die Kooperation verleiht ihnen die Ressourcen eines viel größeren Unternehmens und die notwendige kritische Größe, ohne dass ihre Selbstständigkeit im Kern angetastet wird.

Der Erfolg einer Kooperation ist allerdings stark personenabhängig. Letztlich geht es dabei um zwei Fragen:

- Kann zum künftigen Partner ein echtes Vertrauensverhältnis aufgebaut werden, vor allem wenn er ein Wettbewerber ist?
- Besteht die Bereitschaft, die bisherige absolute unternehmerische Souveränität einzuschränken und sich mit einem Partner abzustimmen, der teilweise andere Auffassungen vertritt?

Der Bereich ist sehr sensibel. Misstrauen muss durch Vertrauen und Prestigedenken durch eine selbstbewusste, faire Partnerschaft ersetzt werden.

Geeignete Partner haben häufig den Wunsch, dass Kooperationen durch gesellschaftsrechtliche Beteiligungen gefestigt werden. Dabei sind nicht selten Interessen- und Minderheitsbeteiligungen eine ausreichende Basis.

3.1 Chancen und Risiken

Welche Chancen und Risiken bei Kooperationen generell bestehen, verdeutlicht die Abbildung 3:

Chancen	Risiken
Zusammenfassung der Kräfte • Effizientere Wahrnehmung von Funktionen durch Zusammenarbeit, Abbau von Überkapazitäten • Nutzung von Skalen- und Erfahrungskurveneffekten • Nutzung von Synergien • Produktionsverlagerung, Verringerung der Fertigungstiefe **Erreichen der kritischen Unternehmensgröße** • Kombination und Schonung der Ressourcen • Schaffung und Auslastung größerer Unternehmenseinheiten **Technologie-Transfer** • Risikoteilung bei Neuentwicklungen • Mehrfachnutzung von Neuentwicklungen **Markterschließung und –durchdringung** • Zugangssicherung durch Zusammenarbeit mit einem lokalen Partner • Nutzen von etablierten Vertriebsnetzen und von Kundenstämmen **Erhalten der unternehmerischen Selbstständigkeit im Ganzen** **Kennenlernen des Partners** • Schaffen einer Basis für weitere Projekte	**Interessenkonflikte unter den Partnern** • Von Anfang an bestehend • Im Lauf der Kooperation neu auftretend **Langsamere Entscheidungsfindung** • Unterschiedliche Beurteilung der Ausgangslage und der Handlungsmöglichkeiten durch die Partner • Langwierige Diskussionen **Mangelnde betriebswirtschaftliche und finanzielle Transparenz des Engagements** **Mangelndes Gleichgewicht der Leistungen der Partner** **Erschwerte vorzeitige Beendigung der Kooperation (vertragliche Bindung)** **Mithaftung für mangelhafte Leistungen des Partners** **Mangelnde finanzielle Leistungsfähigkeit des Partners**

Abb. 3: Kooperation – Chancen und Risiken

3.2 Einkauf und Logistik

Mögliche Ziele und Probleme von Kooperationen in den Bereichen Einkauf und Logistik sowie Vertrieb zeigt die Abbildung 4.

<table>
<tr><th>Gebiete</th><th>Ziele</th><th>Probleme</th></tr>
<tr><td>Zusammenschluss
zum Einkaufsverbund</td><td>Kostendegression</td><td rowspan="3">Abnahme-Verpflichtung

Finanzielle Leistungsfähigkeit und Flexibilität der Partner</td></tr>
<tr><td>Gemeinsame Rohstoffversorgung</td><td>Kostendegression
Versorgungssicherheit</td></tr>
<tr><td>Transport- oder Lagerverbund</td><td>Kostendegression</td></tr>
</table>

Abb. 4: Kooperation – Einkauf und Logistik

Der Vorteil einer Kooperation in den Bereichen Einkauf und Logistik liegt darin, dass auf diesen verhältnismäßig kundenfernen Gebieten die möglichen Interessenkonflikte der Partner minimiert werden. Sie erscheint für mittelständische Unternehmen als besonders sinnvoll, weil auf diese Weise die Beschaffungskosten wie bei Großunternehmen optimiert werden können.

3.3 Vertrieb

Die Vertriebskooperation ist für konkurrierende Unternehmen kritisch, wenn sie den betreffenden Markt bereits bearbeiten. In diesem Fall kann einer der Partner mittelfristig durch den stärkeren Partner aus dem Markt verdrängt werden. Dagegen können sich in einem neuen Markt, in dem einer der Partner noch nicht vertreten ist, gute Chancen ergeben. So kann aus dem Vertriebsnetz des einen und aus der Produktpalette des anderen Partners interessantes Synergiepotenzial geschaffen werden.

Für mittelständische Unternehmen liegt es nahe, durch Vertriebskooperationen gemeinsam neue Auslandsmärkte zu erschließen und die Einstiegskosten zu teilen.

Gebiete	Ziele	Probleme
Vertrieb im Auftrag	Nutzung einer vorhandenen Vertriebsorganisation	Abhängigkeit vom Partner
Gemeinsamer Vertrieb	Erhöhen der Angebotsmacht, bessere Netzauslastung, Kostendegression, Zusammenarbeit mit einem lokalen Partner	Konkurrenz zwischen den Partnern, Auswirkungen auf das eigene Image, Aufbau von Doppelfunktionen gegenüber der jeweiligen Organisation der Partner

Abb. 5: Kooperation – Vertrieb

4 Gesellschaftsrechtliche Gestaltungsalternativen

Familienunternehmer befürchten, dass durch die Marktinformation eines externen Gesellschafters Ansehensverluste und geschäftliche Nachteile entstehen. Diese Befürchtung lässt sich durch eine entsprechende Gestaltung vermeiden.

4.1 Typisch stille Beteiligung

Gesellschaftsrechtlich liegt eine stille Gesellschaft vor, wenn sich jemand an dem Handelsgewerbe eines Geschäftsinhabers mit einer Einlage beteiligt, die in das Vermögen des Inhabers des Handelsgewerbes übergeht. Bei der stillen Gesellschaft handelt es sich um eine reine Innengesellschaft ohne Gesamthandsvermögen. Der Geschäftsinhaber und der stille Gesellschafter verbinden sich zu dem gemeinsamen Zweck, das Handelsgewerbe durch den Geschäftsinhaber im Interesse der Gesellschaft zu verfolgen. Der Geschäftsinhaber kann Einzelkaufmann, eine Personengesellschaft oder auch eine Kapitalgesellschaft sein.

Der typisch stille Gesellschafter ist lediglich am laufenden Gewinn, nicht aber am Gesellschaftsvermögen beteiligt. Beim Ausscheiden hat der stille Gesellschafter mithin lediglich einen Anspruch auf die Auszahlung seiner Einlage und des anteiligen Gewinns. Eine Beteiligung am Unternehmenswert erfolgt nicht.

Steuerlich ist der typisch stille Gesellschafter weitgehend einem Fremdkapitalgeber gleichgestellt.

4.2 Atypisch stille Gesellschaft

Materiell bedeutend ist der Unterschied zur atypisch stillen Gesellschaft. Der atypisch stille Gesellschafter ist Mitunternehmer und auch an den stillen Reserven des Betriebsvermögens und am Geschäftswert als Mitunternehmer beteiligt. Entsprechend erzielt der atypisch stille Gesellschafter steuerlich Einkünfte aus Gewerbebetrieb.

4.3 GmbH & Still

Die Gesellschafter einer Kapitalgesellschaft können sich zusätzlich zu ihrer Beteiligung am Stammkapital der GmbH auch als stille Gesellschafter an deren Handelsgewerbe beteiligen. In einem solchen Fall handelt es sich um eine Kapitalgesellschaft & Still. Derartige Beteiligungen sind natürlich auch für Externe möglich.

Zivilrechtlich ist eine solche Gestaltung zulässig und wird meist bei der GmbH verwendet.

Die GmbH & Still kann die Inanspruchnahme diverser Steuervorteile ermöglichen, die auf der Selbstständigkeit der GmbH als Steuersubjekt beruhen. So können die an den typischen Gesellschafter zu leistenden Gewinnanteile bei der Ermittlung der körperschaftsteuerlichen Bemessungsgrundlage der GmbH als Betriebsausgaben abgezogen und dadurch möglicherweise Steuersatzunterschiede genutzt werden. Bei der Veräußerung der Anteile und der typisch stillen Beteiligung an einer GmbH & Still entfällt regelmäßig auch ein Teil des Veräußerungsgewinns auf die stille Beteiligung. Soweit die stille Beteiligung im Privatvermögen gehalten wird und vor 2009 erworben wurde, bleibt damit ein Teil des Veräußerungsgewinns steuerfrei.

4.4 Genussrechte

Zur mittel- oder langfristigen Beschaffung von Finanzmitteln stehen Unternehmen neben Eigenkapital, Gesellschafterdarlehen oder Bankkrediten hybride Finanzierungsinstrumente (Mezzaninefinanzierung) zur Verfügung. Mittels hybrider Finanzierungsinstrumente verschaffen sich Unternehmen Kapital mit Eigenmittelcharakter ohne Abgabe von Gesellschaftsanteilen. Aufgrund ihrer flexiblen Gestaltbarkeit sind diese hybriden Finanzierungsinstrumente nicht nur für große, sondern auch für mittelständische Unternehmen interessant. Zu den hybriden Finanzierungsinstrumenten zählen auch Genussrechte. Sie können nicht nur von Kapitalgesellschaften, sondern auch von Unternehmen in einer anderen Rechtsform, d. h. auch von Personengesellschaften, ausgegeben werden.

Genussrechte können nicht nur eine interessante Möglichkeit der Eigenmittelstärkung für mittelständische Unternehmen sein. Unter Ertrags- und strategischen Aspekten sind Genussrechte auch für Unternehmen als Anlageinstrument geeignet.

4.5 Personengesellschaften (GmbH & Co. KG)

Gerade aus Sicht eines Beteiligungskäufers ist die Rechtsform unter steuerlichen Kriterien häufig wichtig. Bei der Kommanditgesellschaft (z. B. GmbH & Co. KG) werden die steuerlichen Ergebnisse den Kommanditisten zugerechnet. Außerordentlich wichtig ist der steuerliche Rechtsformunterschied gerade beim Eintritt in eine Gesellschaft. In der Regel zahlt der hinzutretende Kommanditist ein über den Nominalwert hinausgehendes Aufgeld. Bei Kapitalgesellschaften (GmbH, AG) ergeben sich für den hinzutretenden Gesellschafter keine steuerlichen Vorteile. Werden jedoch die Kommanditanteile einer GmbH & Co. KG erworben, können Aufgelder im Rahmen der steuerlichen Ergänzungsbilanz abgeschrieben werden. Dazu dieses Beispiel:

Ein Unternehmen beteiligt sich mit 50 Prozent an einer GmbH & Co. KG, die zurzeit mit einer Mio. Euro Kommanditkapital ausgestattet ist. Dieses Kommanditkapital wird auf 2 Mio. Euro erhöht. Das hinzutretende Unternehmen zahlt jedoch aufgrund der nachhaltigen Ertragskraft für diese Beteiligung 10 Mio. Euro. Davon können 9 Mio. Euro im Rahmen der steuerlichen Ergänzungsbilanz abgeschrieben werden. Zuerst wird das Aufgeld auf die stillen Reserven der Gesellschaft verteilt. Die Abschreibung erfolgt im Rahmen der betriebsgewöhnlichen Nutzungsdauer. Ein verbleibender Restbetrag wird als Geschäftswert erfasst und kann innerhalb von 15 Jahren abgeschrieben werden.

Bei 9 Mio. Euro Aufgeld und einem Steuersatz von 40 Prozent ergibt sich immerhin ein steuerliches Potenzial von 3,6 Mio. Euro. Auch in abgezinster Form ergibt sich noch ein Steuerpotenzial, welches deutlich macht, dass für eine Personengesellschaft ein nennenswert höherer Kaufpreis (ohne Verlängerung der Amortisationsdauer des Kaufpreises) gezahlt werden kann als für eine Kapitalgesellschaft.

4.6 Kapitalgesellschaften (GmbH, AG)

Beteiligungen in Form von GmbH-Geschäftsanteilen werden gelegentlich aus Diskretionsgründen nicht gewünscht. Darüber hinaus sind Veränderungen der Gesellschafterverhältnisse mit Aufwendungen verbunden, da in aller Regel eine notarielle Beurkundung erforderlich ist.

Aktiengesellschaften haben bei mittelständischen Unternehmen wegen der damit verbundenen Publizität keine große Bedeutung. Es gibt verhältnismäßig wenig kleine Aktiengesellschaften.

5 Instrument zur Verbesserung der Rentabilität und zur Unterstützung der Unternehmensstrategie

Unternehmerische Direktbeteiligungen können außerordentlich rentabel sein. Die hohe überdurchschnittliche Rentabilität ist sogar in zunehmendem Umfang für Unternehmer Veranlassung, das »Klumpenrisiko« des Einzelunternehmens aufzugeben und diversifiziert zu investieren. Dadurch wird nicht nur eine Risikoverteilung, sondern langfristig auch eine höhere Rentabilität des verfügbaren Vermögens erwartet. Ein Beispiel sind die Gesellschafter der Firma Höfer Vorsorge-Management GmbH & Co. KG, Mülheim a. d. Ruhr – einem marktbedeutenden Unternehmer der Versicherungswirtschaft. Die Familie ist seit 60 Jahren als versicherungsmathematischer Gutachter tätig. Das Handeln der Familie wurde von diesen Grundsätzen bestimmt:

Grundsatz 1:
»Sei strategisch: Trenne dein Privatvermögen vom Betriebsvermögen.«

Grundsatz 2:
»Sei flexibel: Beobachte als kritischer Unternehmer den Markt und hänge nicht unbedingt an einem Geschäftsgebiet.«

Grundsatz 3:
»Sei konsequent: Sichere dauerhaft und über Generationen die finanzielle Unabhängigkeit der Familie.«

Familie Höfer gründete die Höfer Unternehmensbeteiligung AG mit Sitz in Luzern und die Höfer AG mit Sitz in Meggen. Die Aktien sind ausschließlich in Familienhand. Die Höfer Unternehmensbeteiligung AG hält ausschließlich Minderheitsbeteiligungen an anderen Familienunternehmen, ohne sich in die operative Unternehmensführung der Beteiligungsunternehmen einzuschalten. Dies mag auf den ersten Blick erstaunen, aber im Rahmen der Vermögensdiversifizierung will Familie Höfer keine zu hohen Risiken eingehen und das Vermögensmanagement mit einem sehr kleinen Mitarbeiterstab führen.

Erfolgsquelle dieser sehr erfolgreichen Unternehmerfamilie sind auch zukünftig primär unternehmerische Minderheitsbeteiligungen. Zielgruppe können auch kleine mittelständische Unternehmen sein. Allerdings müssen diese plausibel positive Zukunftsperspektiven haben.

6 Zusammenfassung

Nach einer Analyse der Bilanzstrukturen mittelständischer Industrieunternehmen der IKB entfielen während des Zeitraums von 2004 bis 2007 mehr als 10 Prozent des Zuwachses der Aktivseite auf liquide Mittel. Sehr viele Familienunternehmen verfügen über liquide Mittel, die im eigenen Unternehmen nicht mehr wirtschaftlich sinnvoll investiert werden können. Diese Unternehmen sind interessiert, unternehmerisch zu investieren mit der Zielsetzung, hohe Renditen zu erwirtschaften. Diese Renditen können aus Ausschüttungs-, jedoch auch aus Exit-Erträgen stammen. An laufenden Ausschüttungen sind Unternehmen häufig nicht interessiert.

Diesem investitionssuchenden Kapital stehen mittelständische Unternehmen mit zukunftsträchtigen Geschäftsmodellen gegenüber, denen jedoch für die Markterschließung die Finanzierungsbasis fehlt. Für diese Unternehmen sind unternehmerische Partner – auch als Minderheitsgesellschafter – häufig sehr angenehm. Das trifft besonders dann zu, wenn zusätzliche Kooperationsmöglichkeiten entstehen, durch welche z. B. Einkauf und Vertrieb gestärkt werden können. Diese Partner sind als unternehmerische Investoren vielen mittelständischen Unternehmern angenehmere Gesprächspartner als Banker oder reine Finanziers.

Beliebt sind derartige unternehmerische Investoren häufig auch im Nachfolgeprozess. Gerade bei mittelständischen Unternehmen sind damit oft hohe Anforderungen an die Liquidität verbunden. Die abtretende Generation benötigt zur Sicherung der Altersversorgung Finanzierungsmittel – die Nachfolgergeneration möchte häufig gern die Unternehmensstrategie der Entwicklung anpassen und benötigt dafür Kapital. Wenn diese Kapitalzuführung mit einem operativen Zusatznutzen verbunden werden kann, sind unternehmerische Investoren beliebte Partner für Nachfolger von mittelständischen Unternehmen.

Weltweit haben deshalb Investitionen in unternehmerische Beteiligungen immer mehr an Bedeutung gewonnen. Sie sind heute in fast allen Branchen für eine positive Zukunftssicherung unerlässlich.

Diese Feststellung gilt nicht nur für Großunternehmen, sondern genauso für mittelständische Familienunternehmen. Diese benötigen allerdings Investitionskonzepte, die ihrer Größe und Leistungsfähigkeit entsprechen.

Den offenkundigen Chancen stehen aber auch eine Reihe von Risiken und Herausforderungen gegenüber:

Chancen	Risiken
• Beitrag zum Unternehmenswachstum • Größere Markt- und Kundennähe, Zugangssicherung • Erreichen der kritischen Größe durch Konzentration • Größere Flexibilität durch kleinere Unternehmenseinheiten • Bilden von Allianzen • Haftungsbegrenzung • Steigerung des Unternehmenswertes	• Einschränken der Wettbewerbsfähigkeit durch Schaffen zu großer Unternehmenseinheiten • Verschwendung von Ressourcen (Management und Kapital) • Informationsdefizite • Kein Instrument des schnellen Erfolges (»langer Atem« erforderlich)

Abb. 6: Beteiligungsmanagement – Chancen und Risiken

Literatur

Deutsche Bundesbank: Verhältniszahlen aus Jahresabschlüssen deutscher Unternehmen von 2005 bis 2006.

Sinan Perin: »Synergien bei Unternehmensakquisitionen«, Betriebswirtschaftlicher Verlag Dr. Th.Gabler GmbH, Wiesbaden 1996.

Jörg F. Haux: »Handbuch Beteiligungsmanagement«, Verlag Franz Vahlen GmbH, München 2001.

Ralf Metzenthin: »Kompetenzorientierte Unternehmensakquisitionen«, Deutscher Universitäts-Verlag GmbH, Wiesbaden 2002.

Jens Köppen: »Synergieermittlung im Vorfeld von Unternehmenszusammenschlüssen«, Deutscher Universitäts-Verlag/GWV Fachverlage GmbH, Wiesbaden 2004.

Assmann/Schütze: »Handbuch des Kapitalanlagerechts« (Sonderdruck).

Marc Beise/Stefan Schmittmann: »Geplündert? Gerettet? Durchgestartet?«, Redline Wirtschaft, FinanzBuch Verlag GmbH, München 2008.

Geldmarktanlagen – Liquiditätsüberschüsse rentabel anlegen

Oliver Kruse/Volker Wittberg

1 Einleitung

Mittelständler in Summe gelten in der öffentlichen Wahrnehmung nicht erst seit Basel II als liquiditätsschwach. Fokus wurde deshalb auf die Beschaffung und Sicherung von Liquidität gelegt. Dass jedoch über die Hälfte aller Mittelständler zum Teil auch hohen Anlagebedarf hat, wird oftmals übersehen. Zumindest für diese Gruppe kann es im Sinne einer spürbaren Zusatzrendite zum operativen Geschäft durchaus effizient sein, sich näher mit der Anlage ihrer finanziellen Mittel zu beschäftigen. Die Form der Geldanlage hat hierbei den individuellen Bedürfnissen zu entsprechen. Das gilt insbesondere in Zeiten, in denen in Folge der weltweiten Finanzmarktkrise vermeintlich sichere geldmarktnahe Fonds geschlossen wurden bzw. Kursverluste hingenommen werden mussten. Folge war, dass einige Anleger nicht an ihr Geld kamen und etwa Lieferantenrechnungen nicht bezahlen konnten bzw. Kredite aufnehmen mussten. Hinzu kommt eine zunehmende Inflationsrate, die schnell den Zinsgewinn aufbrauchen und das Realvermögen verringern kann.

In diesem Beitrag werden, ausgehend von der Ausgangssituation mittelständischer Unternehmen, deren Anforderungen an eine Geldanlage dargestellt. Im Anschluss wird das tatsächliche Anlageverhalten analysiert, bevor Handlungsempfehlungen und Instrumente für die Anlage von Liquidität vorgestellt werden. Schließlich werden die wesentlichen Ergebnisse zusammengefasst.

Basis dieses Beitrages bildet eine Studie der Autoren aus dem Jahre 2007, in der die Anlagebedürfnisse und das Anlageverhalten mittelständischer Unternehmen ermittelt wurden. Die Studie umfasst eine repräsentative schriftliche Befragung von 3.500 mittelständischen Unternehmen mit einer Rücklaufquote von annähernd 4 Prozent. Zum Mittelstand zählen hierbei gemäß der Definition des Instituts für Mittelstandsforschung in Bonn Unternehmen, deren Beschäftigtenanzahl zum Befragungszeitpunkt zwischen 10 bis 499 Mitarbeiter und deren Umsatz im Jahre 2006 zwischen 5 bis 50 Millionen Euro lag. Zur Interpretation der Ergebnisse wurden zudem 32 Entscheider aus mittelständischen Unternehmen, Verbänden, Wirtschaftsprüfungs- und Steuerberatungsgesellschaften sowie Firmenkundenbetreuer und Produktentwickler aus Banken und Kapitalgesellschaften befragt.

2 Ausgangssituation – Das Parken kurzfristiger Liquidität steht im Vordergrund

Obgleich 46 Prozent der vor allem kleineren Unternehmen immer noch keinen Anlagebedarf sehen, hatten immerhin 54 Prozent der befragten Mittelständler Anlagebedarf. Begünstigt durch die wirtschaftliche Erholung hatte diese Gruppe einen durchschnittlichen Anlagebedarf von 1,8 Millionen Euro, der Median lag bei 1,0 Millionen Euro. Hierbei gilt: Je höher der Umsatz und die Mitarbeiterzahl, desto größer der Anlagebedarf ($r = 0{,}293$ bzw. 0,35). Das gleiche gilt für die Höhe der durchschnittlich angelegten Investitionssumme pro Transaktion. Sie beträgt im Durchschnitt 324.000 Euro, im Median 200.000 Euro ($r = 0{,}324$ bzw. 0,35). Die Ergebnisse gehen einher mit einem Durchschnittsbestand an liquiden Mitteln und Anlagegeldern in den Unternehmen in Höhe von 2,75 Millionen Euro.

Im Zusammenhang mit dem Finanzierungsbedarf mittelständischer Unternehmen sind zwei Sachverhalte zu beachten: Es gibt immer noch Mittelständler – die unabhängig von betriebswirtschaftlichen Überlegungen – stolz darauf sind, alle ihre Investitionen aus ihren eigenen Mitteln finanzieren zu können, d. h. dafür kein Fremdkapital benötigen. Zum anderen schließen sich Finanzierungs- und Anlagebedarf nicht aus, entscheidend ist vielmehr die Fristigkeit.

Ausdruck der Verfügbarkeit auf der Aktivseite der Bilanz ist der Anlagehorizont. Hier zeigt sich, dass 75 Prozent der Mittelständler über einen kurzfristigen Anlagebedarf unter einem Jahr verfügen. Diese Gelder stellen »Liquiditätspolster« dar, die kurzfristig geparkt werden. Darüber hinaus hat der Mittelstand auch mittel- und langfristigen Anlagebedarf: 25 Prozent der Befragten haben einen Anlagehorizont von mehr als einem Jahr, 10 Prozent länger als fünf Jahre.

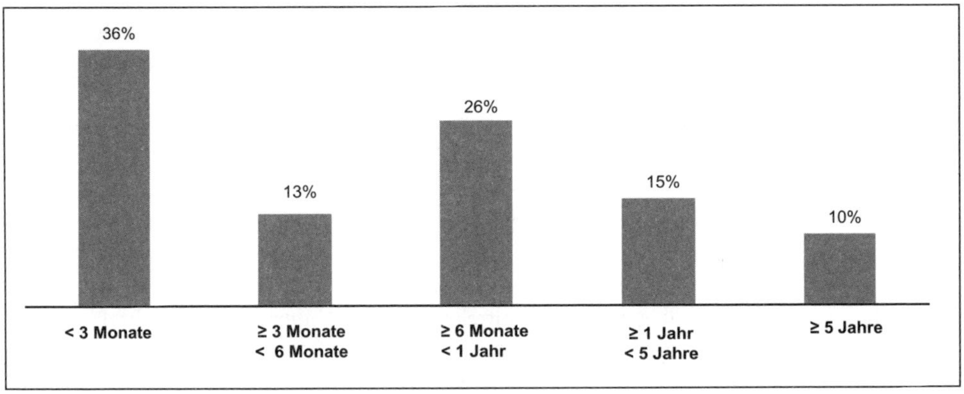

Abb. 1: Anlagehorizont der Mittelständler, Unternehmen in Prozent (n = 119)

Der Anlagehorizont entspricht dabei dem Motiv der Geldanlage: Während es bei institutionellen Anlegern wie Versicherungen um die Erbringung der vereinbarten Versicherungsleistungen geht, steht bei mittelständischen Unternehmen das Parken von kurzfristigen Liquiditätsüberschüssen im Vordergrund.

3 Anforderungen an die Geldanlage – Sicherheit und Verfügbarkeit vor Rentabilität

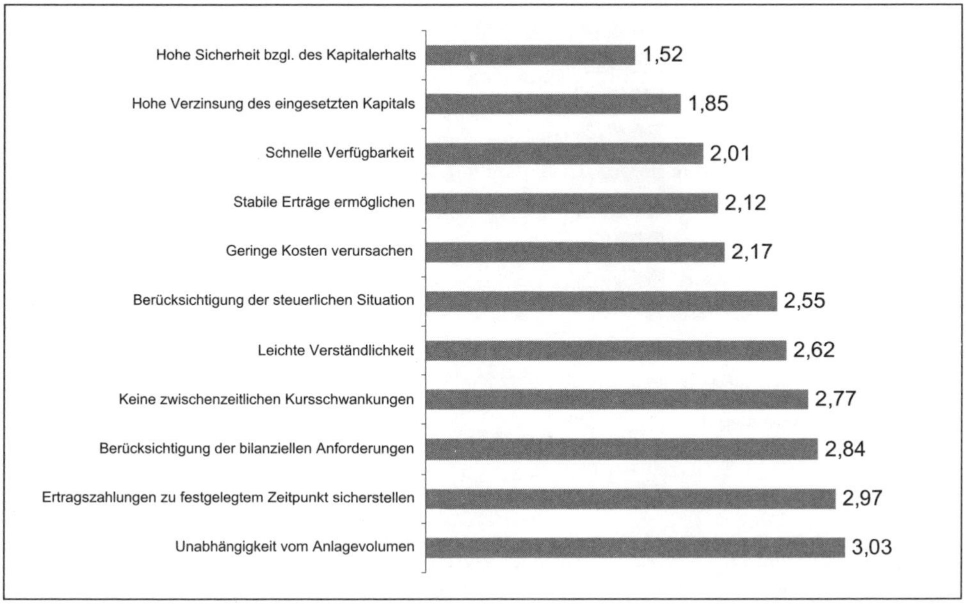

Abb. 2: Anforderungen, die eine Anlage erfüllen sollte (Mehrfachnennungen möglich, n = 117)

Gefragt nach der Wichtigkeit einzelner Anforderungen, die eine Anlage erfüllen sollte, bewerten Mittelständler eine hohe Sicherheit der Anlage auf einer Rangskala von 1 (sehr wichtig) bis 6 (unwichtig) im Durchschnitt mit 1,52, die hohe Verzinsung des eingesetzten Kapitals mit durchschnittlich 1,85 und die schnelle Verfügbarkeit mit 2,01. Diese Ergebnisse decken sich mit denen des Rangfolgeverfahrens, bei der die Befragten die drei wichtigsten Anforderungen in eine Ordnung bringen sollten: Für 38 Prozent steht die Sicherheit an 1. Stelle, für 24 Prozent die Verzinsung und für 15 Prozent die schnelle Verfügbarkeit.

Wenn auch Mittelständler zugunsten der Sicherheit durchaus bereit sind, auf Rendite zu verzichten, verlangen sie dennoch eine anspruchsvolle Rendite. Im Durchschnitt erwarten die Mittelständler für ihre Finanzanlage eine Mindestverzinsung nach Kosten in Höhe von 5,88 Prozent pro Jahr. Dabei gilt: Je höher der Kapitalanlagebedarf der Unternehmen, desto höher der Renditeanspruch.

4 Geldmarkt und geldmarktnahe Instrumente prägen das Anlageverhalten

Betrachtet man das tatsächliche Anlageverhalten, geht das auf den ersten Blick mit den Anforderungen des Mittelstands einher. Die drei häufigsten genannten Anlageinstrumente sind mit 75 Prozent das Festgeld bzw. Termineinlagen, mit 56 Prozent Sichteinlagen und mit 27 Prozent Geldmarktfonds.

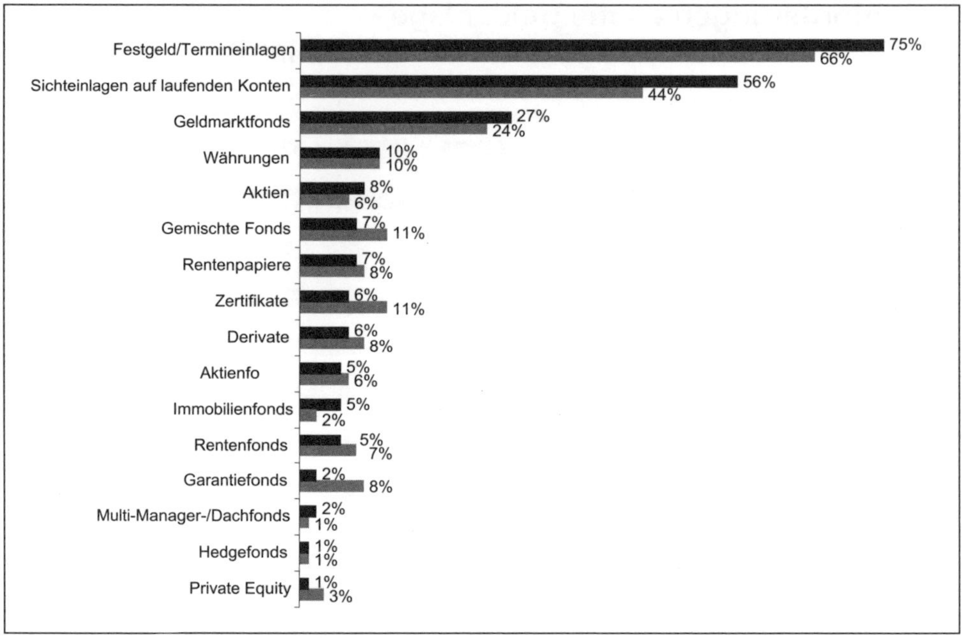

Abb. 3: Anlageinstrumente, in denen Unternehmen gegenwärtig investiert sind/in die sie planen, zu investieren, Unternehmen in Prozent (Mehrfachnennungen möglich)

Jedoch sind diese Anlageinstrumente nicht vereinbar mit der gewünschten Rendite von 5,88 Prozent pro Jahr. Wenn diese Verzinsung unter den jetzigen Kapitalmarktbedingungen durchaus erreichbar ist, lässt sie sich nicht mit der geldmarktnahen Anlagestruktur verwirklichen. Auch hinsichtlich der Anforderungen »Sicherheit« und »Verfügbarkeit« lehrt die jüngste Finanzmarktkrise, dass die Solidität der Bank bzw. die Bonität der Papiere im Geldmarktfonds durchaus zu hinterfragen sind.

5 Handlungsempfehlungen bei der Anlage

Vor diesem Hintergrund ergibt sich die Frage, inwieweit die genannten Anforderungen »Sicherheit«, »Rentabilität« und »Liquidität« im Sinne der spezifischen Anforderungen des Mittelstandes in Einklang gebracht werden können. Es wird in diesem Zusammenhang nicht ohne Grund vom sogenannten »magischen Dreieck« der Kapitalanlage gesprochen, da die drei genannten Anforderungen miteinander konkurrieren. So geht eine steigende Sicherheit tendenziell zu Lasten der Rendite.

Zur Identifizierung der »richtigen« Anlage ist zunächst das Anlagemotiv zu bestimmen. Wenn es Mittelständlern auch vordringlich um das Parken von Liquiditätsüberschüssen geht, sind weitere Anlagemotive wie die Speisung eines betrieblichen Altersvorsorgesystems, der Aufbau von strategischen Beteiligungen oder die Schaffung eines Mitarbeiterbeteiligungssystems denkbar.

Aus dem Anlagemotiv geht oftmals hervor, für welchen Zeitraum die Gelder angelegt werden können und welches Rendite-/Risiko-Profil vorliegt. Basis bildet dafür die Liquiditätsentwicklung des Unternehmens, die sich in der Regel aus der Liquiditätsplanung oder dem Cash-Management-System ergibt. Im Sinne einer dynamischen Betrachtung sollten auch die künftigen Ein- und Auszahlungen prognostiziert werden, um ein vorzeitiges Auflösen der Anlage zu vermeiden. Im Rahmen eines Cash-Pooling können Liquiditätsbedarfe einzelner Töchter ausgeglichen und Überschüsse einzelner Töchter zusammengeführt werden, um auf diese Weise höhere Anlagevolumen zu generieren.

Das Rendite-/Risikoprofil hängt ebenfalls von der Investitionsdauer ab, denn je länger tendenziell der Anlagehorizont gewählt werden kann, desto chancenorientierter kann das Investment sein. Der Investor sollte für sich definieren, ob er eine vollkommene Rückzahlung seines Kapitals benötigt oder inwieweit er einen Teilverlust seines Kapitals verkraften kann und will. Im Wesentlichen existieren, in Abhängigkeit vom Anlageinstrument, folgende Risiken:

- *Rückzahlungsrisiken:* So kann die Rückzahlung des gesamten Betrages oder der Ertragszahlungen aufgrund des Ausfalls des Emittenten gefährdet sein. Wichtig ist in diesem Zusammenhang, die Bonität des Emittenten zu prüfen und ggf. Ratings zu hinterfragen.
- *Zinsänderungs- und Ertragsrisiken:* Aufgrund steigender Marktzinsen sinkt der Kurs des Wertpapiers. Dabei ist die Höhe der Kursverluste abhängig von der Restlaufzeit. Um diese Verluste zu vermeiden, können an bestimmte Bezugszinssätze gekoppelte Anleihen wie etwa inflationsgeschützte Anleihen erworben werden.
- *Kursrisiken:* Infolge veränderter Konjunkturerwartungen, steigender Zinsen oder einer schlechten Auftragslage etc. eines Unternehmens besteht die Gefahr, dass Wertpapiere im Kurs verlieren.
- *Geldwert- und Währungsrisiken:* Durch Veränderung der Wechselkurse oder bei zunehmender Inflation kann ebenfalls der Wert des Wertpapiers fallen.

Zur Verringerung des Risikos gibt es verschiedene Möglichkeiten: Zum einen lassen sich durch Streuung der Anlagen die Ausfallrisiken reduzieren, zum anderen können Risiken etwa mit Hilfe von Derivaten oder in Form von Wertsicherungsprodukten verringert werden. Letztere Risikoabsicherung geht jedoch wiederum zu Lasten der Rendite.

Hinsichtlich der Rendite sind sowohl die Ertragsfähigkeit der Anlage (etwa in Form von Zins, Dividenden oder Kursgewinnen) als auch die Kosten und die steuerlichen Auswirkungen (vor allem in Form der Nachsteuerrendite) zu prüfen. Wichtig ist hierbei ein Vergleich der Rendite nach Steuern und Kosten. Insbesondere bei inhabergeführten Mittelständlern ist ein Abgleich unter Beachtung der Haftungssituation sowohl aus Rendite-Risiko- als auch aus steuerlichen Gründen sinnvoll. Geht man davon aus, dass eine »Gesamtsumme« an liquiden Mitteln im Betriebs- und Privatvermögen vorhanden ist, sollte dafür ein maximales Anlagerisiko geplant werden. Aus steuerlicher Sicht ist vor dem Hintergrund der ab dem Jahre 2009 geltenden steuerlichen Veränderungen zu prüfen, welche Anlagen im Privat- und welche im Betriebsvermögen erfolgen sollten. Im Zusammenhang mit der steuerlichen Prüfung sollte auch der Bilanzierungsaufwand der Anlageinstrumente eruiert werden. Bestehen bzgl. der steuerlichen oder der bilanziellen Auswirkungen Zweifel, bietet es sich an, neben dem Bankberater auch den Wirtschaftsprüfer zu befragen.

6 Instrumente zur kurzfristigen Anlage von Liquidität

Im Folgenden werden zunächst die originären Instrumente zur Liquiditätsanlage miteinander verglichen und die Vor- und Nachteile herausgearbeitet.

Instrument	Wesen	Sicherheit	Verfügbarkeit	Verzinsung	Vor- und Nachteile
Sichteinlagen	Guthaben auf Kontokorrent- und Girokonten.	Hoch, deutsche Banken sind Mitglied im Einlagesicherungsfonds	Täglich	Keine oder sehr niedrige Verzinsung, häufig Mindest-guthaben	• Keine Kosten, • geringer Bilanzierungsaufwand.
Tagesgeld	Form der Sichteinlage, Geldmarktkonto, grundsätzlich nicht zur Abwicklung des Zahlungsverkehrs bestimmt.	Hoch, deutsche Banken sind Mitglied im Einlagesicherungsfonds	Täglich	Teilweise über Marktzins, unterliegt jedoch Restriktionen (häufig nur für Neukunden)	• Keine Kosten, • geringer Bilanzierungsaufwand.
Termineinlagen	Befristete Einlagen für bestimmte Zeiträume in Form von Fest- oder Kündigungsgeldern.	Hoch, deutsche Banken sind Mitglied im Einlagesicherungsfonds	Nach Ablauf der Laufzeit oder der Kündigungsfrist, i.d.R. mindestens 30 Tage…	Höherer Zins als bei Sichteinlagen, abhängig vom Anlagebetrag und der Laufzeit.	• Keine Kosten, • geringer Bilanzierungsaufwand • bei vorzeitiger Verfügbarkeit entfällt der vereinbarte Zinssatz.
Geldmarktfonds	Sind ausschließlich oder überwiegend in Geldmarkttiteln (z.B. abgezinsten Schatzanweisungen) und liquiden Mitteln (z.B. Schuldscheindarlehen) mit sehr kurzer Laufzeit investiert.	Hoch, Sondervermögen sind vom Gesellschaftsvermögen getrennt, im Konkursfall der KAG also geschützt. Theoretisch jedoch können einzelne Papiere im Fonds ausfallen.	Börsentäglich (Valuta: + 2 Tage) unbegrenzt veräußerbar.	Vergleichbar mit Geldmarktsätzen (es fällt eine Depotbank- und Verwaltungsvergütung an, die jedoch in der Nettoperformance des Fonds enthalten ist).	• Wertpapierdepot notwendig (i.d.R. kostenpflichtig) • keine Prolongation der investierten Gelder erforderlich • höherer Bilanzierungsaufwand als bei den zuvor genannten Instrumenten.

Geldmarktnahe Fonds	Mindestens die Hälfte des Fondsvermögens ist im Vergleich zu reinen Geldmarktfonds in Anleihen mit kurzer Restlaufzeit investiert.	Hoch, jedoch geringer als bei den anderen Instrumenten, Sondervermögen sind vom Gesellschaftsvermögen getrennt, im Konkursfall der KAG also geschützt. Hier ist die Wahrscheinlichkeit höher, dass einzelne Papiere (z. B. ABS) im Fonds ausfallen können.	i.d.R. börsentäglich (Valuta: + 2 Tage) unbegrenzt veräußerbar (Ausnahme Fondsschließung), jedoch Investment erst ab einer Anlagedauer von 6 Monaten sinnvoll	Renditeaufschlag gegenüber dem Geldmarktzins, es fällt eine Verwaltungs- und Depotbankvergütung an, die jedoch in der Nettoperformance des Fonds enthalten ist, in der Regel ist ein Ausgabeaufschlag zu entrichten.	• Wertpapierdepot notwendig (i.d.R. kostenpflichtig) • keine Prolongation der investierten Gelder erforderlich • höherer Bilanzierungsaufwand als bei den zuvor genannten Instrumenten.

Abb. 4: Vergleich der Anlageinstrumente für die originäre Liquiditätsanlage

Bezüglich der Sicherheit von Sichteinlagen, Tagesgeld und Termineinlagen ist zu ergänzen, dass diese Anlagegelder bei Kreditinstituten in Deutschland gemäß dem Einlagesicherungs- und Anlegerentschädigungsgesetz bis zu einer Höhe von 20.000 Euro abzüglich eines Selbstbehalts von 10 Prozent versichert sind. In den anderen EU-Ländern gelten aufgrund einer EU-Richtlinie ähnliche Regelungen, jedoch gilt dies nicht für Banken mit Sitz außerhalb der EU. Hier ist also Vorsicht geboten.

Bei den Fondslösungen wird hier entgegen der Beratungspraxis bewusst zwischen Geldmarkt- und geldmarktnahen Vehikeln unterschieden. Es waren doch gerade die geldmarktnahen Fonds mit Beimischung von ABS-Papieren, die etwa zwischenzeitlich geschlossen wurden und/oder in Folge von Neubewertungen Kursrückgänge zu verkraften hatten. In der Zwischenzeit haben die Fondsgesellschaften reagiert und bieten sogenannte Geldmarktfonds mit Garantie an. Hier garantiert zum einen ein Dritter (z. B. die Bank als Mutter) für die Rückzahlung des Fondsvermögen, zum anderen wird eine sogenannte Zielrendite in Aussicht gestellt.

Schließlich soll in diesem Zusammenhang auch auf die sehr populären steueroptimierten Fondslösungen hingewiesen werden. Idee dieser Fonds ist es, durch Kurs- statt durch Zinsgewinne eine höhere Nachsteuerrendite zu erzielen. Da in Deutschland steuerpflichtige Kapitalgesellschaften nach der gegenwärtigen Rechts- und Steuerlage Aktienkursgewinne zu 95 Prozent steuerfrei vereinnahmen können, erzielen diese Fonds durch den Kauf und den zeitnahen Verkauf von Aktien auf Termin Kursgewinne. Auch für Personengesellschaften bzw. die dahinterstehenden Gesellschafter ergibt sich für das Halbeinkünfte- bzw. ab 2009 durch das Teileinkünfteverfahren ebenfalls eine Steuerersparnis im Vergleich zu Zinserträgen. Die Vorsteuerrendite ist vergleichbar: Während bei den klassischen Geldmarktfonds eine Rendite vor Steuern (z. B. 3 Monats-EURIBOR abzgl. Kosten) erzielt wird, erhält der Stillhalter in Aktien bei den steueroptimierten Fonds für den gleichen Zeitraum nach der Optionspreistheorie im Wesentlichen den selben Zinssatz, denn er möchte für den Verlust an Liquidität genau diesen risikolosen Zins vergütet haben. Dabei ist das Risiko dieser Fonds nur geringfügig höher als bei klassischen Geldmarktfonds. Es kommt ein Kontrahentenrisiko hinzu, was besagt, dass der Vertragspartner des Termingeschäfts ausfallen kann.

7 Instrumente zur längerfristigen Geldanlage

Über die originären Instrumente zum »Parken von Liquidität« hinaus stehen eine Vielzahl von Anlagealternativen und Anlageklassen zur Auswahl. Hier kann deshalb nur auf einige wenige geläufige Instrumente fokussiert werden (nähere Einzelheiten finden sich auch in den folgenden Beiträgen). Diesen Instrumenten ist gemeinsam, dass die finanziellen Mittel jedoch über einen längeren Zeitraum gebunden sind.

Inwieweit ein mittelständisches Unternehmen bereit ist, in die zuvor genannten Instrumente zu investieren, sollte vom jeweiligen Anlagemotiv abhängig gemacht werden. Insbesondere für die längerfristige Anlage finanzieller Mittel – etwa dauerhaft nicht benötigter liquider Mittel in Form des Bodensatzes auf Sichteinlagen – oder für die Altersvorsorge, macht es durchaus Sinn, in diese Anlageinstrumente zu investieren. Das gilt auch bei ausgeprägter Risikoaversion: Zum einen lassen sich durch Nutzung verschiedener Anlageklassen im Sinne der Portfoliotheorie Risiken diversifizieren, zum anderen können die Anlageinstrumente oftmals auch mit einer Wertsicherung (z. B. Kapitalerhalt auch bei rückläufigen Kapitalmärkten) gekoppelt werden.

Instrument	Wesen	Sicherheit	Verfügbarkeit	Verzinsung	Vor- und Nachteile
Festverzinsliche Wertpapiere	Hierzu zählen Renten, Anleihen und Schuldverschreibungen. Die Papiere sind mit variabler oder fester Verzinsung ausgestattet und haben eine vorgegebene Tilgungsform und Laufzeit. Der Investor ist Gläubiger.	In Abhängigkeit von der Bonität des Schuldners. So genießen von der BRD emittierte Wertpapiere eine sehr gute Bonität, Totalverlust möglich.	In Abhängigkeit vom Papier, meist börsentägliche Rückgabe (Valuta + 2 Tage) möglich, allerdings besteht die Gefahr des Kursverlustes.	In Abhängigkeit von der Bonität des Schuldners.	• Wertpapierdepot notwendig. • Depotgebühren. • An- und Verkaufsprovisionen. • Einlösungsprovision.
Aktien	Aktien verbriefen Teilhaberrechte an einer Aktiengesellschaft. Der Investor ist Eigenkapitalgeber.	Es existieren zahlreiche Risiken, aber auch größere Chancen, Totalverlust möglich.	Bei börsennotierten Unternehmen börsentägliche Rückgabe möglich (Valuta: + 2 Tage), jedoch Gefahr der Verlustrealisation, Totalverlust möglich.	Bei guter/negativer Unternehmensentwicklung positive/negative Kursentwicklung und Beteiligung am Gewinn (Dividende) bzw. Verlust.	• Wertpapierdepot notwendig. • An- und Verkaufsprovisionen.

Zertifikate	Strukturierte Produkte, die aus der Kombination von zwei oder mehr Basisinstrumenten bestehen. Sie werden als Inhaberschuldverschreibungen ohne Nennwert begeben.	In Abhängigkeit von der Art des Zertifikats und der Bonität des Emittenten, Totalverlust möglich.	Meist börsentägliche Rückgabe möglich (Valuta: + 2 Tage), jedoch Gefahr der Verlustrealisation; Totalverlust möglich.	In Abhängigkeit von der Risiko-/Chancen-Struktur des Zertifikats.	• Wertpapierdepot notwendig • An- und Verkaufsprovisionen • hoher Bilanzierungsaufwand, da Konstrukt in seine Basiselemente zerlegt werden muss. • Transparenz nicht immer gegeben. • Kontrahentenrisiko.

Abb. 5: Vergleich von Anlageinstrumenten zur längerfristigen Geldanlage

8 Zusammenfassung

Durch die bedürfnisspezifische Anlage können Mittelständler eine spürbare Zusatzrendite zum operativen Geschäft erzielen. Dafür sind jedoch der Liquiditätsüberschuss möglichst gut abzuschätzen und die passenden Anlageinstrumente auszuwählen. Da die Instrumente ständig weiterentwickelt werden, sind mittelständische Unternehmen gefordert, sich mit der Geldanlage zu beschäftigen und ggf. die Funktionsweise neuer Produkte zu hinterfragen.

Checkliste zum erfolgreichen Liquiditätsmanagement

- Ermittlung des Liquiditätsüberschusses.
- Wie hoch ist der Sichteinlagenbestand? Werden Termingelder stets prolongiert? (Gibt Hinweis auf »Bodensatz«.)
- Wie gestaltet sich die zu erwartende Liquiditätsentwicklung in den nächsten Monaten? Wie lange steht die Liquidität zur Verfügung? (Informationen sind aus Cash-Management-Systemen oder aus dem Liquiditätsplan erhältlich.)
- Bei Liquiditätsüberschüssen: Ist ein genügend hoher Sicherheitspuffer eingebaut? (Ggf. Ableitung aus Vergangenheitswerten)
- Können mit den Liquiditätsüberschüssen Kredite getilgt werden? (Ist unter Umständen bessere Alternative, Vergleichsrechnung anstellen.)
- Derzeitiges Anlageverhalten.
- Werden unterschiedliche Anlageinstrumente genutzt oder wird »alles auf eine Karte« gesetzt? (Wenn möglich, sollten aus Risikogesichtspunkten unterschiedliche Instrumente und Anlageklassen zum Tragen kommen.)

- Kennen Sie die Funktionsweise und die Risiken der Anlagen? (Wenn nicht, erkundigen Sie sich bei Ihrem Berater. Sind die steuerlichen Auswirkungen nicht klar, fragen Sie Ihren Wirtschaftsprüfer oder Steuerberater.)
- Ist eine regelmäßige Kontrolle der Anlageinstrumente sichergestellt? (Ermöglicht zeitnahes Reagieren auf mögliche Risiken.)
- Konkreter Anlagebedarf.
- Welches Anlagemotiv liegt zugrunde? (Antwort gibt Hinweise auf die an das Instrument gestellten Anforderungen.)
- Stimmt das Produkt mit meinem Anlagehorizont und meinen Anlageanforderungen überein?
- Passt das Anlageinstrument zum definierten Anlageverhalten und Risikobudget?

Literatur

Basisinformationen über die Vermögensanlage in Wertpapieren, überarbeitete Auflage, 2007.

Kaiser, Dirk: »Treasury Management«, Wiesbaden 2008.

Kruse, Oliver/Wolf, Frank-Oliver: »Neue Studie zu Anlagebedürfnissen und -verhalten, Was private, mittelständische und institutionelle Anleger unterscheidet«, in: Vermögen und Steuern, 7/2008, S. 42–46.

Martens, A.: »Sicherheit ist oberstes Gebot«, in: Markt und Mittelstand, 04/2008, S. 88–91.

Nieswand, Jutta-Maria/Schnitzler, Lothar: Heimlicher Krösus, in: Wirtschaftswoche, Nr. 35, S. 75-95.

Zimmermann, J: »Vermögensmanager für Firmenkunden«, in: BankPraktiker, 01/2007, S. 24–28.

Fondslösungen – zukunftsorientierte Finanzanlagen für mittelständische Unternehmen

Oliver Kruse/Eva Stumpfegger

1 Der Mittelstand als Akteur an den Kapital-Anlagemärkten

In ihren Umfragen unter deutschen Mittelständlern erhebt die Fachhochschule des Mittelstands neben den Finanzierungs- auch deren Anlagebedürfnisse, Motivation und Zielsetzungen. Über die Hälfte der befragten Mittelständler berichtete über regelmäßig wiederkehrenden und signifikant hohen Anlagebedarf. Ein großer Anteil von ihnen hatte einen kurz- bis mittelfristigen, eine bedeutende Gruppe sogar einen Anlagehorizont von mehr als fünf Jahren. Es ist zu erwarten, dass diese Aussagen trotz Finanzmarktkrise, breiter Eigenkapitaldiskussion und vermeintlicher »Kreditklemme« auch heute noch aktuell sind. (Zur Drucklegung findet die jährliche Aktualisierung der Mittelstandsumfrage der Fachhochschule für den Mittelstand statt. Die Ergebnisse 2009 werden unter www.fhm-mittelstand.de veröffentlicht). Die Motive für eine insbesondere längerfristige Anlage sind dabei sehr vielschichtig: So soll etwa Kapitalvermögen zur Abdeckung von Pensionsverpflichtungen bzw. zur Speisung eines betrieblichen Altersvorsorgesystems aufgebaut werden. Ein weiterer Grund ist die Bildung einer für den richtigen Zeitpunkt in der Zukunft gut dotierten »Kriegskasse« für eine Unternehmensübernahme oder zum Aufbau strategischer Beteiligungen. Zum Teil werden auch Erlöse aus Unternehmensverkäufen mangels Wachstumsmöglichkeiten oder fehlender Rentabilität im Kerngeschäft auf dem Kapitalmarkt angelegt. In Familienunternehmen wird schließlich Kapital für die künftige Auszahlung von Gesellschaftern wegen ihrer besseren Liquidierbarkeit in fungible Finanzanlagen investiert.

Der Kern der Anforderungen des Mittelstands an eine langfristige Kapitalanlage unterscheidet sich nicht von dem einer kurzfristigen: In allen Fällen steht die Sicherheit der Finanzmittel im Vordergrund, auch vor der erwünschten Rendite und – natürlich bei den kurz- und mittelfristigen Anlagen – der schnellen Verfügbarkeit. Allerdings ist gerade angesichts der beschriebenen Motive eine Rendite oberhalb der Geldmarktverzinsung notwendig. Ansonsten besteht die Gefahr, dass etwa bei der Altersvorsorge die gebildeten Zweckvermögen nicht ausreichen, um die Pensionsverbindlichkeiten zu erfüllen. Für das Unternehmen könnte dies höhere Personalaufwendungen und ggf. eine Verschlechterung des Unternehmensratings zur Folge haben.

Ein längerer Anlagehorizont bietet die Chance zu einem ausgeglichenen Rendite-Risiko-Verhältnis. Die Gelder können auch in Anlageformen und Anlageklassen investiert werden, die zwar kurzfristig im Wert schwanken, aber bei langfristiger Perspektive eine höhere Rendite erwarten lassen und damit traditionell einen längerfristigen Kapitalaufbau forcieren. Zur Vermeidung von Kursverlusten können sich in diesem Zusammenhang ggf. Fondslösungen mit Kapitalsicherung anbieten.

Im folgenden Beitrag wird zunächst erläutert, weshalb Fondskonstruktionen den Bedürfnissen und Anforderungen mittelständischer Unternehmen entgegenkommen. Unter Mittelstand werden hier gemäß der Mittelstandsdefinition des Instituts für Mittelstandsforschung Unternehmen subsumiert, deren Beschäftigtenanzahl zwischen 10 und 499 Mitarbeiter und deren Umsatz zwischen einer und 50 Mio. Euro liegt. Im Anschluss wird analysiert, welche Anlageklassen und Fondskonzepte für mittelständische Unternehmen besonders geeignet sind und wie sich mögliche Kursrisiken verringern lassen. Unterstützung bei der Auswahl geeigneter Produkte bieten Fondsratings und Rankings. Eine Checkliste fasst die wesentlichen Bedürfnissen und Anforderungen mittelständischer Unternehmen sowie die Entscheidungsparameter zu Fondslösungen zusammen.

2 Fondslösungen für mittelständische Unternehmen

Nicht erst seit der Finanzmarktkrise stehen Sicherheit und Verfügbarkeit der Anlagelösung vor ihrer Rendite an erster Stelle. Neu hinzugekommen ist, dass verstärkt die Funktionsweise der Produkte hinterfragt wird und verstärkt einfache, transparente Lösungen gewünscht werden.

2.1 Vor- und Nachteile der Anlage in Fonds

Fondslösungen kommen den spezifischen Bedürfnissen des deutschen Mittelstands grundsätzlich entgegen:

- Investmentfonds decken heute das gesamte Anlagespektrum von Wertpapieren (Aktien, Renten, Derivate etc.) über Rohstoffe bis hin zu Immobilien und Börsenindizes ab. Aus dem Spektrum von knapp 10.000 in Deutschland zum Vertrieb zugelassenen Fonds (Quelle: BVI - Bundesverband Investment und Asset Management e.V.) lassen sich mit hoher Wahrscheinlichkeit alle Anlagebedürfnisse analog der individuellen Rendite-Risiko-Präferenz eines mittelständischen Unternehmens decken – es besteht eher die »Qual der Wahl«. Dieser Beitrag gibt keine Anleitung zur individuellen Portfolio-Allokation für den Mittelständler. Die Verfasser verweisen hier auf das Beratungsangebot z. B. der Hausbanken, aber auch der unabhängigen Vermögensverwalter.
- Mit einem Fonds investiert der Anleger mit hoher Wahrscheinlichkeit nie in DEN Börsenrenner, denn im Vergleich zu Direktanlagen sind Fonds gesetzlich verpflichtet, breit zu diversifizieren bzw. das Geld der Investoren im Fonds über eine Vielzahl von Titeln zu streuen. Auf diese Weise kann gemäß der Portfoliotheorie eine höhere Rendite bei gleichem Risiko erzielt werden. Voraussetzung dafür ist, dass die Papiere im Fonds nicht gleichläufig sind bzw. unterschiedlich auf Markteinflüsse reagieren. Die breite Streuung bringt zudem den Vorteil mit sich, dass bei Ausfall eines Papiers der Fonds nicht wertlos wird, sondern aufgrund seines geringen Anteils das gesamte Wertpapiervermögen nur in geringem Maße betroffen ist.
- Im Vergleich zu Zertifikaten haben Fonds den Vorteil, dass jeder einzelne Fonds gemäß Investmentgesetz ein eigenständiges Sondervermögen bildet. Dieses ist unabhängig von der Investmentgesellschaft bei einer Depotbank zu führen. Etwaige finanzielle Schwierigkeiten der Investmentgesellschaft oder der Depotbank berühren das Sondervermögen nicht. Dagegen handelt es sich bei Zertifikaten um Inhaberschuldverschreibungen des Emittenten, meist einer Bank bzw. einer Investmentbank. Es existiert also ein Emittentenrisiko. Fällt die ausgebende Bank aus, kann dies den Kapitalverlust für den Anleger zur Folge haben. Dies gilt auch für inhaltlich sichere Investmentkonzepte. Der bekannteste Fall ist hier die Insolvenz der amerikanischen Investmentbank Lehman Brothers im letzten Jahr, die deren emittierten Zertifikate praktisch wertlos machten. Betroffen davon waren sowohl Privatanleger, als auch institutionelle Anleger und mittelständische Unternehmen.
- Als weitere Vorteile sprechen für Investmentfonds eine hohe Fungibilität sowie der spezifische Rechtsrahmen der Investmentfondsgesetze. So können Investmentfonds in der Regel börsentäglich zurückgegeben werden, der Verkaufserlös wird meist mit einer ein- bis zweitägigen Valuta auf dem Konto des Anlegers gutgeschrieben. Daneben ist in Deutschland die von der Investmentgesellschaft unabhängige Depotbank verpflichtet, börsentäglich die von der Investmentgesellschaft getroffenen Dispositionen im Fonds mit den im

Prospekt niedergelegten Anlagerichtlinien abzugleichen und gegebenenfalls Transaktionen zu sperren.

- Aus Sicht des Mittelständlers, der sich vordringlich seinem Kerngeschäft widmen möchte, sich nicht täglich mit seiner Finanzanlage beschäftigten kann, aber dennoch aktiv an den Entwicklungen der Märkte teilnehmen will, bringt das professionelle Portfoliomanagement einen weiteren Vorteil mit sich. Im Rahmen eines Fonds beobachten Analysten und Fondsmanager kontinuierlich die Kapitalmärkte und treffen letztlich Entscheidungen im Rahmen der Anlegervorgaben, welche Titel erworben oder verkauft werden. Im Vergleich dazu bilden passiv gemanagte Fonds (Exchange Traded Funds, ETFs) einen Börsenindex genau ab, können diesen dann weder outperformen noch »völlig abstürzen«; diese Fondsklasse berechnet deutlich geringere Managementgebühren als aktiv gemanagte Fonds.

2.2 Institutionelle Publikumsfonds als bedürfnisspezifische Lösung für mittelständische Unternehmen

Die Studie der Fachhochschule des Mittelstands hat neben den Anlagebedürfnissen und Restriktionen ein besonderes Wesensmerkmal des Kapitalanlageverhaltens der befragten Unternehmen herausgearbeitet. Mit einem durchschnittlichen Anlagebedarf von 1,8 Mio. Euro und einer durchschnittlichen Investitionssumme von 324.000 Euro pro Transaktion legt der Mittelstand in der Regel höhere Beträge als Privatanleger an, hat aber niedrigere Losgrößen als institutionelle Anleger wie Versicherungen oder Pensionskassen. Nichtsdestotrotz wird das wirtschaftlich sinnvolle Mindestvolumen für Spezialfonds, welches in der Regel deutlich über 50 Mio. Euro liegt, nicht erreicht. Gleichfalls sind die Anlagesummen im Vergleich zu Privatanlegern um so viel höher, dass dies eigene Tranchen bzw. Anlageklassen innerhalb von Publikumsfonds mit geringeren Gebühren rechtfertigt.

Im Vergleich zu Spezialfonds haben institutionelle Publikumsfonds noch weitere *Vorteile*:

- Sie sind deutlich flexibler, denn institutionelle Publikumsfonds können börsentäglich ge- bzw. verkauft werden. Spezialfondsengagements müssen stattdessen gesondert aufgelegt und gekündigt werden. So bedarf es einer gewissen Zeitdauer, bis alle Bestände im Fonds verkauft sind.
- Für nach IFRS bilanzierende mittelständische Unternehmen entfällt zudem der Zwang zur Vollkonsolidierung, wenn der Investor keinen maßgeblichen Einfluss auf das Sondervermögen hat und weniger als 20 Prozent der Anteile besitzt. Unter diesen Bedingungen kann der Fonds als Ganzes bilanziert und ein Standardreporting verwendet werden. Im Vergleich dazu sind beim Spezialfonds die Einzelpositionen des Fonds zu bewerten (»Durchschauprinzip«), was ein aufwendiges und damit teures individuelles Reporting notwendig macht. Hinsichtlich der Bewertung der Fonds gilt für beide die Zeitwertbewertung, dass heißt, das Legen von stillen Reserven ist nicht möglich. Für nach HGB bilanzierende Unternehmen ist dies weiterhin möglich.

Diesen Vorteilen stehen im Vergleich zum Spezialfonds aber auch einige Nachteile der institutionellen Publikumsfonds gegenüber. Bei ihnen fallen in der Regel höhere Kosten an, die jedoch spürbar unter denen von Publikumsfonds für Privatanleger liegen. Daneben kauft der Mittelständler »Konfektion von der Stange« und hat deshalb keinen Einfluss auf Anlagepolitik oder Ausschüttungsentscheidungen. Hierbei ist jedoch zu konstatieren, dass der mittelständische Anleger im Regelfall gar nicht daran interessiert ist, Einfluss auf die Anlagepolitik nehmen zu wollen. Sicherlich handelt es sich bei institutionellen Publikumsfonds um standardisierte Produkte, was jedoch nicht nachteilig sein muss. Wichtig ist vielmehr, dass der Kunde in das Produkt investiert, das seine Bedürfnisse und Restriktionen optimal abbildet und gleichzeitig eine hohe Flexibilität ermöglicht. Eine für den Anleger optimale Asset Allocation (im Modellfall ähnlich einem Spezialfonds) kann durch die Mischung verschiedener Publikumsfonds erzielt werden. Zu achten ist in diesem Zusammenhang auf eine möglichst hohe Transparenz der Performanceergebnisse in Verbindung mit einem guten Reporting sowie einem hinreichenden Fondsvolumen. Letzteres ist notwendig, damit die Performance nicht durch zu hohe Fixkosten pro Fondsanteil verwässert wird. Zudem wird auf diese Weise bei nach IFRS bilanzierenden Mittelständlern vermieden, dass die Konsolidierungsgrenze von 20 Prozent überschritten wird und somit die Positionen des Fonds einzeln zu bilanzieren sind.

3 Management-Konzepte für Investmentfonds

Ob ein mittelständischer Unternehmer sich für die Anlage in Investmentfonds entscheidet oder für z. B. die Direktanlage in Aktien oder den Kauf einer Anleihe, immer muss er die Ziele seiner Kapitalanlage, seine Risikoneigung und sein Renditeerfordernis mit ins Kalkül ziehen. Dies lässt sich gut an den Wirren und Anomalitäten der jüngsten Finanzmarktkrise verdeutlichen.

- So hatte sich der Deutsche Aktienindex DAX 30, der vor ca. sechs Jahren noch deutlich unter 3.000 stand, im Jahre 2008 von 8.100 Punkten zu Beginn des Jahres auf fast 4.000 Punkte Mitte November reduziert. Die Verfasser sehen heute eine Erholung, aber dennoch den sehr volatilen deutschen Aktienmarkt auf niedrigem Niveau, wie auch andere Aktienmärkte weltweit: *Einsteigen oder Zuwarten?*
- Attraktive Renditen versprechen gegenwärtig insbesondere mittelfristig laufende Unternehmensanleihen. Verantwortlich dafür ist die Angst vor Zahlungsausfällen bei den Emittenten, also i.d.R. deutschen Großkonzernen und internationalen Multis. Die Investoren wollen hier momentan einen im historischen Vergleich sehr hohen Risikoaufschlag bzw. »Spread« vergütet haben. Dieser findet seinen Niederschlag in höheren Zinsforderungen bzw. niedrigen Kursen im Vergleich zu den als sicher angenommenen Staatsanleihen oder Pfandbriefen: *Langweilige Rendite oder Kredit an die Multis?*
- Die niedrigen Aktienkurse und die in den Unternehmensanleihen eingepreiste hohe Unsicherheit über die Zukunft der Emittenten spiegeln sicherlich die Volatilität der Märkte und vor allem die Angst vor einer langfristigen Rezession wieder. Trotzdem existiert im Gegensatz zu dieser fundamentalen wirtschaftlichen Einschätzung immer noch ein hohes kurzfristiges Zinsniveau. Denn obgleich die Notenbanken weltweit die Zinsen auf z.T. historisch tiefes Niveau reduziert haben, bieten vielen Banken ihren Firmen- und Privatkunden immer noch hohe Zinssätze für Festgeldanlagen oder Tagesgelder. Hier ist es wichtig zwischen Anbietern zu differenzieren, die hohe Sicht- und Tagesgeldeinlagen mit ihrem funktionierenden Geschäftsmodell in Einklang bringen und solchen, die aus Verzweiflung das Privatkundengeschäft wieder entdecken und/oder dringend Liquidität benötigen. Zum Berichtszeitpunkt haben Letztere – als Ausdruck des fehlenden Vertrauens der Banken untereinander – noch immer Schwierigkeiten, sich über den Kapitalmarkt zu refinanzieren. Sie versuchen deshalb, sich auf diese Weise ein liquides Polster zu verschaffen. *Cash auf der Bank oder (mittel- und langfristige) Anlage?*

Blickt er grundsätzlich optimistisch in die Zukunft und begreift Wirtschaftskrisen als vorübergehende Phänomene, dann müsste der Entscheidungsträger in einem mittelständischen Unternehmen zum Zeitpunkt des Entstehens dieses Artikels über eine Umschichtung von kurzfristigen Anlagen in Aktien- oder Unternehmensanleihen, aber auch in die diese Investments abbildenden Fonds zumindest nachdenken. Vielleicht handelt er angesichts der Turbulenzen und der großen Unsicherheiten aber doch nach der Maxime »nur Bares ist Wahres«... Sicher ist dennoch, dass er sowohl bei der Direktanlage als auch bei der Auswahl des seinen Bedürfnissen entsprechenden Fonds zunächst das richtige Konzept finden muss, das seinen Zielen und Bedürfnissen entspricht. Dieses reicht von Portfoliomanagement-Ansätzen über Fragen der Wertsicherung bis zu Renditemodellen. Bei der konkreten Fondssuche sollte der Anleger im Anschluss auf eine möglichst hohe Qualität des ausgewählten Fonds achten.

3.1 Aktives vs. passives Portfoliomanagement

Bei Fonds ist grundsätzlich zwischen aktiver und passiver Anlagestrategie zu unterscheiden.

Die Mehrzahl der angewendeten Strategien verfolgt heute noch einen aktiven Managementansatz. Das Ziel liegt darin, attraktive Wertpapiere gezielt auszuwählen, zu geeigneten Zeitpunkten zu kaufen und später wieder zu verkaufen. Der aktive Investment Manager versucht einen Mehrertrag gegenüber der Benchmark zu erzielen. Die systematische Analyse von Einzeltiteln und Marktsektoren soll zum Aufspüren von Informationsineffizienzen und zukünftigen Trends führen, deren geschicktes Ausnutzen eine Überrendite oberhalb der Benchmark generieren kann. Die Herausforderung ist natürlich erst einmal, diese Benchmark insbesondere in Zeiten steigender Kurse zu schlagen. In Zeiten sinkender Kurse haben aktive Aktien- und Rentenmanager auch die Möglichkeit, den Cash-Anteil zu erhöhen und sich damit vom negativen Trend der Benchmark abzukoppeln.

Die an Bedeutung zunehmenden passiven Investment-Strategien von Exchange Traded Funds (ETFs) hingegen versuchen weder eine Unterscheidung von guten und schlechten Wertpapieren, noch eine Vorhersage von zukünftigen Wertpapierpreisen oder Timing-Strategien anzuwenden. Manager, die eine passive Strategie verfolgen, investieren das Anlagekapital analog des zu Grunde liegenden Indexes. Bei Änderungen der Indexzusammensetzung erfolgt ein Re-Balancing innerhalb des Fonds. Passive Manager erzielen eine Rendite, die genau der Marktentwicklung entspricht – nicht mehr, aber auch nicht weniger.

Die Frage, ob aktives oder passives Portfoliomanagement sinnvoller ist, kann man nicht eindeutig beantworten. Sowohl aktive als auch passive Ansätze haben ihren Nutzen und können dem Anleger Mehrwert schaffen. Aktive Strategien sind deutlich teurer und in manchen Fällen risikoreicher als ein passiver – oftmals indexorientierter – Ansatz. Zudem hat es sich gezeigt, dass nur ein sehr kleiner Anteil der aktiven Manager kontinuierlich besser als der breite Markt abschneidet. Allerdings verzichtet man bei dem Ausschluss einer aktiven Strategie auf die Möglichkeit, durch geschicktes Agieren an den Märkten einen zusätzlichen Gewinn zu erzielen.

	Aktive Anlagestrategien	Passive Anlagestrategien
Ziel	Ein(e) Zielgröße/Benchmark/Index zu schlagen	Einen Index zu approximieren bzw. zu replizieren
Risikodiversifizierung	Freiheitsgrade, Eingehen diversifizierbarer Risiken	Regelbasierend, Vermeidung diversifizierbarer Risiken
Verfahren	Titel-, Währungs-, Sektorenselektion, Timing, Buy and Sell	Index Tracking, Buy and Hold
Investitionsumfang	Asset Allokation, Asset Selektion, nicht immer voll investiert (d. h. Vorhalten von Kasse)	Voll investiert in Indextitel
Marktabdeckung	Alle Titel und alle Märkte	Großteill der Anlagevolumina sind in Aktien und Märkte der Industrienationen investiert, allerdings sind mittlerweile alle Titel und Märkte erhältlich
Reaktion auf Marktveränderungen	Möglich und gewünscht, da der Markt als ineffizient unterstellt wird	Nicht gewünscht, da der Markt als effizient unterstellt wird
Analysetechniken	Qualitativ: Asset Management eher als »Kunst«	Quantitativ: Asset Management eher als »Wissenschaft«
Verwaltungs- und Transaktionskosten	Höher, wegen Kosten für Fundamentalanalyse, Analysten und aktivem Trading	Niedriger, wegen geringer Kosten für quantitative Analysen und Einsatz von Computern

Abb. 1: Aktives vs. Passives Portfoliomanagement[1]

3.2 Kapitalschutz durch Wertsicherung

Aus Sicht des Mittelstands steht die Sicherheit der Anlage an erster Stelle. Im Folgenden wird dargestellt, wie das Kurs- und Ausfallrisiko eines Fondsinvestments verringert bzw. ausgeschaltet werden kann. Während die negative Entwicklung einer einzelnen Anlage (sog. unsystematisches Risiko) wie bereits erläutert durch Diversifikation innerhalb des Fonds reduziert wird, bleibt das Risiko bestehen, dass die Wertpapiermärkte sich insgesamt ungünstig entwickeln (sog. systematisches Risiko). Um dieses einzugrenzen, werden Fonds mit Wertsicherungsstrategien angeboten, sogenannte Garantiefonds.

Wertgesicherte Fonds investieren einen Teil der Anlagegelder in risikobehaftete Papiere wie etwa Aktien, um von den Gewinnchancen der Kapitalmärkte zu profitieren. Um die Garantie einhalten zu können, wird ein großer Teil des Geldes jedoch in Zinspapiere und andere sichere Investments angelegt. Dadurch ist die Rendite von Garantiefonds meist geringer als bei reinen Aktienfonds: Bei positiver Börsenentwicklung steigen zwar auch die Kurse von Garantiefonds, sie partizipieren jedoch nicht 1:1 an den Kurssteigerungen.

Garantiefonds schützen Anleger weitgehend vor Verlusten. Allerdings bezieht sich die Sicherung meist nur auf das Ende der Laufzeit, sodass bei einem vorzeitigem Verkauf Verluste durchaus möglich sind. Je nach Ausgestaltung versprechen Garantiefonds am Ende der

1 Quelle: O.W. John : Passives Asset Management, in : Leser/Rudolf : Institutionelles Asset Management, S. 519–533.

festgesetzten Fondslaufzeit entweder die Rückzahlung des ursprünglich eingezahlten Anlagebetrages (meist ohne Agio) oder eines bestimmten Prozentsatzes davon (z. B. 95 Prozent). Zusätzlich wird der Anleger bis zur Endfälligkeit des Fonds mit einer bestimmten Partizipationsquote an der Entwicklung des dem jeweiligen Fonds zu Grunde liegenden Vergleichsmaßstabs (z. B. ein deutscher Standardwertefonds am DAX) beteiligt.

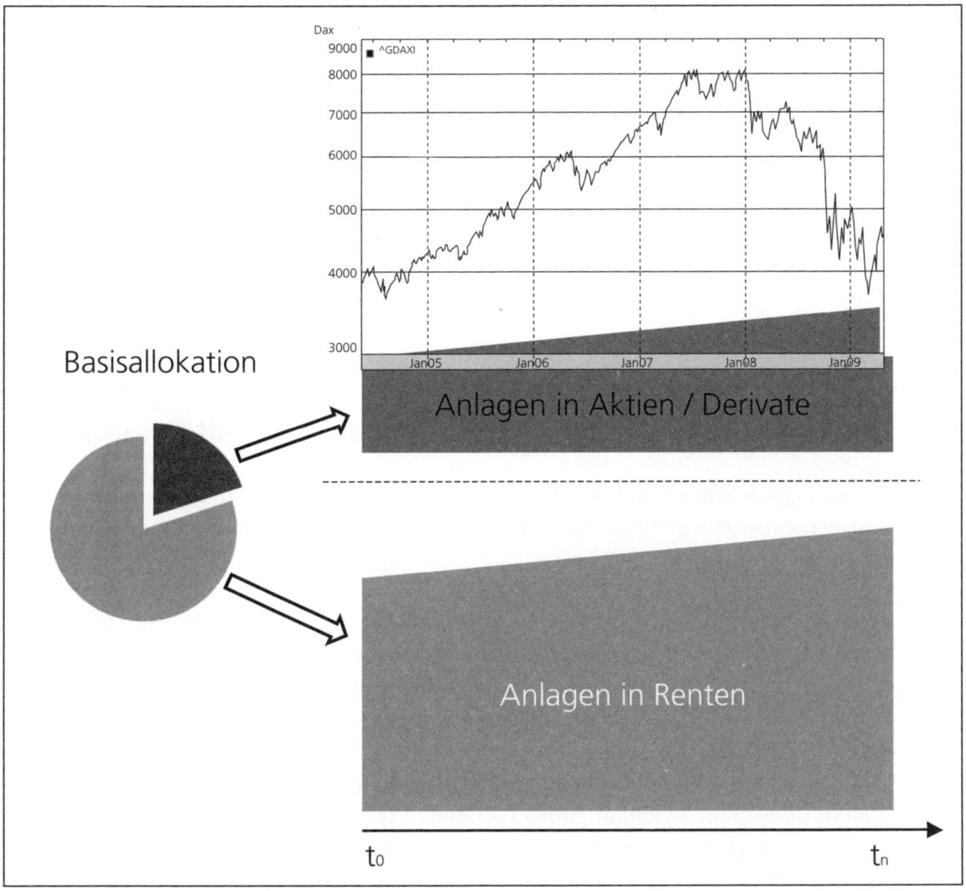

Abb. 2: Schematische Darstellung einer Wertsicherungsstrategie

Ausgehend von seinem Rendite-Risiko-Profil sollte ein mittelständischer Anleger sich überlegen, welches Ausmaß von Kurssicherung notwendig ist. Kurssicherung hat ihren Preis, die Absicherungsstrategien beruhen auf komplexen mathematischen Modellen, deren Mechanismus für den Laien nicht unbedingt nachvollziehbar sind.

3.3 Absolute vs. Relative Return-Ansätze

Grundsätzlich ist bei Fondskonzepten zwischen absoluten und relativen Ansätzen zu unterscheiden. Ziel sogenannter Total Return- oder Absolute Return-Fonds ist es, unabhängig vom Marktgeschehen absolut positive Erträge zu erzielen. Im Vergleich dazu versuchen die (klassischen) relativen Ansätze einen Vergleichsmaßstab zu schlagen (Benchmark).

Fonds mit absoluten Ansätzen streben im Vorhinein festgelegte Zielrenditen an, so dass der Mittelständler – etwa zum Aufbau der betrieblichen Altersvorsorge – sich hier ein entsprechend rentierendes Portfolio zusammenstellen kann. Relative Ansätze dagegen haben ihr Ziel erreicht, wenn sie den Vergleichsmaßstab geschlagen haben, obwohl dessen Wertentwicklung negativ sein kann.

Die Zielrenditen von Absolute Return-Fonds werden in der Regel in Aufschlägen auf Geldmarktsätze definiert – diese Aufschläge sind in der Regel verhältnismäßig klein, da auch hier große Teile des zur Verfügung stehenden Vermögens zum Kapitalerhalt investiert wird. Positive Zielrenditen oberhalb des Kapitalmarktzinses lassen sich nur erzielen, wenn der Portfoliomanager seine aktiven Wetten erfolgreich umsetzt. Dazu kommt, dass absolute Konzepte ein deutlich kleineres Anlageuniversum haben sowie aktives Portfoliomanagement verlangen, was durch hohe Verwaltungsvergütungen die Rendite schmälert.

Da die Begriffe »Total Return« oder »Absolute Return« unterschiedlich verwendet werden und die Konzepte nicht einheitlich sowie schwer vergleichbar sind, ist es wichtig, die Performancekomponenten zu hinterfragen und die Konzepte hinsichtlich ihrer Qualität zu analysieren.

4 Fondsauswahl: Ratings und Rankings als Qualitätsindikator

Nachdem feststeht, wie das Vermögen auf welche Anlageklassen aufzuteilen ist und welches Fondsmanagement-Konzept bevorzugt wird, sind schließlich ein konkreter Investmentfonds oder ein Fonds-Portfolio auszuwählen.

Die Auswahl ist insofern nicht einfach, weil allein in Deutschland fast 10.000 Investmentfonds zum öffentlichen Vertrieb zugelassen sind. Darunter gibt es für jeden Anlageschwerpunkt eine Vielzahl von Fonds unterschiedlicher Anbieter mit ganz ähnlichem Profil.

- Einen ersten Anhaltspunkt gibt die Wertentwicklung in der Vergangenheit. Allerdings ist die Performance der Vergangenheit keine Garantie für eine gute Wertentwicklung in der Zukunft.
- Je nach Vertriebskanal fällt ein Ausgabeaufschlag an, der die Vertriebskosten decken soll und den in die Anlage in einem Fonds fließenden Geldbetrag des Investors »vom ersten Tag an« mindert. Daneben fallen zum Teil Rücknahmegebühren an.
- Starken Einfluss auf die laufende Performance nimmt die Verwaltungsvergütung, die die Kosten der Fondsmanager und der Verwaltung deckt. Diese wird in der Total Expense Ratio (TER) ausgewiesen.

Neben diesen quantitativen Faktoren muss verstärkt Augenmerk auf die Qualität des Fonds gelegt werden. Dabei sind unter anderem eine schlüssige Investmentphilosophie, das Knowhow des Managers und der Gesellschaft, ein systematischer Investmentprozess sowie eine methodische Risikokontrolle wichtige Anhaltspunkte für eine gute Fondsqualität. Daneben zählt sicherlich auch die Solvabilität der Fondsgesellschaft und ihre Reputation. Schließlich sollte sich der mittelständische Unternehmer, sofern er die Anlageentscheidung nicht ganz alleine treffen will, unabhängige Beratung sichern. Es ist nicht auszuschließen, dass Angestellte oder Handelsvertreter von Fondsinitiatoren, Banken oder Versicherungen vorwiegend konzerneigene Produkte anbieten.

Da in der Praxis der einzelne Anleger die Qualität nur schwer prüfen kann und die Zusammenstellung der quantitativen Faktoren sowie der Aufbau eines Prognosemodells dem Laien nicht möglich ist, haben sich unabhängige Ratingagenturen zur Aufgabe gemacht, Fonds zu bewerten und mit anderen Fonds der gleichen Gruppe zu vergleichen. Sie vergeben dann eine Art »Note«, die die Qualität des Fonds in der Vergangenheit ausdrückt. In diesen Bewertungssystemen unterscheiden alle Fondsqualitätstester grundsätzlich zwei Bewertungsverfahren, sogenannte quantitative und qualitative Ratings. Deren Grundlage sind einerseits Performance- und Risikoanalysen anhand der historischen Wertentwicklung der Fonds. Dafür werten die Fondstester ihre Datenbanken aus. Andererseits ergänzen qualitative Ratings die Fondstests durch Gespräche mit dem Managementteam der Fondsgesellschaften.

Anbieter	Methode	Beurteilungsskala
Morningstar www.morningstar.de	Analyse der Wertentwicklung vergleichbarer Fonds unter Berücksichtigung von Kosten und Risiken: quantitatives Rating	Der Fonds gehört zu ***** den besten 10 % der Kategorie **** den folgenden 22,5 % *** den mittleren 35 % ** den folgenden 22,5 % * den schlechtesten 10 % der Kategorie
Standard & Poor's www.standardandpoors.com	Bewertung von quantitativen Faktoren sowie qualitativen Aspekten. Qualitatives Rating: Die Buchstaben bezeichnen das Maß an Qualität im Vergleich zu Fonds mit ähnlichen Anlagezielen	AAA: außergewöhnlich hoch AA: sehr hoch A: hoch
Feri www.feri.de	Bewertung der Qualität eines Fonds innerhalb seiner Vergleichsgruppe auf der Basis eines mehrdimensionalen Bewertungsmodells, in das sowohl Performance- als auch Risiko-Indikatoren einfließen	A: »sehr gut« B: »gut« C: »durchschnittlich« D: »unterdurchschnittlich« E: »schwach«
Lipper www.lipper.com	Bewertungen vergleichbarer Fonds für die Zeiträume 3, 5 und 10 Jahre bezogen auf Kapitalerhalt, Erträge und Gebühren: reines Performance-Rating	Note 5 (Leader): für die besten 20% der Fonds einer Vergleichsgruppe 4: die nächsten 20% 3: die mittleren 20% 2: die folgenden 20% 1: die letzten 20%
Sauren www.sauren.info	Qualitative Einschätzung der Fähigkeiten des Fondsmanager: personenbezogene Rating-Verfahren	3: Goldmedaillen: herausragendes Fondsmanagement 2: ausgezeichnetes Fondsmanagement 1: sehr gutes Fondsmanagement

Abb. 3: Methoden und Beurteilungsskalen bekannter Ratingagenturen[2]

2 Quelle: Katalog Investmentfonds, S. 13

Allerdings können Ratings nur eine – wenn auch sehr effiziente – Orientierungshilfe geben. So schauen sie nicht oder nur selten auf die absolute Wertentwicklung der Kurse. Rating-Agenturen geben keine Kauf- oder Verkaufsempfehlungen und insbesondere keine Zukunftsprognose ab. Deshalb sollten Ratingergebnisse nicht alleiniges Entscheidungskriterium bei der Fondsauswahl sein. Bei institutionellen Publikumsfonds kommt hinzu, dass bisher bei weitem noch nicht alle Fonds bewertet sind. Letztlich gilt es, das gesamte Spektrum der oben aufgeführten Entscheidungskriterien heranzuziehen. Die Interpretation und Prognose sollte der mittelständische Unternehmer, aufbauend auf sein Risiko-Rendite-Profil, mit seinem (unabhängigem) Berater in Finanzangelegenheiten erarbeiten.

5 Zusammenfassung

Zusätzlich zur Anlage kurzfristiger überschüssiger Liquidität gibt es durchaus Anlagemittel und Motive für die langfristige Geldanlage. Fonds kommen dabei den Bedürfnissen mittelständischer Unternehmen entgegen, denn das Fondsprinzip bietet durch die hohe Streuung der Anlagen und dem konkursgeschützten Sondervermögen per se höhere Sicherheit. Hinzu kommt die börsentägliche Veräußerbarkeit der Fonds. Je nach individueller Bedürfnislage ermöglichen verschiedene Konzepte unterschiedliche Risiko-Ertragsrelationen. Entscheidend ist, dass der Mittelständler den für ihn passenden Fonds identifiziert. Ratings und Rankings können hierfür eine Hilfestellung leisten, jedoch wird dies kein Beratungsgespräch ersetzen können. Das sieht auch der Mittelstand selbst so, denn 93 Prozent sehen Beratung als wichtig bzw. sehr wichtig an.

Checkliste zur richtigen Fondsauswahl

Kriterien für die Auswahl eines Fondskonzepts

- Stimmt das Anlageuniversum des Fonds mit meinen Vorstellungen überein (Aktien, Renten, Immobilien, Rohstoffe – Länder, Themen, Trends)?
- Stimmt der Anlagehorizont mit der empfohlenen Haltedauer des Fonds überein? Bei Laufzeitfonds: Wie lange ist das Geld im Fonds gebunden?
- Inwieweit kann während der Anlagedauer und bei Verkauf ein Kapitalverlust verkraftet werden?
- Wird eine Mindestverzinsung des eingesetzten Kapitals benötigt (hier Abgleich mit dem Motiv der Anlage vornehmen)? Wie hoch ist die notwendige Rendite?
- Soll ein Index abgebildet werden oder soll ein aktiver Managementansatz verfolgt werden?
- Wie hoch sind die mit dem Fonds verbundenen Kosten? (Hinweis geben hier TER = Total Expense Ratio, Ausgabeaufschlag und Rücknahmegebühr.)

Wertsicherungskonzepte

- Wie hoch muss mein »Sicherheitsnetz« sein? - Sicherheit geht zu Lasten von Rendite!
- Wie hoch ist die Partizipationsrate, d.h. wie stark profitiere ich von steigenden Märkten?

Absolute-Return-Strategien

- Gibt es eine Zielrendite, an der der Erfolg des Fonds gemessen werden kann? Ist das Renditeziel realistisch?
- Sind die Anlageziele im Fondsprospekt ersichtlich?
- Ist das Fondskonzept transparent und nachvollziehbar?

Relative-Return-Strategien

- Ist der Vergleichsmaßstab richtig gewählt, d. h. entspricht dieser dem individuellen Anlageuniversum?

Indikatoren zur Ermittlung der Fondsqualität

- Wie hoch ist das Fondsvolumen?
- Wie lange gibt es den Fonds bereits?
- Ist der Fonds von einer renommierten Fondsgesellschaft aufgelegt? Wer steht hinter der Fondsgesellschaft?
- Wer ist der Fondsmanager? Welche Reputation und welchen track record hat er?
- Wie hat sich der Fonds in der Vergangenheit entwickelt?
- Gibt es ein Rating und Ranking? Wenn ja: Wie wird der Fonds von Ratingagenturen bewertet?

Literatur

Katalog »Investmentfonds«: Von Sternchen, Buchstaben und anderen Auszeichnungen, 01/2008, S. 12f.

Kruse, Oliver/Wolf, Frank-Oliver: »Neue Studie zu Anlagebedürfnissen und -verhalten, Was private, mittelständische und institutionelle Anleger unterscheidet«, in: Vermögen und Steuern, 7/2008, S. 42–46.

Leser, H./Rudolf, M.: Handbuch Institutionelles Asset Management, April 2003.

Stiftung Warentest: Total Return Fonds – Weites Feld, 2/2004, S. 32–34.

Vorsorgemanagement – Finden Sie die passende Altersversorgung für sich und Ihre Mitarbeiter

Dieter Ververs

1 Einleitung

Seit Einführung des Altersvermögensgesetzes (AvmG) hat sich die Altersversorgungslandschaft ab dem 01.01.2002 erheblich geändert. Waren in den 25 Jahren zuvor die wesentlichen Rahmenbedingungen unverändert geblieben, ist insbesondere die Welt der betrieblichen Altersversorgung (bAV) auf Grund diverser Gesetze, Anforderungen des Europäischen Gerichtshofes und höchstrichterlicher Rechtsprechung viel komplexer und undurchschaubarer geworden. Die erste Säule der Versorgung im Alter – die gesetzliche Rentenversicherung – muss auf Grund des demografischen Wandels der Gesellschaft zwangsläufig die Leistungen etwas reduzieren, wenn die Beitragsbelastung der Arbeitnehmer und Arbeitgeber nicht ins Unermessliche steigen soll. Daher ist es heutzutage umso wichtiger, die zweite und dritte Säule (die betriebliche und die private Altersversorgung) zu stärken, um so den Rentnern von Morgen auch noch ein auskömmliches Leben zu ermöglichen.

In diesem Beitrag sollen die unterschiedlichen Formen und Möglichkeiten zur Gestaltung der bAV vorgestellt und verglichen werden. Ich werde versuchen, die Vor- und Nachteile der verschiedenen Durchführungswege und ihre unterschiedlichen Finanzierungsformen herauszuarbeiten und Anhaltspunkte dafür zu geben, welche Methode für wen geeignet ist.

Die am Schluss beigefügte Checkliste kann bei der Findung des richtigen Weges gute Dienste leisten. Nichtsdestotrotz ist es grundsätzlich empfehlenswert, bei einer Umsetzung betrieblicher Versorgungsmaßnahmen einen fachkundigen Berater hinzuzuziehen. Mit ihm kommt jeder ohne Blessuren durch den Dschungel der betrieblichen Altersversorgung.

2 Die Durchführungswege der betrieblichen Altersversorgung und deren Finanzierungsformen

Es stehen die folgenden fünf Durchführungswege zur Verfügung:
1. Unmittelbare Versorgungszusagen,
2. Unterstützungskassen,
3. Direktversicherungen,
4. Pensionskassen sowie
5. Pensionsfonds (seit dem 01.01.2002).

Diese Durchführungswege lassen sich in zwei Gruppen unterteilen.

Interner Durchführungsweg
Hier erfolgt der Gesamtvorgang »Durchführung einer betrieblichen Altersversorgung« unternehmensintern. Der Arbeitgeber erteilt dem Arbeitnehmer ein Versorgungsversprechen, das er bei Eintritt des Leistungsfalls aus dem Betriebsvermögen erfüllen muss. Die Ansammlung der hierzu erforderlichen Deckungsmittel erfolgt ebenfalls innerhalb des Unternehmens.

Externe Durchführungswege
Die zweite Gruppe beinhaltet die (betrieblichen) Unterstützungskassen, Direktversicherungen, Pensionskassen und die Pensionsfonds. Diesen vier Durchführungswegen ist gemeinsam, dass zur Abwicklung der betrieblichen Altersversorgung ein rechtlich selbstständiger,

externer Versorgungsträger eingeschaltet wird. Dieser erbringt die Versorgungsleistungen an den ehemaligen Arbeitnehmer. Zur Finanzierung dieser Leistungen stellt der Arbeitgeber dem Versorgungsträger die erforderlichen Mittel zur Verfügung.

Die Unterschiede zwischen den vier externen Durchführungswegen resultieren im Wesentlichen aus den Rahmenbedingungen ihrer Finanzierungssysteme.

2.1 Unmittelbare Versorgungszusagen

2.1.1 Arbeitsrechtliche Basis

Man spricht von einer unmittelbaren Versorgungszusage, wenn der Arbeitgeber einzelnen Arbeitnehmern oder auch ihrer Gesamtheit Versorgungsleistungen zugesagt hat und sich verpflichtet, diese Versorgungsleistungen im Versorgungsfall selbst zu erbringen. In diesem Fall ist der Arbeitgeber Träger der Versorgung.

Die Deckungsmittel zur Erfüllung des Versorgungsversprechens werden im Unternehmen angesammelt. Die Versorgungsleistungen sind aus dem Betriebsvermögen zu erbringen.

Beim Durchführungsweg der unmittelbaren Versorgungszusage sind grundsätzlich Beiträge an den Pensions-Sicherungs-Verein a. G. zu entrichten.

2.1.2 Finanzierungsverfahren und deren betriebswirtschaftliche Auswirkungen

Bei der Untersuchung ist zwischen der reinen Finanzierung der unmittelbaren Versorgungszusage über die Bildung von Pensionsrückstellungen und dem Fall, dass zur Risikoabsicherung oder Ausfinanzierung eine zweckgerichtete Mittelanlage in Form von Rückdeckungsversicherungen oder einer Fondsrückdeckung erfolgt, zu unterscheiden.

Unmittelbare Versorgungszusagen ohne Rückdeckung
Die unmittelbare Versorgungszusage in ihrer reinen Form ist durch eine Zweierbeziehung gekennzeichnet (siehe Abbildung 1).

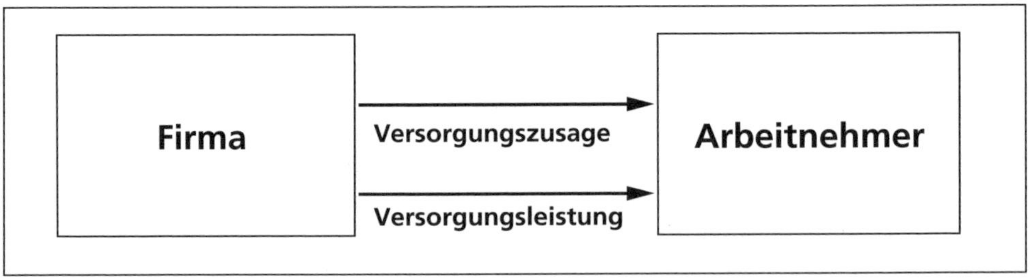

Abb. 1: Durchführung unmittelbarer Zusage ohne Rückdeckung

Durch die Bildung von Pensionsrückstellungen werden die künftigen Pensionsleistungen aufwandsmäßig nicht der Zeit ihrer Zahlung, sondern der Zeit der Rückstellungsbildung angelastet. Dies hat zur Folge, dass der Gewinn des Unternehmens schon in dieser Periode um den Pensionsaufwand gemindert wird.

Die Gewinnminderung des Unternehmens durch den Pensionsaufwand führt zu einer zeitgleichen Minderung der Einkommen- oder Körperschaftsteuer und der Gewerbesteuer. Hierbei handelt es sich nicht um eine echte Steuerersparnis, sondern um eine langfristige

Steuerstundung. Bei der späteren Zahlung der Pensionsleistungen werden die Pensionsrückstellungen entsprechend abgeschmolzen. Zwar ist die Pensionszahlung als Betriebsausgabe abzugsfähig, gleichzeitig erfolgt aber eine gewinnerhöhende Auflösung der Pensionsrückstellung.

Mit der Bildung der Pensionsrückstellung ist aufgrund der geschilderten Steuerstundung und der hieraus resultierenden Möglichkeiten der Mittelanlage ein sogenannter Innenfinanzierungseffekt verbunden. Dieser gleicht zwar die Belastungen des Unternehmens durch die Abwicklung der betrieblichen Altersversorgung nicht vollständig aus, mindert sie aber deutlich.

Unmittelbare Versorgungszusagen mit Rückdeckungsversicherung

Die Rückdeckung einer Pensionsverpflichtung ist kein spezieller Durchführungsweg, sondern hat nur die Funktion der Refinanzierung und Sicherung der Pensionsverpflichtung (siehe Abbildung 2).

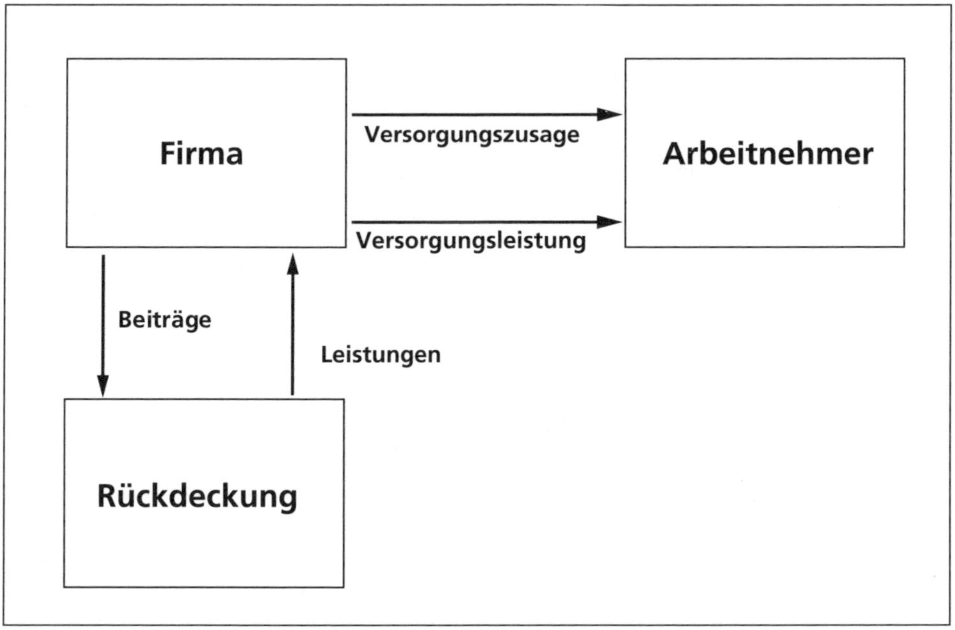

Abb. 2: Durchführung unmittelbarer Zusage mit Rückdeckung

Unter dem Begriff der Rückdeckungsversicherung wird der Abschluss einer Lebensversicherung auf das Leben des Pensionsberechtigten durch das pensionsverpflichtete Unternehmen verstanden. Das Unternehmen muss Versicherungsnehmer und Bezugsberechtigter aus der Versicherung sein, d. h. ihm müssen die Versicherungsleistungen zustehen.

Die Rückdeckungsversicherung kann theoretisch sowohl als Kapital-, Risiko- oder Rentenversicherung abgeschlossen werden. Wenn sie art- oder wertmäßig der Pensionsverpflichtung entspricht, wird sie als kongruente Rückdeckung bezeichnet. Wird nur ein Teil der Pensionsverpflichtung abgedeckt, spricht man von einer partiellen Rückdeckung.

Werden die Verpflichtungen aus einer unmittelbaren Versorgungszusage durch eine derartige kongruente oder partielle Rückdeckungsversicherung abgesichert, beeinflusst diese selbstverständlich die Finanzierungseffekte.

Die Prämienzahlungen an die Rückdeckungsversicherung sind aus Sicht des Unternehmens barer Aufwand, der als Betriebsausgabe abzugsfähig ist. Da diese Rückdeckungsversicherung aufgrund der Bezugsberechtigung des Unternehmens im Leistungsfall zum Betriebsvermögen zählt, sind die Ansprüche aus ihr erfolgswirksam zu aktivieren. Hieraus ist unmittelbar ersichtlich, dass der Finanzierungseffekt aus der Bildung der Pensionsrückstellungen abgeschwächt wird.

Zugunsten der Rückdeckungsversicherung spricht der Gedanke der Risikoabsicherung. Die Rückdeckungsversicherung bietet dem Unternehmen die Möglichkeit, sich vor unerwartet eintretenden hohen Liquiditätsabflüssen (vorzeitige Versorgungsfälle) zu schützen oder aber auch das sogenannte »Bilanzsprungrisiko« (Erhöhung des Teilwerts bei frühzeitigem Eintritt einer Witwenrente) auszugleichen. Diese Risikoabsicherung ist im Rahmen einer Rückdeckungsversicherung mit einer gut verzinslichen Mittelanlage der ursprünglich aus dem Versorgungswerk resultierenden finanzwirtschaftlichen Überschüsse verbunden.

Unmittelbare Versorgungszusagen mit Fondsrückdeckung

Als weitere mögliche Gestaltungsform kommt die Fondsrückdeckung einer Pensionsverpflichtung in Betracht. Auch sie ist kein spezieller Durchführungsweg, sondern hat in einem ersten Schritt die Funktion einer zielgerichteten, zur Verpflichtung korrespondierenden Vermögensansammlung. Durch den späteren Verkauf der Fondsanteile soll sichergestellt werden, dass dem Unternehmen die erforderlichen Mittel zur Erfüllung der Pensionszusagen bei ihrer Fälligkeit zur Verfügung stehen. Hierzu ist ein professionelles Asset-Liability-Management erforderlich. In einem zweiten Schritt kann eine Fondsrückdeckung auch genutzt werden, um durch eine Verknüpfung mit dem Verpflichtungsumfang den Arbeitnehmer an einer positiven Vermögensentwicklung partizipieren zu lassen.

Die Fondsrückdeckung ist dem Betriebsvermögen zuzuordnen. In der Bilanz sind die Fondsanteile über die gesamte Anlagedauer mit ihrem Anschaffungswert zu bilanzieren bzw. können im Fall von temporären Kursverlusten auch mit dem niedrigeren Wert angesetzt werden. Eine Abschreibungspflicht würde nur bei andauernder Wertminderung bestehen. Durch den Bilanzierungsgrundsatz des gemäßigten Niederstwertprinzips (Anlagevermögen) können in erheblichem Umfang stille Reserven und Steuerstundungseffekte entstehen. Zudem können große Teile der Erträge gänzlich steuerfrei vereinnahmt werden.

Die Einzahlungen in den Fonds sind aus Sicht des Unternehmens keine abzugsfähigen Betriebsausgaben. Es handelt sich um einen Aktivtausch, der die Gewinn- und Verlustrechnung des Unternehmens nicht beeinflusst. Dieselben Überlegungen gelten auch für Zuflüsse aus dem Fondsvermögen, soweit keine steuerpflichtigen stillen Reserven durch die Rücknahme der Anteilscheine aufgelöst werden.

Die Erträge aus der Erhöhung des Fondsvermögens hingegen unterliegen grundsätzlich der Besteuerung beim Unternehmen. Für die Besteuerung ist zwischen Rentenanlagen und Aktienanlagen des Fonds zu unterscheiden.

Der Ertrag aus den Rentenanlagen setzt sich zusammen aus Zinserträgen sowie Kurssteigerungen. Die Erträge aus Zinszahlungen bei festverzinslichen Wertpapieren müssen bei Entstehung im Fonds zu 100 Prozent versteuert werden. Hierzu hat in einem ersten Schritt der Fonds die Kapitalertragsteuer von 25 Prozent zzgl. Solidaritätszuschlag abzuführen. Die endgültige Besteuerung erfolgt dann unter Berücksichtigung der anrechenbaren Kapitalertragsteuer beim Unternehmen. Die Kurssteigerungen dagegen führen zur Bildung von stillen Reserven. Erst bei der Realisation durch Zufluss aus dem Fonds sind auf sie durch das Unternehmen Steuern zu entrichten.

Die Wertsteigerungen der Aktienanlagen resultieren zum einen aus ausgeschütteten Dividenden und zum anderen aus Kurssteigerungen. Auf Aktiendividenden muss der Fonds Kapitalertragsteuer i.H. von 25 Prozent zuzüglich Solidaritätszuschlag abführen. Diese belastet aber das Unternehmen nicht, da es eine Steuergutschrift in entsprechender Höhe erhält. Auf die Kurssteigerungen von Aktien werden auch bei ihrer Realisation weder im Fonds Steuern entrichtet noch muss das Unternehmen bei der Anteilsveräußerung Steuern zahlen (§ 8b KStG).

Somit sind bei Kapitalgesellschaften de facto nur die Zinserträge aus Renten und die realisierten Kurssteigerungen aus Renten beim Unternehmen zu besteuern. Hinzu kommt die Besteuerung der Dividendenerträge aus Aktien mit der Gewerbeertragsteuer.

2.1.3 Auswirkungen beim Arbeitnehmer

Die Aufwendungen für eine unmittelbare Versorgungszusage lösen während der Anwartschaftsphase für den Arbeitnehmer weder Lohnsteuern noch Sozialversicherungsbeiträge aus.

Die Leistungen aus einer unmittelbaren Versorgungszusage sind gemäß § 19 EStG grundsätzlich in voller Höhe zu besteuern. Die Steuerbelastung wird durch den Ansatz des Werbungskosten-Pauschbetrages (102 Euro) und des Versorgungsfreibetrages (im Jahr 2009: 33,6 Prozent der Versorgungsbezüge, maximal 2.520 Euro) sowie des Zuschlages zum Versorgungsfreibetrag von 756 Euro (im Jahr 2009) gemindert. Der Versorgungsfreibetrag und der Zuschlag zum Versorgungsfreibetrag werden bis zum Jahre 2040 sukzessive auf 0 abgeschmolzen. Für Kapitalzahlungen ist die Fünftelungsregelung des § 34 EStG vorteilhaft, da sie progressionsmindernd wirkt. Die Bemessungsgrundlage zur Einkommensteuerermittlung wird durch die Kapitalzahlung nur um ein Fünftel erhöht. Die auf dieses Fünftel entfallende Steuerlast wird dann mit fünf multipliziert.

2.1.4 Eignung für Entgeltumwandlung

Eine betriebliche Altersversorgung gegen Entgeltumwandlung kann im Durchführungsweg der unmittelbaren Versorgungszusage in sehr flexibler Weise, insbesondere ohne Begrenzung durch gesetzliche Vorschriften für die Höhe des umzuwandelnden Betrages abgewickelt werden. Es besteht volle Freiheit in der Umwandlungsgestaltung unter Beachtung der Voraussetzungen der lohnsteuerlichen Anerkennung der Umwandlung.

Soweit die von der Finanzverwaltung gestellten Anforderungen erfüllt sind, hierzu zählt insbesondere die Voraussetzung, dass sich die Umwandlung nur auf bereits erdiente, aber noch nicht fällig gewordene Bezüge beziehen darf, führt die betriebliche Altersversorgung gegen Entgeltumwandlung in der Anwartschaftsphase beim Arbeitnehmer zu einer Minderung der steuerpflichtigen Bezüge. Für die Leistungsbesteuerung gelten die in 2.1.3 aufgezeigten Regelungen. Durch eine Entgeltumwandlung kann bis zu einem Betrag von maximal 4 Prozent der jeweiligen BBG (Beitragsbemessungsgrenze der gesetzlichen Rentenversicherung) die Bemessungsgrundlage der Verbeitragung für die Sozialversicherung gemindert werden. Dies gilt natürlich nur insofern, dass es sich bei den umgewandelten Bezügen um beitragspflichtige Bezügebestandteile gehandelt hat.

Eine Förderung gemäß § 10a EStG (Riester-Förderung) kommt bei unmittelbaren Versorgungszusagen gegen Entgeltumwandlung nicht in Betracht. Als förderfähig sind nur die versicherungsförmigen Abwicklungen der betrieblichen Altersversorgung (Direktversicherung, Pensionskasse und Pensionsfonds) eingestuft. Während dies für höher verdienende Mitarbeiter die Vorteilhaftigkeit des Durchführungsweges der unmittelbaren Versorgungszusage im Regelfall nicht berührt, kann eine vergleichende Betrachtung für Personen mit geringerem Einkommen oder mit Kindern, die stark von der Zulagengewährung profitieren, zu einem anderen Ergebnis führen.

2.2 Unterstützungskassen

2.2.1 Arbeitsrechtliche Grundlagen

Gemäß § 1b Abs. 4 Satz 1 Betriebsrentengesetz handelt es sich bei einer Unterstützungskasse um eine rechtlich selbstständige Versorgungseinrichtung, die betriebliche Altersversorgungsleistungen ohne Rechtsanspruch gewährt.

Entscheidet sich ein Arbeitgeber für eine Unterstützungskasse als Träger zur Durchführung der betrieblichen Altersversorgung in seinem Unternehmen, so sagt er den Arbeitnehmern keine unmittelbaren direkten betrieblichen Versorgungsleistungen zu, sondern verpflichtet sich lediglich dafür Sorge zu tragen, dass die Mitarbeiter aus der Unterstützungskasse Versorgungsleistungen erhalten können.

Als Rechtsform für Unterstützungskassen kommen der eingetragene Verein, die Gesellschaft mit beschränkter Haftung und die Stiftung in Frage.

Unterstützungskassen können für einen Betrieb (betriebliche Unterstützungskasse), einen Konzern (Konzernunterstützungskasse) oder auch für eine beliebige Unternehmensgruppe (Gruppenunterstützungskasse) errichtet werden.

Charakteristisch für das Vorliegen einer Unterstützungskasse ist der Ausschluss des Rechtsanspruchs. Dieser führt dazu, dass Unterstützungskassen nicht der Bundesanstalt für Finanzdienstleistungsaufsicht (BAFin) unterliegen.

Der Unterstützungskasse wird die Leistungserbringung ermöglicht, indem durch Zuwendungen des Trägerunternehmens innerhalb der Unterstützungskasse ein Vermögen aufgebaut wird.

Die Leistungsansprüche der Arbeitnehmer richten sich nur gegen die Unterstützungskasse, nicht aber gegen den Arbeitgeber. Der Arbeitgeber ist aber verpflichtet, durch ausreichende Zuwendungen sicherzustellen, dass die Kasse die in Aussicht gestellten Leistungen auch tatsächlich erbringen kann. Tritt der Fall ein, dass die Kasse hierzu nicht in der Lage ist, kann zwar der Arbeitgeber nicht dazu gezwungen werden, die notwendigen Zuwendungen vorzunehmen, aber der berechtigte Arbeitnehmer kann über das Rechtsinstitut einer Durchgriffshaftung seinen Arbeitgeber selbst wegen der betrieblichen Versorgungsleistungen in Anspruch nehmen. Somit hat der Ausschluss des Rechtsanspruchs auf die Leistungen aus Sicht der Arbeitnehmer weitgehend an Bedeutung verloren. Der Gesetzgeber hat zwischenzeitlich die Einstandspflicht des Arbeitgebers in § 1 Abs. 1 Satz 3 Betriebsrentengesetz für alle mittelbaren Durchführungsformen der betrieblichen Altersversorgung kodifiziert.

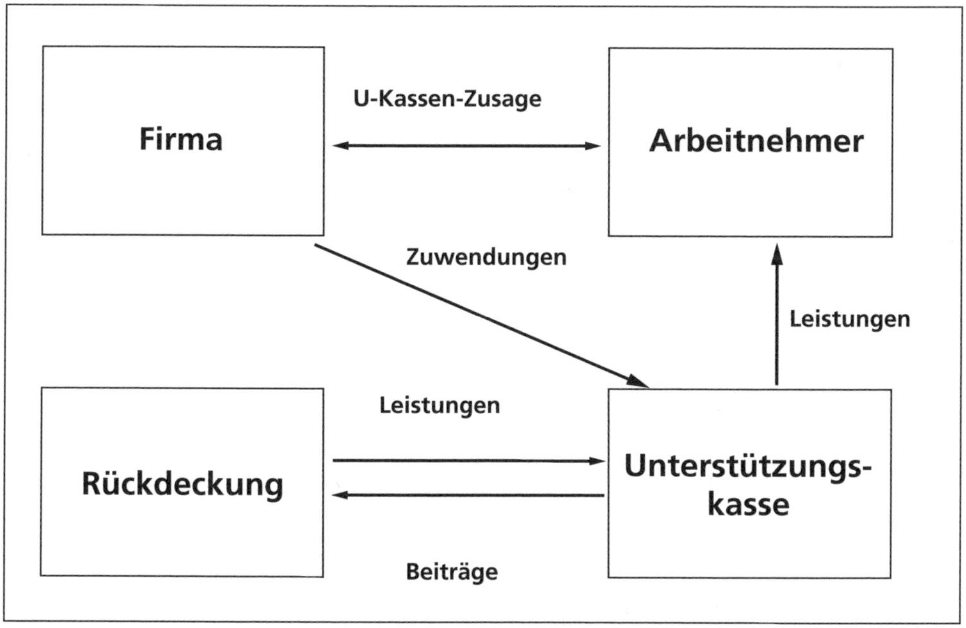

Abb. 3: Durchführung (rückgedeckte) Unterstützungskasse

Auch die Unterstützungskasse unterliegt der Beitragspflicht an den Pensions-Sicherungs-Verein a.G.

2.2.2 Finanzierungsverfahren und deren betriebswirtschaftliche Auswirkungen

Einleitend wurde dargestellt, dass das Vermögen einer Unterstützungskasse im Wesentlichen durch Zuwendungen des Trägerunternehmens und daraus resultierenden Erträgen zusammengesetzt ist.

Für die mit steuerlicher Wirkung möglichen Zuwendungen des Trägerunternehmens sieht der § 4d EStG restriktive Regelungen vor. Analog der Vorgehensweise bei unmittelbaren Versorgungszusagen ist auch hier zwischen Unterstützungskassen ohne Rückdeckungsversicherung und Unterstützungskassen mit Rückdeckungsversicherung zu unterscheiden.

Nicht rückgedeckte Unterstützungskassen

Die Zuwendungsmöglichkeiten des Trägerunternehmens – als letztlich aus dem arbeitsrechtlichen Grundverhältnis Verpflichteten – unterliegen den Restriktionen des § 4d EStG, soweit ihr Charakter als abzugsfähige Betriebsausgabe gewahrt bleiben soll. Darüber hinaus ist auch das in der Kasse aufbaubare Vermögen durch die Vorschriften der §§ 5 und 6 KStG i.V.m. § 4d EStG beschränkt, sofern die Steuerfreiheit der Kasse beibehalten werden soll.

Eine ausführliche Darstellung der Finanzierungsvorschriften des § 4d EStG würde an dieser Stelle den Rahmen der Ausarbeitung sprengen.

Gekennzeichnet ist die Finanzierung bei Unterstützungskassen durch eine planmäßige Unterdeckung im Anwartschaftsbereich aufgrund der gesetzlichen Regelung. Die nach § 4d EStG abzugsfähigen Zuwendungen für die Leistungsanwärter reichen nicht aus, um die Anwartschaftsverpflichtungen der Kasse zu decken. Das für die Anwärter so angesammelte sogenannte Reservepolster (das 2-Fache der durchschnittlichen anwartschaftlichen Jahresrente für Anwärter älter als 28 Jahre) bleibt erheblich hinter dem Teilwert des § 6a EStG zurück.

Erst bei Eintritt des Versorgungsfalls darf das zur Erbringung der Leistung erforderliche Deckungskapital zugewandt werden. Dessen Kalkulation liegt ein Zins von 5,5 Prozent und mehr als 50 Jahre alte Sterbetafeln zugrunde.

Für das Trägerunternehmen ist oft die Möglichkeit interessant, das Vermögen der Unterstützungskasse zu einem angemessenen Zins als Darlehen zur Verfügung gestellt zu bekommen.

Aus Sicht des Unternehmens ist also die Finanzierung über eine nicht rückgedeckte Unterstützungskasse dadurch gekennzeichnet, dass bei gleichem arbeitsrechtlichen Verpflichtungsumfang, wie bei einer unmittelbaren Versorgungszusage während der Anwartschaftsphase, keine Deckung der Verpflichtungen gegeben ist.

Ferner führt – im Vergleich zur Bildung von Pensionsrückstellungen – die Begrenzung der Zuwendungsmöglichkeiten zu einer geringeren Nutzung von Steuereffekten. Der bei der Beschreibung der unmittelbaren Versorgungszusage geschilderte Innenfinanzierungseffekt geht dem Unternehmen zeitweise verloren.

Vorteilhaft aus Sicht des Unternehmens kann die größere Freiheit bei der Dotierung der Unterstützungskasse gegenüber dem Zwang zum bilanziellen Ausweis der Pensionsrückstellungen sein. Die Zuwendungen des Trägerunternehmens zu einer Unterstützungskasse sind nicht zwingend und können bei Unterlassung zu einem späteren Zeitpunkt nachgeholt werden.

Dieser Vorteil ist durch die Konsequenzen des Bilanzrichtliniengesetzes allerdings stark eingeschränkt worden. Dieses sieht vor, dass die Trägerunternehmen von Unterstützungskassen, sofern sie in der Rechtsform von Kapitalgesellschaften geführt werden, den sogenannten Unterdeckungsbetrag als Differenz des gemäß § 6a EStG ermittelten Teilwertes der Verpflichtung und dem tatsächlichen Kassenvermögen im Anhang zur Bilanz ausweisen müssen. Alternativ zum Anhangsausweis ist in der Handelsbilanz eine Pensionsrückstellungsbildung möglich.

Rückgedeckte Unterstützungskassen

Die rückgedeckte Unterstützungskasse ist dadurch gekennzeichnet, dass die Unterstützungskasse als Versicherungsnehmer und Bezugsberechtigter auf das Leben des Arbeitnehmers eine Lebensversicherung abschließt. Der Rückdeckungsversicherungsanspruch gehört also zum Vermögen der Unterstützungskasse.

Für rückgedeckte Unterstützungskassen sieht der § 4d EStG eine Sonderregelung bezüglich der Zuwendungen vor. Die Versicherungsprämien dürfen – unter bestimmten Voraussetzungen – als Betriebsausgaben abzugsfähig der Kasse zugewandt werden.

Somit bietet die rückgedeckte Unterstützungskasse den Vorteil, dass während der Anwartschaftsphase ausreichend Deckungsmittel angesammelt werden können.

2.2.3 Auswirkungen beim Arbeitnehmer

Die Zuwendungen zu einer Unterstützungskasse lösen während der Anwartschaftsphase für den Arbeitnehmer weder Lohnsteuern noch Sozialversicherungsbeiträge aus.
Die Leistungen aus einer Unterstützungskassenzusage werden wie die Leistungen aus einer unmittelbaren Versorgungszusage gemäß § 19 EStG grundsätzlich in voller Höhe besteu-

ert. Die Steuerbelastung wird jedoch durch den Ansatz des Werbungskosten-Pauschbetrages (102 Euro) und des Versorgungsfreibetrages (im Jahr 2009: 33,5 Prozent der Versorgungsbezüge, maximal 2.520 Euro) zuzüglich des Zuschlages zum Versorgungsfreibetrag von 756 Euro (im Jahr 2009) gemindert. Für Kapitalzahlungen ist die Fünftelungsregelung des § 34 EStG vorteilhaft, da sie progressionsmindernd wirkt.

2.2.4 Eignung für Entgeltumwandlung

Eine betriebliche Altersversorgung gegen Entgeltumwandlung kann grundsätzlich auch im Durchführungsweg der Unterstützungskasse abgewickelt werden.

Ziel des Arbeitgebers zur Gewährleistung einer planmäßigen Ausfinanzierung der Versorgung und eines aufwandsneutralen Anfalls der Entgeltumwandlungen wird es sein, die Umwandlungsbeträge der Unterstützungskasse in vollem Umfang und zeitlich deckungsgleich zu ihrer Entstehung zuzuwenden. Dies ist bei der nicht rückgedeckten Unterstützungskasse jedoch ausgeschlossen.

Somit kommt für eine betriebliche Altersversorgung gegen Entgeltumwandlung nur die rückgedeckte Unterstützungskasse in Betracht. Da es sich aber bei den zuwendbaren Prämien um gleichbleibende oder steigende Jahresbeträge handeln muss, ergeben sich Einschränkungen bei der Ausgestaltung der Entgeltumwandlung. Vom Grundsatz her kommt nur der sog. laufende Verzicht, bei dem sich die Umwandlung auf alle künftigen Dienstjahre bezieht, in gleichbleibender oder steigender Höhe in Betracht. Allerdings hat ein Recht des Arbeitnehmers, die Höhe seiner Entgeltumwandlung einseitig zu ändern oder einzustellen, keinen Einfluss auf die steuerliche Anerkennung dieser Finanzierungsform. Bei der Umwandlung variabler Bezügebestandteile ist dies aber nicht möglich.

Die Umwandlungsgestaltung muss wie bei der unmittelbaren Versorgungszusage unter Beachtung der Voraussetzungen der lohnsteuerlichen Anerkennung der Umwandlung erfolgen.

Soweit die von der Finanzverwaltung gestellten Anforderungen erfüllt sind, hierzu zählt auch hier die Voraussetzung, dass sich die Umwandlung nur auf bereits erdiente, aber noch nicht fällig gewordene Bezüge beziehen darf, bleibt die betriebliche Altersversorgung gegen Entgeltumwandlung in der Anwartschaftsphase beim Arbeitnehmer ohne lohnsteuerliche Wirkung. Für die Leistungsbesteuerung gelten die in 2.2.3 aufgezeigten Regelungen.

Bezüglich der Beitragsfreiheit der Entgeltumwandlung in der Sozialversicherung gelten die gleichen Grenzen und Regelungen wie bei der unmittelbaren Versorgungszusage. Ebenfalls die Aussagen zur Riester-Förderung sind die gleichen wie bei der unmittelbaren Versorgungszusage.

2.3 Direktversicherung

2.3.1 Arbeitsrechtliche Basis

Nach der gesetzlichen Definition des § 1b Abs. 2 Betriebsrentengesetz liegt eine Direktversicherung dann vor, wenn für die betriebliche Altersversorgung eine Lebensversicherung auf das Leben des Arbeitnehmers durch den Arbeitgeber abgeschlossen wird und der Arbeitnehmer oder seine Hinterbliebenen hinsichtlich der Leistungen des Versicherers ganz oder teilweise bezugsberechtigt ist. Dies bedeutet, dass beim Vorliegen einer Direktversicherung im Versorgungsfall dem Arbeitnehmer bzw. seinen Hinterbliebenen die Leistung des Lebensversicherers zusteht, die Leistungserbringung also beim Versicherer liegt.

Die Abgrenzung des Durchführungsweges Direktversicherung von den Rückdeckungsversicherungen, wie im Zusammenhang mit unmittelbaren Versorgungszusagen und Unterstützungskassen geschildert, erfolgt über das Bezugsrecht. Bei der Direktversicherung sind der Arbeitnehmer oder seine Hinterbliebenen ganz oder teilweise bezugsberechtigt, während bei der Rückdeckungsversicherung die Leistungen dem Arbeitgeber bzw. der Unterstützungskasse zustehen. Die Direktversicherung ist also ein echter Durchführungsweg der betrieblichen Altersversorgung, während es sich bei Rückdeckungsversicherungen lediglich um eine Refinanzierung handelt.

Wie bei der Gestaltungsform der Unterstützungskasse besteht auch bei der Direktversicherung ein Dreiecksverhältnis. Es bestehen sowohl Rechtsbeziehungen zwischen dem Arbeitgeber als Versicherungsnehmer und dem eingeschalteten Versicherungsunternehmen als auch zwischen dem Arbeitnehmer als versicherte Person bzw. als Bezugsberechtigter aus dem Versicherungsvertrag und dem Versicherungsunternehmen. Schließlich bestehen selbstverständlich noch die Rechtsbeziehungen zwischen Arbeitgeber und Arbeitnehmer aus dem Dienstvertrag.

Arbeitsrechtlich ist der Arbeitgeber bei der Wahl des Durchführungsweges Direktversicherung verpflichtet, die notwendigen Beiträge zur Erreichung des vorgesehenen Versicherungsschutzes zu leisten. Zwar ist in erster Linie das Lebensversicherungsunternehmen gegenüber dem Arbeitnehmer leistungsverpflichtet; es ist jedoch auch denkbar, dass ein Direktanspruch des Arbeitnehmers gegen seinen Arbeitgeber auf Zahlung der vorgesehenen Leistungen bei Eintritt des Versorgungsfalls entsteht. Dies kann z. B. der Fall sein, wenn der Arbeitgeber keine ausreichende, der vertraglichen Abrede entsprechende Prämienzahlung an den Versicherer geleistet hat.

Beim Durchführungsweg Direktversicherung müssen keine Beiträge an den Pensions-Sicherungs-Verein a.G. gezahlt werden sofern die Direktversicherung nicht vom Arbeitgeber beliehen wird.

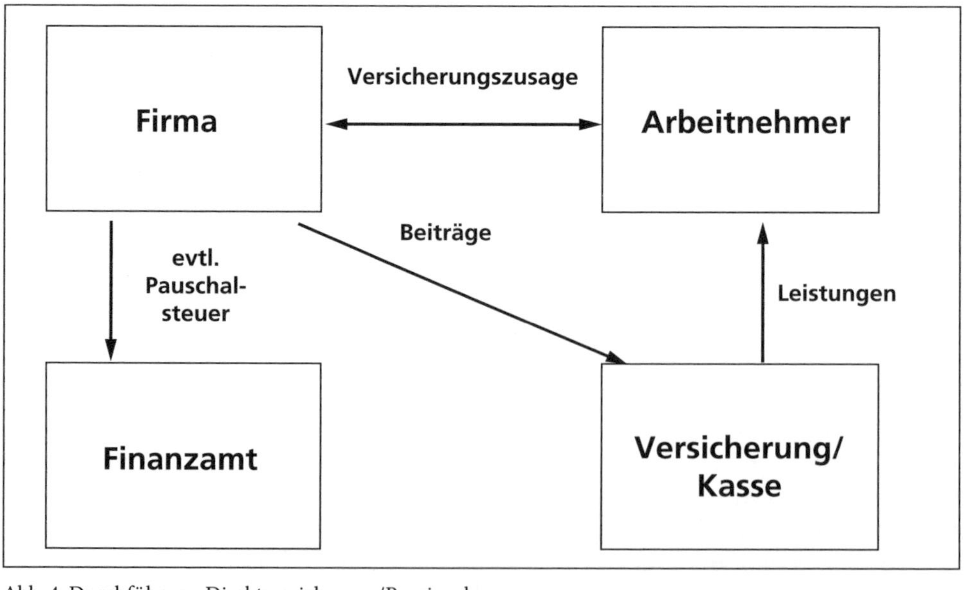

Abb. 4: Durchführung Direktversicherung/Pensionskasse

2.3.2 Finanzierungsverfahren

Die Finanzierung der Direktversicherung durch den Arbeitgeber wird im Wesentlichen durch die Regelungen des § 4b EStG i. V. m. Abschn. 26 EStR beeinflusst.

Gemäß § 4b Satz 1 EStG ist der Versicherungsanspruch aus einer Direktversicherung, die von einem Steuerpflichtigen aus betrieblichem Anlass abgeschlossen wurde, dem Betriebsvermögen des Steuerpflichtigen nicht zuzurechnen, soweit am Schluss des Wirtschaftsjahres hinsichtlich der Leistungen des Versicherers die Person, auf deren Leben die Lebensversicherung abgeschlossen ist, oder ihre Hinterbliebenen bezugsberechtigt sind.

Demnach ist – im Gegensatz zur Rückdeckungsversicherung – der Versicherungsanspruch in der Steuerbilanz des Unternehmens nicht zu aktivieren. Sofern die Versicherung, wie im Normalfall zu unterstellen sein wird, betrieblich veranlasst ist, sind die Beiträge für die Direktversicherung abzugsfähige Betriebsausgaben.

2.3.3 Auswirkungen beim Arbeitnehmer

Die bisherige Differenzierung der steuerrechtlichen Behandlung der verschiedenen Durchführungswege der betrieblichen Altersversorgung wurde durch das Alterseinkünftegesetz ab 2005 für Direktversicherungen, Pensionskassen und Pensionsfonds weitgehend abgeschafft und durch die dann für alle Durchführungswege vorgesehene nachgelagerte Besteuerung ersetzt. Gleichzeitig werden die Beiträge für eine Direktversicherung in die Steuerfreiheit nach § 3 Nr. 63 EStG (bis zu 4 Prozent der BBG) einbezogen und der Umfang der Steuerbefreiung um 1.800 Euro p.a. ausgedehnt, sofern keine alte pauschalbesteuerte Versicherung besteht.

Für diese Direktversicherungen gilt grundsätzlich die nachgelagerte Besteuerung der ausgezahlten Versicherungsleistungen nach § 22 Nr. 5 EStG. Gleichzeitig entfällt die Pauschalierungsmöglichkeit für Direktversicherungsbeiträge nach § 40b EStG in der Fassung des Jahres 2004 für Zusagen ab dem 01.01.2005. Für zum 01.01.2005 bereits bestehende Verträge gilt eine Übergangsregelung, auf die hier jedoch nicht näher eingegangen wird.

Die Beiträge zu einer Direktversicherung bis zu 4 Prozent der Beitragsbemessungsgrenze in der gesetzlichen Rentenversicherung (West) zuzüglich des zusätzlichen Freibetrages von 1.800 Euro sind steuerfrei. Die Steuerfreiheit ist jedoch an die Voraussetzungen gebunden, dass die Beiträge zum Aufbau einer kapitalgedeckten betrieblichen Altersversorgung verwendet werden und die Auszahlung der zugesagten Versorgungsleistungen in Form einer lebenslangen Rente oder eines Auszahlungsplanes mit Restverrentung erfolgt. Zusätzliche Voraussetzungen zur Erfüllung der Steuerfreiheit der Beiträge sollen wegen ihres Umfanges hier nicht weiter aufgeführt werden.

In Übereinstimmung mit der steuerlichen Behandlung sind die Direktversicherungsbeiträge bis zu 4 Prozent der Beitragsbemessungsgrenze in der Sozialversicherung beitragsfrei. Der Verbeitragung in der Sozialversicherung unterliegt dagegen der zusätzliche steuerfreie Erhöhungsbetrag von 1.800 Euro.

Die Versorgungsleistungen, die auf Beiträge beruhen, die nach § 40b EStG in der für das Jahr 2004 geltenden Fassung pauschal besteuert wurden, werden – falls sie in Rentenform gewährt werden – gemäß § 22 Nr. 1 Satz 3 Buchstabe a Doppelbuchstabe bb EStG n.F. nur mit einem (ab 2005 abgesenkten) Ertragsanteil versteuert. Dagegen bleiben Kapitalleistungen aus diesen »Altverträgen« i.d.R. steuerfrei.

Für die Nutzung der Riester-Förderung gemäß §§ 10a, 79 ff. EStG sind die aus Entgeltumwandlung resultierenden Beiträge zur Direktversicherung zunächst individuell zu versteuern und in der Sozialversicherung zu verbeitragen (§ 82 Abs. 2 EStG). Die Förderung erfolgt dann durch Zulagen bzw. durch einen Sonderausgabenabzug.

Leistungen aus Direktversicherungen, die im Rahmen der §§3 Nr. 63, 10a und 79 ff. EStG finanziert wurden, sind gemäß § 22 Nr. 5 EStG voll zu versteuern.

2.3.4 Eignung für Entgeltumwandlung

Auch Direktversicherungen können genutzt werden, um eine betriebliche Altersversorgung gegen Entgeltumwandlung abzuwickeln. Die Finanzierung der Beiträge durch den Arbeitnehmer ändert nichts an der Steuerfreiheit in der Anwartschaftsphase unter Anwendung des § 3 Nr. 63 EStG. Für Versicherungsbeiträge aus einer Entgeltumwandlung besteht die Beitragsfreiheit gemäß § 1 Abs. 1 Nr. 9 Sozialversicherungsentgeltverordnung (SvEV).

Die Direktversicherung gehört zu denjenigen Durchführungswegen, bei denen für den Fall der betrieblichen Altersversorgung gegen Entgeltumwandlung eine Förderung gemäß §§ 10a, 79 ff. EStG (Riester-Förderung) in Betracht kommt. Hierzu müssen die Versicherungen den Anforderungen des § 10a und des § 82 Abs. 2 EStG genügen. In § 82 Abs. 2 EStG wird gefordert, dass eine lebenslange Altersversorgung im Sinne des § 1 Abs. 1 Satz 1 Nr. 4 AltZertG gewährt werden muss.

2.4 Pensionskassen

Gemäß § 1b Abs. 3 Satz 1 Betriebsrentengesetz wird die Pensionskasse als eine eigene, rechtsfähige Versorgungseinrichtung, die die betriebliche Altersversorgung durchführt und dem Arbeitnehmer Rechtsansprüche auf ihre Leistungen einräumt, definiert. Der Unterschied zur Unterstützungskasse ist in der Einräumung des Rechtsanspruches auf die Versorgungsleistungen zu sehen.

Alle Aussagen zur Direktversicherung können 1 zu 1 auf die Pensionskasse übertragen werden.

2.5 Pensionsfonds

2.5.1 Arbeitsrechtliche Grundlagen

Pensionsfonds sind seit dem 01.01.2002 als zusätzlicher fünfter Durchführungsweg zugelassen. Die Definition des Pensionsfonds hat der Gesetzgeber ebenfalls in § 1b Abs. 3 Satz 1 Betriebsrentengesetz vorgenommen. Es handelt sich um eine rechtsfähige Versorgungseinrichtung, die für Arbeitnehmer von einem oder mehreren Arbeitgebern zumindest lebenslange Altersrenten erbringt und einen Rechtsanspruch auf Versorgungsleistungen einräumt. Der Pensionsfonds kann neben Altersrenten auch Invaliden- und Todesfallleistungen gewähren.

Als Rechtsform für einen Pensionsfonds kommen die Aktiengesellschaft oder ein Pensionsfondsverein auf Gegenseitigkeit (vergleichbar dem Versicherungsverein auf Gegenseitigkeit) in Betracht. Gegenüber der Pensionskasse und der Direktversicherung zeichnet sich der Pensionsfonds vor allem durch eine größere Freiheit bei der Vermögensanlage aus. Der Pensionsfonds unterliegt der Aufsicht durch die BAFin. Er hat vom Gesetzgeber die Gestalt einer Quasi-Versicherungseinrichtung erhalten, die wie Pensionskassen im Prinzip den auf Lebensversicherungsunternehmen anzuwendenden Vorschriften unterliegt. Besonderheiten bezüglich der Tarifierung, der Ausgestaltung der Pensionspläne etc. ergeben sich aus dem Hintergrund der Vorschriften des Gesetzes zur Verbesserung der betrieblichen Altersversorgung (Betriebsrentengesetz).

Wie auch bei der Pensionskasse spielen sich die Rechtsbeziehungen auf zwei Ebenen ab. Zwischen Pensionsfonds und Arbeitnehmer besteht ein Mitgliedsverhältnis, das eine arbeitsrechtliche Grundlage in der Beziehung zwischen Arbeitgeber und Arbeitnehmer findet. Schuldner der Altersversorgungsleistung ist grundsätzlich der Pensionsfonds. Wie bei allen mittelbaren Gestaltungen der betrieblichen Altersversorgung muss der Arbeitgeber aber auch bei der Wahl des Pensionsfonds als Durchführungsweg für die Erfüllung des Versorgungsanspruches einstehen (§ 1 Abs. 1 Satz 3 Betriebsrentengesetz).

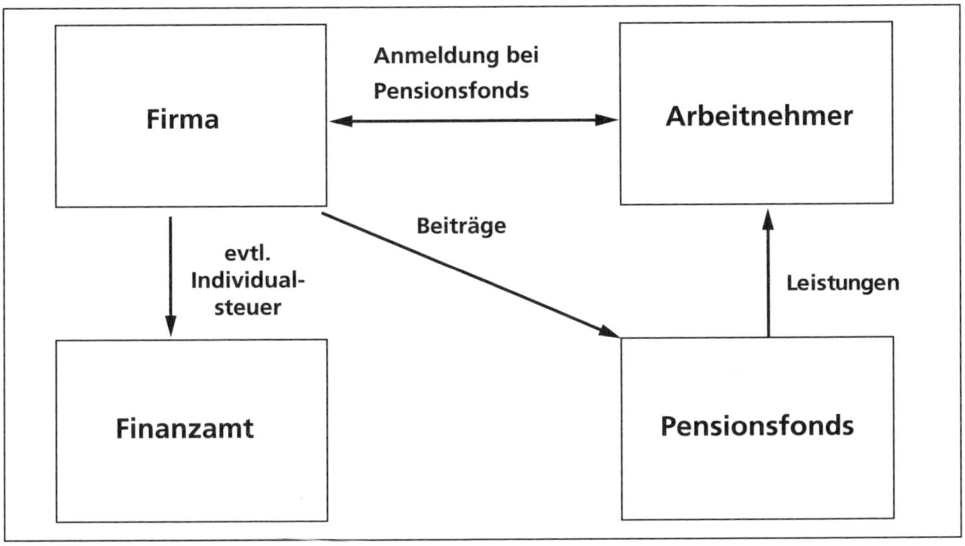

Abb. 5: Durchführung Pensionsfons

Die Leistungen eines Pensionsfonds ergeben sich aus dem Geschäftsplan, der von der BAFin genehmigt werden muss. Grundsätzlich kann der Pensionsfonds sowohl Leistungszusagen als auch die neu geschaffenen Beitragszusagen mit Mindestleistung vorsehen.

Beim leistungsbezogenen Pensionsplan wird dem Arbeitnehmer eine feste Versorgungsleistung zugesagt, die der Pensionsfonds erfüllen soll, aber letztlich nicht erfüllen muss. Hier trägt der Arbeitgeber das Risiko, für die fehlende Performance der Vermögensanlage des Pensionsfonds einstehen zu müssen, wenn sie nicht zur Deckung der versprochenen Versorgungsleistungen ausreicht.

Bei der Beitragszusage mit Mindestleistung wird die aus einem bestimmten Beitrag resultierende Versorgungsleistung nicht verbindlich zugesagt. Auch garantiert der Pensionsfonds keine Mindestverzinsung. In den Pensionsfonds werden dementsprechend nur bestimmte Beiträge eingezahlt, ohne dass von vornherein feststeht, welche Versorgungsleistungen sich hieraus ergeben. Allerdings schreibt der Gesetzgeber im Interesse des Versorgungsberechtigten vor, dass ab dem Eintritt des Versorgungsfalls für alle Formen der Altersversorgungsleistungen zumindest ein Betrag in Höhe der für den Berechtigten bis dahin geleisteten Beiträge zur Verfügung steht. Wegen der Mindestleistung aus der Summe der Beiträge handelt es sich nicht um eine reine Beitragszusage, sondern um eine »Beitragszusage mit Mindestleistung«.

2.5.2 Finanzwirtschaftliche Auswirkungen

Die Finanzierung eines Pensionsfonds erfolgt durch Beiträge des Arbeitgebers und aus der Vermögensanlage des Pensionsfonds. Erklärtes Ziel bei der Einführung des Pensionsfonds war es, für die Kapitalanlage im Vergleich zu Lebensversicherungen und Pensionskassen mehr Freiheiten einzuräumen und somit die Chance zu langfristig höheren Renditen zu eröffnen. Als Grundsatz steht aber die Sicherstellung der dauernden Erfüllbarkeit der jeweiligen Pensionspläne im Vordergrund. Eine zu riskante Anlagepolitik scheidet somit aus.

Auf Grund der größeren Freiheit bei der Vermögensanlage beim Durchführungsweg Pensionsfonds muss der Arbeitgeber Beiträge an den Pensions-Sicherungs-Verein a.G. zahlen. Die Bemessungsgrundlage hierfür ist jedoch gegenüber denen bei der Direktzusage oder der Unterstützungskasse stark gemindert (20 Prozent der Beiträge für vergleichbare unmittelbare Versorgungszusagen).

2.5.3 Auswirkungen beim Arbeitnehmer

Beiträge des Arbeitgebers an einen Pensionsfonds sind steuerlich und bezüglich der Verbeitragung in der Sozialversicherung analog den Beiträgen des Arbeitgebers an eine Direktversicherung oder an eine Pensionskasse zu behandeln.

Die Beiträge des Arbeitgebers zu einem Pensionsfonds stellen beim Arbeitnehmer grundsätzlich lohnsteuerpflichtigen Arbeitslohn dar. Gemäß § 3 Nr. 63 EStG bleiben sie bis zu einem Betrag von 4 Prozent der BBG steuerfrei. Hinzu kommt auch hier der zusätzliche Festbetrag in Höhe von 1.800 Euro. Beiträge darüber hinaus sind individuell zu versteuern.

Keine Verbeitragung in der Sozialversicherung erfolgt für Beiträge bis 4 Prozent der BBG (§ 1 Abs. 1 Nr. 9 SvEV). Weitergehende Beiträge sind der Verbeitragung in der Sozialversicherung zu unterwerfen.

Die Leistungen aus dem Pensionsfonds sind regelmäßig, sofern sie auf Beiträge beruhen, die nach §§ 10a, 79 ff. EStG (Riester-Förderung) oder § 3 Nr. 63 EStG gefördert wurden, gemäß § 22 Nr. 5 EStG voll zu versteuern. Zu berücksichtigen sind der Altersentlastungsbetrag und der Werbungskosten-Pauschbetrag.

2.5.4 Eignung für Entgeltumwandlung

Auch Pensionsfonds können genutzt werden, um eine betriebliche Altersversorgung gegen Entgeltumwandlung abzuwickeln.

Der Pensionsfonds gehört zu denjenigen Durchführungswegen, bei denen für den Fall der betrieblichen Altersversorgung gegen Entgeltumwandlung eine Riester-Förderung gemäß §§ 10a, 79 ff. EStG in Betracht kommt. Hierzu müssen die Anforderungen des § 10a und des § 82 Abs. 2 EStG erfüllt sein. In § 82 Abs. 2 EStG wird gefordert, dass eine lebenslange Altersversorgung im Sinne des § 1 Abs. 1 Satz 1 Nr. 4 AltZertG gewährt werden muss.

Für die Nutzung der Förderung gemäß § 10a EStG sind die aus Entgeltumwandlung resultierenden Beiträge zum Pensionsfonds zunächst individuell zu versteuern und in der Sozialversicherung zu verbeitragen (§ 82 Abs. 2 EStG). Die Förderung erfolgt dann nach dem üblichen Schema, d. h. durch Zulagen und den Sonderausgabenabzug.

Insoweit gelten also die gleichen Regelungen wie für Direktversicherungen und Pensionskassen.

3 Kriterien zur Wahl des geeigneten Durchführungsweges

Für die geeignete Wahl des Durchführungsweges spielen die nachfolgenden Kriterien die Hauptrolle:

- Bilanzberührung,
- Risikoverteilung,
- Attraktivität,
- Flexibilität bei der Dotierung,
- Flexibilität bei der Plangestaltung und
- Verwaltungskosten.

Die nachfolgenden Ausführungen beschränken sich auf die o.g Kriterien.

3.1 Bilanzberührung

Es gibt Unternehmen, für die eine Verlängerung der Handels- und Steuerbilanz auf Grund einer betrieblichen Altersversorgung nicht erwünscht ist. Für diese Unternehmen kommt der Durchführungsweg Direktzusage nicht in Frage, da hier grundsätzlich in der Steuerbilanz entsprechende Pensionsrückstellungen auszuweisen sind. Handelsbilanziell wird sich das aber ab 2010 ändern. Mit Inkrafttreten des im Gesetzgebungsverfahren befindlichen Bilanzrechtsmodernisierungsgesetzes (BilMoG) besteht bei richtiger Wahl des Leistungsplanes und eines Finanzierungsverfahrens die Möglichkeit, Altersversorgung ohne Auswirkungen auf die lokale Handelsbilanz einzuführen bzw. umzugestalten.

Von daher wird das Thema Bilanzberührung in Zukunft nur noch eine untergeordnete Rolle spielen, da die Steuerstundung grundsätzlich eine positive Wirkung hat und der Wunsch nach Bilanzneutralität hauptsächlich im handelsrechtlichen Umfeld zu suchen ist.

3.2 Risikoverteilung

Wenn man über betriebliche Altersversorgung nachdenkt, ist es unerlässlich über die Risiken nachzudenken, die mit einer derartigen Maßnahme verbunden sind. Diese Risiken sind im Allgemeinen biometrische Risiken wie Tod, Invalidität und Langlebigkeit sowie Zinsrisiken.

Oft sind Arbeitgeber nicht bereit, gewisse Risiken zu Gunsten einer attraktiven betrieblichen Altersversorgung zu tragen. Hier empfiehlt es sich, bei der Wahl des Leistungsplanes entsprechende Vorsicht walten zu lassen. Prinzipiell ist das Ausschalten dieser Risiken aber in jedem Durchführungsweg möglich. Sollten jedoch Arbeitgeber bestimmte Risiken selbst tragen wollen und diese nicht an Dritte abgeben, kommen als Durchführungswege nur die Direktzusage oder die Unterstützungskasse und mit Abstrichen der Pensionsfonds in Frage. In manchen Fällen kann es sogar sinnvoll sein, dass ein Arbeitgeber gewisse Risiken übernimmt, da eine Übertragung auf Dritte nicht möglich oder nur mit erheblichen Kosten realisierbar ist.

3.3 Attraktivität

In Zeiten, in denen es am Markt immer schwieriger wird, geeignete Fachkräfte für das Unternehmen zu gewinnen, spielt bei der Wahl des Arbeitsplatzes neben anderen Faktoren auch die Attraktivität der betrieblichen Altersversorgung eine Rolle, sei es bei der arbeitgeberfinanzierten, sei es bei der Entgeltumwandlung.

Die Attraktivität hängt natürlich im Wesentlichen davon ab, wie flexibel man bei der Gestaltung der betrieblichen Altersversorgung ist. Hierzu möchte ich auf meine Ausführungen in 3.4 und 3.5 verweisen.

Aber ein Versorgungswerk ist auch nur dann attraktiv, wenn die Mitarbeiter dieses wertschätzen und ihnen die Attraktivität bewusst gemacht wird; »tue Gutes und rede darüber!« Dieses lässt sich aber in allen Durchführungswegen realisieren. Hier wird die Umsetzung bei Wahl der externen Durchführungswege Pensionskasse, Direktversicherung und Pensionsfonds vermutlich etwas einfacher zu bewerkstelligen sein, da die externen Anbieter auf Grund ihres Eigeninteresses bei der Bewerbung der Produkte entsprechende Unterstützung leisten werden.

3.4 Flexibilität bei der Dotierung

Noch vor 10 Jahren hat sich betriebliche Altersversorgung und ihre Attraktivität fast ausschließlich an der Höhe der zugesagten Leistungen orientiert. Abgesehen von den bereits existierenden Direktversicherungen, bei denen Beitrag und Leistungen schon immer offensichtlich waren, gab es faktisch nur sogenannte Leistungszusagen, d.h. eine Altersversorgungsmaßnahme bestand darin, dass den Mitarbeitern bei Eintritt eines Versorgungsfalles unter bestimmten Voraussetzungen gewisse Leistungen zustanden. Diese Form der Zusagen wird heutzutage kaum noch praktiziert. Insbesondere seitdem im Betriebsrentengesetz die beitragsorientierte Leistungszusage explizit eigene Regelungen erhalten hat, ist diese Form der Zusagengestaltung heute üblich.

Bei der beitragsorientierten Leistungszusage definiert sich die Leistung an den Mitarbeiter über einen Beitrag, der für die Leistungen zur Verfügung gestellt wird und an die Modalitäten, wie der Beitrag in Leistungen umgerechnet wird. Somit kommt der Flexibilität der Dotierung – genau das ist der Beitrag – eine sehr große Bedeutung zu.

Der große Vorteil dieser Zusagengestaltung liegt darin, dass zum Einen die Aufwendungen für die betriebliche Altersversorgung transparent werden und zum Anderen es jetzt möglich ist, arbeitgeber- und arbeitnehmerfinanzierte Altersversorgung zu koppeln.

Oft ist zu beobachten, dass Arbeitgeber ihre Beiträge oder zumindest einen Teil ihrer Beiträge nur unter bestimmten Prämissen aufwenden wollen, als da wären:

- Beteiligung der Arbeitnehmer an den Beiträgen und
- Erreichen bestimmter Unternehmensziele.

Bei den Arbeitnehmern ist die gewünschte Flexibilität bei der Dotierung noch wichtiger, da sie oft in Abhängigkeit ihrer persönlichen Einkommens- und Lebenssituation Geld für die betriebliche Altersversorgung aufbringen wollen. Wenn wir uns nun die verschiedenen Durchführungswege und deren Möglichkeiten zur Dotierung ansehen, sind hier erhebliche Unterschiede erkennbar.

Bei der Direktzusage gibt es keinerlei Einschränkungen bzgl. der Dotierung sowohl der Höhe nach als auch bzgl. der Variabilität von Jahr zu Jahr.

Die Zuwendungen an eine Unterstützungskasse sind jedoch in der Anwartschaftszeit nur möglich, wenn es sich um gleich bleibende oder steigende Beiträge für die Rückdeckungsversicherung der Unterstützungskasse handelt. Allerdings ist eine Reduzierung dieser Beiträge unter bestimmten Voraussetzungen zulässig. Dies sind insbesondere bei Entgeltumwandlung der Wunsch des Mitarbeiters auf Reduzierung und bei der arbeitgeberfinanzierten Altersversorgung z. B. ein Wechsel von Vollzeit zu Teilzeit mit entsprechender Herabsetzung des Beitrages.

In den Durchführungswegen Direktversicherung, Pensionskasse und Pensionsfonds gibt es keine Beschränkungen bzgl. der Variabilität der Beiträge. Diese können faktisch jedes Jahr neu definiert werden. Allerdings ist hier zu beachten, dass maximal 4 Prozent der BBG (ggf. zuzüglich 1.800 Euro) jährlich lohnsteuerfrei für die Altersversorgung aufgewendet werden dürfen. Somit sind hier schnell Grenzen erreicht, für die attraktive Altersversorgung nicht mehr über diese Durchführungswege finanziert werden kann.

3.5 Flexibilität bei der Plangestaltung

Wie bereits erwähnt, wird heutzutage Altersversorgung üblicherweise in der Form einer beitragsorientierten Leistungszusage umgesetzt. Neben der Höhe des Beitrages (siehe 3.4) spielen auch die Umrechnungsmodalitäten eine große Rolle. Diese Modalitäten haben wesentlichen Einfluss auf die Plangestaltung.

Sehen wir uns unter diesem Gesichtspunkt die fünf Durchführungswege an! Bei der Direktzusage gibt es keine Einschränkungen bei der Leistungsplangestaltung. Alles ist möglich (Kapitalzusagen, Rentenzusagen, reine Risikoabsicherung, …). Auch hinsichtlich der Wahl der Rechnungsgrundlagen herrscht vollkommene Freiheit. Hier ist nur zu beachten, dass bei Entgeltumwandlung die aus der Umwandlung resultierenden Leistungen angemessen und wertgleich sein müssen.

Prinzipiell gelten diese Aussagen auch für die Unterstützungskasse. Hier sollte aber bedacht werden, dass bei einer üblicherweise gewünschten Ausfinanzierung in der Anwartschaft diese nur über Rückdeckungsversicherungen erfolgen kann. Um dann einen Gleichlauf von Beiträgen und zugesagten Leistungen zu erhalten, kommt man faktisch nicht daran vorbei, sich bei den Umrechnungsmodalitäten stark an die der Lebensversicherungswirtschaft zu orientieren.

Einfach gestaltet sich die Flexibilität bei der Leistungsplangestaltung für Direktversicherungen und Pensionskassen. Hier besteht die Flexibilität lediglich darin, sich für einen angebotenen Tarif zu entscheiden. Eventuell kann man noch über geeignete Kombinationen und Wechselmöglichkeiten verschiedener Tarife eine gewisse Flexibilität erzeugen.

Beim Pensionsfonds sieht die Flexibilität nicht ganz so düster aus, sofern sich der Arbeitgeber verpflichtet, bei fehlenden Deckungsmitteln Nachschüsse an den Pensionsfonds zu zahlen. Dann können hier auch Möglichkeiten umgesetzt werden, die ähnlich derer bei der Direktzusage sind. Allerdings darf ein Pensionsfonds nur Alters*renten* zusagen. Hier besteht keine Möglichkeit reine Kapitalzusagen zu implementieren.

3.6 Verwaltungskosten

Dieses Thema wird sehr oft – in meinen Augen zu Unrecht – sehr heiß diskutiert und spielt bei vielen Entscheidungen eine übergeordnete Rolle. Generell kann man sagen, dass die Abwicklung einer betrieblichen Altersversorgungsmaßnahme eine Dienstleistung darstellt, für die Kosten anfallen. Die Frage ist nur, wo entstehen diese Kosten und wer bezahlt sie?

Der große Erfolg der Versicherungswirtschaft bzgl. der Direktversicherungen in der Vergangenheit, insbesondere bei kleinen und mittleren Unternehmen, liegt darin, dass gesagt wurde: »Der Arbeitgeber überweist die Beiträge und mit dem Rest danach hat er nichts mehr zu tun!«

Diese Aussage ist vollkommen richtig. Aber wer bezahlt dann die Dienstleistungen? Natürlich sind diese in jedem Tarif von Versicherern eingepreist. Somit reduzieren diese Kosten bei sonst gleichen Rechnungsgrundlagen die Leistungen oder führen zu höheren Beiträgen. Um also Vergleichbarkeit zwischen den einzelnen Durchführungswegen erhalten zu können, müssten diese Kosten überall hineingerechnet werden, was aber üblicherweise nicht geschieht.

Daher möchte ich an dieser Stelle keinen Vergleich anstellen, sondern nur aufzählen, welche Kosten in welchem Durchführungsweg entstehen und wo sie anfallen.

Direktzusage:

- jährliche versicherungsmathematische Gutachten — Arbeitgeber
- Abwicklung der Versorgungsleistungen — Arbeitgeber
- Beiträge zum PSV aG — Arbeitgeber

Unterstützungskasse:

- jährliche Gutachten über Verpflichtungsumfang — Arbeitgeber
- Abwicklung der Versorgungsleistungen — Unterstützungskasse
- Beiträge zum PSV aG — Arbeitgeber

Direktversicherung/Pensionskasse:

- Einrichtung und Verwaltung der Verträge — Versicherer/Kasse
- Abwicklung der Versorgungsleistungen — Versicherer/Kasse

Pensionsfonds

- Einrichtung und Verwaltung der Verträge — Pensionsfonds/Arbeitgeber
- Abwicklung der Versorgungsleistungen — Pensionsfonds
- Beiträge zum PSV aG — Arbeitgeber

Natürlich sind die Kosten nicht überall gleich. Man kann in allen Durchführungswegen preiswerte und teuere Produkte finden. Manchmal ist es sogar sinnvoller, ein etwas teueres Produkt zu wählen, weil hier auch weitere Zusatzleistungen gewährt werden oder sich andere Vorteile ergeben können.

4 Zusammenfassung

Mit den fünf Durchführungswegen und unterschiedlichen Möglichkeiten der Finanzierung bestehen in Deutschland sehr flexible Gestaltungswege für die betriebliche Altersversorgung. Je nach Intention des Unternehmens kann die eine oder andere Form (Wahl des Durchführungsweges, Finanzierungsmethode) vorteilhaft sein. Eventuell bietet es sich auch an, dass für die arbeitgeberfinanzierte Altersversorgung ein anderer Weg beschritten wird als für die Entgeltumwandlung. Es lässt sich meistens ein idealer Weg finden.

Wichtig ist, dies gilt insbesondere für die arbeitgeberfinanzierte Altersversorgung, dass die Mitarbeiter das Gefühl haben, dass ihr Unternehmen für sie einen echten Mehrwert schafft und somit die Altersversorgung wertschätzen. Dabei hängt dies nicht nur von der

Leistungs- oder Beitragshöhe ab, sondern kann auch durch andere Maßnahmen wie ansprechende Kommunikation erreicht werden.

Aufgrund verschiedener Argumente (u. a. Krankenversicherungspflicht in der Rentenbezugsphase) sollten Riester-Verträge nicht mittels betrieblicher Altersversorgung, sondern als Privatverträge abgeschlossen werden. Will man als Arbeitgeber den Mitarbeitern hier attraktive Verträge anbieten, empfiehlt es sich, mit einem Anbieter einen Gruppenvertrag mit Sonderkonditionen für die Mitarbeiter auszuhandeln.

Checkliste

	Direktzusage		U-Kasse		DV/PK		Pensionsfonds	
	AG-finanziert	Entgelt-umwandlung	AG-finanziert	Entgelt-umwandlung	AG-finanziert	Entgelt-umwandlung	AG-finanziert	Entgelt-umwandlung
Flexible Dotierung	ja	ja	nein	ja[1]	ja	ja	ja	ja
Lohnsteuerfreie Dotierungshöhe	unbegrenzt	unbegrenzt	unbegrenzt	unbegrenzt	4 % BBG (ggf. + 1.800 €)		4 % BBG (ggf. + 1.800 €)	
Kapitalzusage	ja	ja	ja	ja	nein [2]	nein [2]	nein	nein
freie Zusagengestaltung	ja	ja	ja [3]	ja [3]	nein	nein	ja [4]	nein
Freie Anlagemöglichkeit	ja	ja	nein [5]	nein [5]	nein	nein	begrenzt	begrenzt
Innenfinanzierung	ja	ja	nein	nein	nein	nein	nein	nein
Bilanzneutralität	nein [6]	nein [6]	ja	ja	ja	ja	ja	ja
Beitragspflicht Sozialversicherung	nein	ab 4 % BBG	nein	ab 4 % BBG	nein	ab 4 % BBG	nein	ab4 % BBG
Beitragspflicht PSV aG	ja	ja	ja [7]	ja [7]	nein	nein	ja aber nur 20 %	ja aber nur 20 %
Risikoauslagerung	möglich	möglich	ja	ja	ja	ja	möglich	möglich
Verwaltung	AG	AG	AG/UK	AG/UK	DV/PK	DV/PK	PF	PF

[1] Laufende gleich bleibende Umwandlung, aber durch Arbeitnehmer jährlich veränderbar

[2] Nur Rentenzusagen, aber Kapitalabfindung zulässig

[3] Nur bei partieller Rückdeckung und pauschaler Dotierung ohne Rückdeckung

[4] Nur bei Pensionsplänen ohne versicherungsförmiger Garantie und Nachschusspflicht des Arbeitgebers

[5] Nur bei pauschaler Dotierung

[6] Ab 2010 bei richtiger Ausfinanzierung handelsrechtlich ja (BilMoG)

[7] Bei Wahl der rückgedeckten Unterstützungskasse

Autoren und Herausgeber

Dr. Andreas Ball ist als Rechtsanwalt und Steuerberater zugelassen. Er ist Partner im Bereich Steuern bei der KPMG Wirtschaftsprüfungsgesellschaft AG in der Niederlassung Bielefeld. Er berät insbesondere größere mittelständische Unternehmen in steuerlichen und gesellschaftsrechtlichen Fragen. Des Weiteren zählen auch börsennotierte Gesellschaften und Stiftungen zu seinen Mandanten. Schwerpunkt seiner Tätigkeit sind dabei grenzüberschreitende Sachverhalte, Umstrukturierungen und Finanzierungsfragen. Er hat zahlreiche wissenschaftliche Beiträge zu steuerlichen und bilanziellen Themen veröffentlicht.

Jörg-Dieter Battke Rechtsanwalt/Fachanwalt für Steuerrecht und für Handels- und Gesellschaftsrecht ist Partner der seit 2004 bestehenden Sozietät Battke Grünberg Rechtsanwälte, Dresden. Zuvor zeichnete er langjährig als Partner einer großen deutschen wirtschaftsrechtlich orientierten Kanzlei für deren Dresdner Büro verantwortlich. Er absolvierte das Studium der Rechtswissenschaft und das juristische Referendariat in Nordrhein-Westfalen, Bayern und den USA. Sein Tätigkeitsschwerpunkt liegt im Bereich des Wirtschaftsrechts, insbesondere des Handels- und Gesellschaftsrechts.

Er referiert regelmäßig zu wirtschaftsrechtlichen, insbesondere gesellschaftsrechtlichen Themen und übernahm einen Lehrauftrag an der Fachhochschule der Sächsischen Verwaltung Meißen. Des Weiteren ist er Mitglied im Fachanwaltsausschuss Steuerrecht und Vorsitzender des Fachanwaltsausschusses Handels- und Gesellschaftsrecht der Rechtsanwaltskammer Sachsen.

Dr. Heinrich Beyer ist seit 2007 Geschäftsführer der Arbeitgemeinschaft Partnerschaft in der Wirtschaft e. V. (AGP). Nach wissenschaftlicher Tätigkeit und Promotion hat Dr. Beyer in verschiedenen Funktionen die gemeinsamen Unternehmenskulturprojekte der Bertelsmann Stiftung und der Hans-Böckler-Stiftung betreut und war dann als Referatsleiter für die Bertelsmann Stiftung tätig. Ab 1999 war er kaufmännischer Geschäftsführer einer mittelständischen Unternehmensgruppe im Bauzulieferer-Bereich. Schwerpunkte seiner Tätigkeit sind die Konzeptentwicklung und Einführung von Erfolgs- und Kapitalbeteiligungsmodellen in mittelständischen Unternehmen sowie die Politik- und Verbändeberatung. Dr. Beyer ist Autor verschiedener Publikation neu zu den Themen Unternehmenskultur, Partizipatives Management und Mitarbeiterbeteiligung.

Rüdiger Freiherr von Fölkersamb ist seit Januar 2001 im Vorstand der Deutschen Leasing AG und dort zuständig für die Geschäftsfelder International und Fleet. Zuvor war er ein Jahr als Mitglied der Geschäftsleitung tätig.

Rüdiger von Fölkersamb absolvierte nach seinem Jurastudium an der Ludwig-Maximilians-Universität München sowohl das erste als auch nach der Referendarszeit das zweite juristische Staatsexamen in München. Seine Studienzeit schloss auch ein Auslandstudium in Addis Abeba ein. Danach war er 18 Jahre lang im Bankgewerbe tätig. Seine Arbeitsschwerpunkte waren das Auslands- und Kreditgeschäft. Von Fölkersamb war im Laufe der Zeit bei verschiedenen Kreditinstituten in leitender Funktion tätig. Besondere Erfahrung hat er dabei in der Leitung von Kreditbereichen und in dem Aufbau von Firmenkundengeschäft erworben.

1994 begann Rüdiger von Fölkersamb als Generalbevollmächtigter und Leiter des Geschäftsbereiches Projekt-Leasing bei der Deutschen Leasing. Als Leiter des Bereiches Vertrag und Risiko war er zuvor maßgeblich verantwortlich für die Entwicklung eines DV gestützten Risk-Management-Systems und den Aufbau einer Kreditrevision.

Dr. Heinz J. Hockmann ist seit Juli 2008 Chairman der Silk Invest Ltd., London, einem Asset Management Unternehmen für Anlagen in Afrika und Mittelost. Daneben ist er Mitglied verschiedener Gremien bei Unternehmen im Financial Services Bereich. Davor war er drei Jahre Chief Excecutive Officer der Fortis Investments für Deutschland, Österreich und Osteuropa. Dies folgte einer dreijährigen Tätigkeit als Mitglied des Vorstands der Westfalenbank AG in Bochum/Düsseldorf. Davor verbrachte Dr. Hockmann mehr als 18 Jahre in verschiedenen Funktionen der Commerzbank AG, u.a. als Geschäftsführer einer Tochtergesellschaft, als Generalbevollmächtigter mit Zuständigkeit für das Asset Management der Bank und schließlich als Mitglied des Vorstands. Dr. Hockmann hat an der Universität Bochum im Bereich Wirtschaftswissenschaften studiert und am Lehrstuhl für Banken und Finanzierung bei Prof. Dr. Joachim Süchting promoviert.

Dr. Dieter Krimphove ist ordentlicher Professor für europäisches Wirtschaftsrecht an der Universität Paderborn sowie Visiting-Professor an der Donau Universität Krems. Die Kommission Europäischer Gemeinschaften übertrug ihm, aufgrund seiner Lehre und Forschung im europäischen Recht, die Leitung eines Jean Monnet Lehrstuhls für europäisches Wirtschaftsrecht. Schwerpunkte seiner Forschung sind das europäische Bank- und Finanzierungsrecht, sowie das europäische Arbeitsrecht und das europäische Wettbewerbsrecht. Zahlreiche Veröffentlichungen auf diesen Gebieten haben ihn im In- und Ausland bekannt gemacht.

Prof. Dr. Oliver Kruse ist seit 10/2008 Professor für Allgemeine Betriebswirtschaft im Studiengang Banken und Bausparkassen an der Dualen Hochschule Baden-Württemberg, Villingen-Schwenningen. Zuvor war er fünf Jahre wissenschaftlicher Leiter des MBA-Programms »Unternehmensführung in der mittelständischen Wirtschaft« an der Fachhochschule des Mittelstands (FHM) in Bielefeld. Er studierte und promovierte am Bankenlehrstuhl Prof. Schiller an der Universität Paderborn im Bereich Wirtschaftswissenschaften. Seine Forschungsschwerpunkte liegen im Finanzmanagement mittelständischer Unternehmen und im Asset Management/Private Banking, wozu er auf eine Vielzahl von Veröffentlichungen und Beiträge verweisen kann. Er übernahm zahlreiche nationale und internationale Lehraufträge unter anderem an der Universität Suzhou und der FH Vorarlberg. Zudem verfügt er über mehr als achtzehn Jahre Berufserfahrung in unterschiedlichen Geschäftsbereichen und Positionen einer deutschen Großbank. Schließlich ist er Mitglied mehrerer wissenschaftlicher Beiräte und Wettbewerbsjuro für die »Finanzierungsinnovation des Jahres« (Zeitschrift Markt und Mittelstand).

Andrea Martens ist seit Mai 2006 Redakteurin beim Unternehmermagazin »Markt und Mittelstand«, München, wo sie für das Ressort Finanzen verantwortlich zeichnet. Die Finanzjournalistin ist auf die Themenbereiche Private Equity und Mezzanine-Finanzierungen spezialisiert. Vor ihrer Tätigkeit bei »Markt und Mittelstand« arbeitete Martens zunächst als feste, später als freie Wirtschaftsjournalistin in Köln und schrieb unter anderem für das Unternehmermagazin »Impulse«, Köln, »Die Tageszeitung« (taz), Berlin/Köln und die »Frankfurter Allgemeine Sonntagszeitung«, Frankfurt. Andrea Martens wurde 1966 in Oldenburg, Niedersachsen geboren. Sie studierte an der Ruprecht Karls-Universität in Heidelberg Russisch und Italienisch für Diplom-Übersetzen und -Dolmetschen. Nach ihrem Studienabschluss war Martens als freiberufliche Russisch-Dolmetscherin tätig und arbeitete im Auftrag großer Konzerne wie der BASF, Ludwigshafen, und der Wintershall AG, Kassel. Parallel zu ihrer Dolmetsch-Tätigkeit absolvierte Andrea Martens am Journalistischen Seminar der Johannes Gutenberg-Universität Mainz ihre Ausbildung zur Journalistin. Ihre erste Station war der »Tagesspiegel«, Berlin. Sie betreute für die Tageszeitung die exklusive Wirtschaftskooperation mit dem »Handelsblatt«, Düsseldorf, und war darüber hinaus für beide Medien als Autorin tätig. Andrea Martens war 2007 und 2008 Finalistin beim Deutschen Journalistenpreis Börse Finanzen Wirtschaft.

Werner Netzel: Geboren am 30. April 1948, verheiratet, eine Tochter. Nach der Lehre bei der Stadtsparkasse Köln und dem Besuch des Sparkassenfachlehrgangs absolvierte er das Lehrinstitut in Bonn. Seit dem 01. November 2006 ist Werner Netzel Geschäftsführendes Vorstandsmitglied beim Deutschen Sparkassen- und Giroverband, zuständig für Geschäftsbereiche Markt- und Personalstrategie. Zuvor war er Vizepräsident des Sparkassenverbandes Bayern und dort für die Geschäftsbereiche Strategie und Planungskoordination, Markt sowie Geschäftsprozesse und Organisation zuständig. Vor seinem Wechsel in den Sparkassenverband Bayern im Jahr 2000 war Werner Netzel Vorstandsvorsitzender der Sparkassen Straubing (1994–2000) sowie Vorstandsmitglied und stellvertretender Vorsitzender der Vereinigten Sparkassen Weissenburg (1983–1993).

Karl A. Niggemann ist geschäftsführender Gesellschafter der 1978 gegründeten Beratungsgesellschaft Institut für Wirtschaftsberatung Karl A. Niggemann & Partner GmbH & Co. KG, 58540 Meinerzhagen, mit Standorten in Berlin, Bielefeld, Düsseldorf, München und Zürich. Tätigkeitsschwerpunkte sind die finanzwirtschaftliche Beratung von Unternehmen, der Kauf und Verkauf von Unternehmen und Unternehmensbeteiligungen sowie die Übernahme des Vermögenscontrollings. Die Gesellschaft hat mehr als 380 Gesellschafter bei realisierten Unternehmensnachfolgeregelungen beraten. Als Aufsichtsrat und Beirat wird Verantwortung für die Entwicklung von Familienunternehmen übernommen. Vor Gründung der Beratungsgesellschaft war Karl A. Niggemann Vorsitzender des Vorstandes einer großen Volksbank.

Rainer Otto, Diplom Kaufmann, ist seit 2003 kaufmännischer Geschäftsführer der Wirtgen Beteiligungsgesellschaft mbH mit Sitz in Windhagen/Rheinland-Pfalz. Diese ist die Holding der Wirtgen Group, einem expandierenden, international tätigen Unternehmensverbund der Baumaschinenindustrie. Zu ihm gehören die vier renommierten Marken Wirtgen, Vögele, Hamm und Kleemann mit ihren Stammwerken in Deutschland sowie lokalen Produktionsstätten in den USA, Brasilien und China. Die weltweite Kundenbetreuung erfolgt durch 55 eigene Vertriebs- und Servicegesellschaften. Die Wirtgen Group erwirtschaftete 2008 einen konsolidierten Umsatz von über 1,5 Mrd. Euro und beschäftigt weltweit rund 4.500 Mitarbeiterinnen und Mitarbeiter. Bevor Herr Otto im Jahr 1997 als kaufmännischer Leiter bei Wirtgen eintrat, war er in mehreren mittelständig geprägten Unternehmen in den Bereichen Finanzen, Controlling,

IT und Logistik tätig. Dies waren im Einzelnen die Vergölst, einer Continentaltochter, der Olivetti, Frankfurt, und der Olympia Vertriebsgesellschaft, Düsseldorf. In all diesen Funktionen hatte er immer direkten Kontakt und Einsicht in die Finanzierungen und Denkweisen der in der Regel mittelständig geprägten Kunden und Geschäftspartner. Außerdem ist er in den Aufsichtsräten der Hamm AG und der Joseph Vögele AG sowie im Wirtschaftsausschuss einer Landesbank tätig.

Dipl. Sparkassenbetriebswirt **Arnd Paas** ist seit 08/2007 Vorstandsmitglied der Sparkasse Detmold. Als Vertriebsvorstand verantwortet er das Firmenkunden- und Privatkundengeschäft sowie den Eigenhandel der Sparkasse. Ferner engagiert es sich in den Beiräten der S-Kapital Unternehmensbeteiligungsgesellschaft mbH für Ostwestfalen, Herford und des Gründerfonds Bielefeld-Ostwestfalen GmbH & Co KG. Zuvor war er 17 Jahre in leitenden Positionen des Firmenkundengeschäfts der Ostsächsische Sparkasse Dresden und deren Vorgängerinstituten tätig. Seit 02/2001 war er Verhinderungsvertreter des Vorstandes. Neben den klassischen Finanzierungsinstrumenten gilt sein besonderes Interesse der Weiterentwicklung und der Implementierung innovativer Finanzierungsinstrumente für den Mittelstand, wie Venture-Capital, Mezzanine-Kapital oder Factoring. Er arbeitete in diversen Firmenkunden-Projekten des Deutschen Sparkassen- und Giroverbandes, Berlin mit. Arnd Paas referiert regelmäßig zu bankfachlichen Themen insbesondere zu modernen Finanzierungsformen für den Mittelstand.

Karsten Schneider ist seit Anfang 2003 Geschäftsführer der Bad Homburger Inkasso GmbH (BHI) und der BHS Bad Homburger Servicegesellschaft mbH. Er hat das Kompetenzcenter der Sparkassen-Finanzgruppe entscheidend mit aufgebaut und weiterentwickelt. Zuvor war er als Geschäftsführer mehrerer großer Inkassogesellschaften tätig und leitete den Kreditbereich eines Factoringunternehmens. Seine berufliche Laufbahn startete er in der Sparkassen-Finanzgruppe, bei der Sparkasse Mainz. Bereits dort befasste er sich mit notleidenden Forderungen.

Markus Steitz ist Partner im Geschäftsbereich Advisory, Financial Risk Management (FRM) der KPMG AG Wirtschaftsprüfungsgesellschaft. An der Fachhochschule Mainz hat er Betriebswirtschaft mit dem Schwerpunkt Finanz- und Rechnungswesen studiert. Bei KPMG trägt er die globale Verantwortung für die Geschäftsentwicklung Finance & Treasury Management im Bereich Advisory Financial Services FRM und ist ELLP Investment Management Segement Leader für Advisory, Financial Services. Markus Steitz hat über 19 Jahre Berufserfahrung in der Beratung und Prüfung von Banken und Asset Management Gesellschaften sowie im Finanzmanagement. Er ist zudem Autor zahlreicher Publikationen rund um das Thema Finanz- und Treasury-Management und Referent bei Seminaren zur Rechnungslegung und dem Fondsgeschäft.

Dr. Jochen Struck geboren 1958;

- Lehre als Groß- und Außenhandelskaufmann, absolviert im elterlichen Unternehmen,
- Studium der Wirtschafts- und Sozialwissenschaften an der Universität Dortmund,
- 1989 bis 1994 Assistent am Lehrstuhl für empirische Wirtschafts- und Sozialforschung an der Universität Dortmund sowie dem bifego – betriebswirtschaftliches Institut für empirische Gründungs- und Organisationsforschung – bei Prof. Dr. H. Klandt und Prof. Dr. D. Müller-Böling,
- 1997 Promotion zum Dr.rer.pol.,
- seit 1994 bei der Deutschen Ausgleichsbank (DtA), dort zuletzt Leiter der Abteilung Markt- und Mittelstandsforschung,
- 2002 bis 2005 Berufung in den Mittelstandsbeirat der Bundesministeriums für Wirtschaft und Arbeit,
- im Zuge der Verschmelzung der DtA mit der KfW seit Mitte 2003 Leiter einer Abteilung, die sich mit der Weiterentwicklung des KfW-Beratungsangebotes beschäftigt
- seit Februar 2008 Direktor der Abteilung »Grundsatzfragen der Beratung, Multiplikatorenservices und Qualitätsmanagement«
- seit März 2009 im Bereich Vertrieb Direktor der Abteilung »Multiplikatoren«

Diplom-Kauffrau Eva Stumpfegger ist Dozentin an der Munich Business School für Wirtschaft des arabischen Raums und des Nahen Ostens und Beraterin bei der Altenhain Unternehmensberatung. Ihre Erfahrungsschwerpunkte liegen im Produktmanagement und Projektleitung für Retail- und institutionelle Fonds, in den Bereichen Strategie, Marketing und Altersvorsorge.

Nach ihrem Studium der Betriebswirtschaftslehre an der Universität Passau und Auslandsaufenthalten in der Türkei, Ägypten, Spanien, Venezuela und Portugal begann sie ihre berufliche Karriere bei Fidelity Brokerage und Fidelity Investments in London. Weitere Stationen waren dit und Dresdner Bank (Frankfurt) sowie Allianz Global Investors und Allianz (München).

Dieter Ververs ist bei Mercer Deutschland GmbH für den Bereich Produktentwicklung und Beratungsunterstützung zuständig. Hier entwickelt er neue Versorgungs- und Finanzierungskonzepte. Er unterstützt Kundenberater bei der Umsetzung dieser Konzepte sowie bei großen und komplexen Projekten zur Neuordnung oder Ausfinanzierung betrieblicher Sozialleistungen. Außerdem ist er Spezialist für die Altersversorgung des öffentlichen Dienstes und der Beamtenversorgung.

Nach seinem Studium 1981 hat er bei Höfer Vorsorge-Management begonnen. Bevor der Autor seine heutigen Aufgaben übernahm, hat er als Aktuar versicherungsmathematische Gutachten erstellt und war zehn Jahre Leiter einer mathematischen Abteilung. Ververs hat an der Universität Duisburg sein Diplom in Mathematik erworben und die Ausbildung zum Aktuar (DAV) und versicherungsmathematischen Sachverständigen (IVS) abgeschlossen.

Prof. Dr. Volker Wittberg ist seit 2001 Professor für Mittelstandsmanagement an der Fachhochschule des Mittelstands (FHM), Bielefeld, und Leiter des Instituts für den Mittelstand in Lippe (IML), Detmold.

Nach seinem Studium der BWL an der Universität Bielefeld und der Purdue University (USA), promovierte er an der Georg August Universität Göttingen. Seit mehr als zehn Jahren ist er als Unternehmensberater mit den Schwerpunkten Strategie, Organisation und Personal tätig und berät u.a. Großunternehmen bei der Zusammenarbeit mit dem Mittelstand. Beratungs-, Forschungs- und Lehraufträge führten ihn u.a. an die Universitäten Stellenbosch (Südafrika) und Suzhou (China). Er ist zudem als Wettbewerbsjuror für die Industriewettbewerbe »Mittelständler des Jahres« (Zeitschrift Markt und Mittelstand) und »Die Beste Fabrik OWL« (mit Otto-Beisheim School of Management (WHU) und INSEAD) sowie als Wissenschaftlicher Beirat für MittelstandsWiki.de tätig.

Stichwortverzeichnis